ちくま新書

東映任俠映画120本斬り

山根貞男
Yamane Sadao

1594

東映任俠映画120本斬り【目次】

興隆期 一九六三年〜一九六七年

絶頂期 一九六八年〜一九七〇年

転換期　一九七一年〜一九七四年

まえせつ

†東映任俠映画の誕生からその後の展開と終息まで

東映任俠映画は一九六〇年代後半に一世を風靡したが、あるとき忽然と登場したわけではない。当時、東映はプログラムピクチャーの量産時代だったから、任俠映画がその流れのなかで生み出されたことは間違いなかろう。

戦後映画の黄金期である一九五〇年代、東映は時代劇を専《もっぱ》らとする京都撮影所と現代劇を主とする東京撮影所を両輪に、日本映画の繁栄の一翼を担った。東映作品について考えるとき、二つの撮影所ということの意味は大きい。両撮影所から送り出される映画は別種のものだから、二本立て興行で力を発揮し、内容的に交錯することもあった。任俠映画の誕生は、そんな勢いと無関係ではない。そのあたりをつぶさに見る前に、ひとつのことに注目しておこう。京都での時代劇に股旅ものが含まれ、東京での現代劇に暗黒街ものが散見されることである。

五〇年代の東映は「時代劇の王国」と称されるほど、人気スター群を配した時代劇を京都撮影所で量産した。中心になったのは戦前からの時代劇スター、片岡千恵蔵と市川右太衛門だが、二人は東映の前身、東横映画が一九四七年に京都で発足したとき、チャンバラ映画がアメリカ軍の占領政策で撮れないため、刀を拳銃に持ち替え、ギャング団相手に闘う警察官や海上保安官の役に扮した。五一年の東映創立後、その撮影所が京都撮影所となり、もうひとつの前身、太泉映画から引き継いだ東京撮影所と両輪をなす。興味深いことに、片岡千恵蔵はその後も、まず京都撮影所において東横時代と同様の暗黒街で活躍するヒーローを演じたあと、五〇年代後半、京都の時代劇に連続的に主演するとともに、東京撮影所でも同工異曲の暗黒街ものをつぎつぎ撮る。時代劇と現代劇と見掛けこそ違え、どちらも明朗な勧善懲悪のヒーロー劇であり、表裏一体といえよう。

東京撮影所の作品の多くは、当初から殺人事件などの犯罪を題材に人間関係を生々しく描いた。その流れのなかに一九五五年、犯罪捜査劇『終電車の死美人』が登場し、五六年、それを継ぐ形で『警視庁物語　逃亡五分前』が生まれ、『警視庁物語』シリーズとして六四年まで続く。セミドキュメンタリータッチと呼ばれたように、リアリズムに徹した描写を特徴とする。そこに、先述の暗黒街ものが加わる。荒唐無稽なヒーロー劇ゆえ、犯罪を扱う点では同じでも、リアリズム作品とは一線を画すが、五〇年代後半には『警視庁物語』シリーズと併行する形で人気を博する。

一九六〇年、第二東映が設立され、本体の東映と同様、東西の撮影所を拠点に毎週二本の新作の製作を始める。時代劇と現代劇という点も内容のあり方も同様のまま、東映の作品数が倍増したわけで、東映の勢いがいかに猛烈であったかがわかる。途中、名称をニュー東映と変え、新路線は二年近く続くが、六一年に終る。東映作品群の勢いということでは、ピークが下り坂の始まりだったのである。

さしもの東映時代劇も、明朗な勧善懲悪劇というパターンの魅力が量産のなかで擦り切れ、変容を余儀なくされる。そこで登場したのが、主演級、準主演級のスターを何人も組み合わせた時代劇で、忍者や浪人などが集団となって闘うさまをリアルなタッチでくりひろげる。おりしも東京撮影所では、暗黒街ものが様変わりし、複数のスターを組み合わせた、生々しい描写のギャング映画が輩出する。それが一九六三年から六四年にかけてのことで、明らかに東映作品は転換期に入る。

集団時代劇とギャング映画。東映の多彩なプログラムピクチャーのなか、この二つに注目するのは、むろん任侠映画との関連においてである。六三年、六四年、どんな作品が登場したかを見てみよう。

東映任俠映画の始まりは一般的に一九六三年の『人生劇場　飛車角』とされるが、同じ年の東京撮影所作品として、その前に鶴田浩二と高倉健が共演する『暗黒街の顔役　十一人のギャング』、鶴田浩二主演『ギャング対Gメン　集団金庫破り』、『警視庁物語　ウラ付け捜査』があり、高倉健主演『暴力街』が続いた。

『暴力街』は注目すべき作品で、やくざ二組の手打ち式から始まる。高倉健の演じる小木曽俊介は香取組の代貸で、四年前、敵対する倉田組の幹部を殺し、刑期を終えて出所した。それを機に和解の儀式が行なわれたのである。だが、新興の倉田組は、古くからある香取組の縄張りへの侵略を始める。舞台は一九六三年の地方都市。揉め事が頻発するなか、俊介だけが着流し姿であるのが印象深い。彼は昔気質のやくざであり、亡き組長の娘と香取組を護る立場にありながら、四年前のこともあって、倉田組との闘いに躊躇する。彼には幼時から仲良く育った弟分がいて、煮えきらない俊介に逆らい、香取組の子分たちを煽動して倉田組と闘う。弟分役は江原真二郎。物語はそんな二人の葛藤を軸に進み、倉田組が政治家も味方にして暴虐をくりひろげ、弟分も殺されるに至って、俊介が決起するまでを綴る。彼は革服姿になり、長押《なげし》にあった槍の穂先を外して晒を巻き、それを手に敵陣へ殴り込んで死闘をくりひろげる。

ざっと記したところから明らかなように『暴力街』は任俠映画の骨格を持っている。手打ち式、新旧二組の抗争、昔気質の主人公と現代的な弟分の葛藤があり、賭場のシーンもある。しかも地方都市の利権と暴力の絡む暗部をリアリズムで描き、社会派映画の趣がある。監督が『終電車の死美人』の小林恒夫だから当然といえよう。

『暴力街』封切の翌週に『人生劇場　飛車角』が公開される。併映作品は三國連太郎と高倉健が脱獄犯一味を追う刑事に扮する『東京アンタッチャブル　脱走』で、リアルな描写が基調をなす。そのあと、『人生劇場　続飛車角』、『警視庁物語　全国縦断捜査』、鶴田浩二・高倉健共演の『暗黒街最大の決斗』、村田英雄が落ち目の一家を独りで護り抜く主人公を演じる『浅草の侠客』、内田良平主演『ギャング同盟』、鶴田浩二主演『暴力団』、高倉健主演『恐喝』などが続く。

鶴田浩二主演『昭和侠客伝』がその直後に登場する。昭和初期の話で、東京・浅草を縄張りとする関東桜組の三代目親分が夜、暴漢に刺されるシーンから始まる。襲ったのは愚連隊上がりの黒帯一家にちがいないが、命を取り留めた親分は、重宗ら子分たちの激昂を抑える。重宗役が鶴田浩二で、親分役は嵐寛寿郎。黒帯一家は悪行を拡大し、腹に据えかねた重宗が一家に乗り込み、親玉に詫び状を書かせ指を詰めさせるが、親分に叱り飛ばされる。彼は叔父貴分の計らいで旅に出て露天商に就く。重宗に憧れるチンピラ二人組が黒帯一家に捕まり、重宗の居場所を吐けとリンチされ、ひとりが重傷で病院に担ぎ込まれる。重宗が駆けつけ、チンピラの姉から瀕死の弟に盃をやってほしいと懇願されるが、固く拒み、チンピラは息絶える。その若者役は梅宮辰夫で、相棒役は待田京介。同じ頃、叔父貴分が暗殺される。関東桜組の親分子分は喧嘩装束で黒帯一家へ向かい、重宗はそれとは別に行動し、独り敵陣へ殴り込む。『昭和俠客伝』が題名からしても内容的にも任俠映画の先駆をなすことは一目瞭然であろう。監督も脚本も石井輝男。重宗が中盤、黒帯一家に乗り込むくだりが素晴らしく、敵どもを蹴散らして路地から路地へ進み、女と同衾中の悪玉の寝室に踏み入るさまは緊迫感に満ちている。重宗と親分の一人娘との関係も興味深い。やくざ渡世を自分の代で終らせるつもりの親分は一人娘は堅気の男に嫁がせたいと思っており、それを承知の重宗は、慕い寄る彼女に内心では惚れながら冷たい態度を取り、おりしも彼を訪ねてきた女性を密かな情人のように見せかせ、終盤、それがチンピラの姉とわかる。石井輝男は先述の『暗黒街の顔役　十一人のギャング』『ギャング対Gメン　集団金庫破り』などの監督で、この作品では昭和初期のムードとアクション描写を感銘深く融合させている。

いま、一九六三年の東京作品について記したが、京都作品はどのように展開していったか。古典的な時代劇が主流を占めるなか、政治的闘争を激烈なチャンバラで描く『柳生武芸帳』シリーズが続き、『武士道残酷物語』のあと、徳川三代将軍の座をめぐる暗闘を描く『十七人の忍者』、次期徳川将軍と目される某藩の暴君の暗殺過程を綴る『十三人の刺客』が登場する。

二作品とも血みどろの殺陣をリアリズムでくりひろげる集団抗争劇で、時代劇ファンの度肝を抜き、注目を浴びた。

翌一九六四年、東映任俠映画の流れが本格化する。鶴田浩二主演『博徒』、高倉健主演『日本俠客伝』が、それを決定づけた。ともに京都作品で、それらの封切前後には『大殺陣』『御金蔵破り』『集団奉行所破り』『大喧嘩《おおでいり》』『忍者狩り』『十兵衛暗殺剣』『幕末残酷物語』と、集団時代劇が並んでいる。

『博徒』は賭場のシーンから始まり、手本引きの札の数々とそれを捌《さば》く手の動きにクレジットが被さる。博奕の世界がいきなり提示されるわけで、続く神社の祭礼の場面でも境内の片隅で賽子《さいころ》賭博が開張されている。以後、何度も賭場のシーンが出てきて、これは博奕場をめぐる闘いの映画なのである。そのことに関わって、博徒の儀式が二回描き出される。冒頭まもなくの襲名式では高田屋一家の代貸が阿倍野一家二代目襲名を取り持つ。代貸の立花猪三郎役が鶴田浩二で、二代目藤松米太郎役は天知茂。舞台は明治中期の大阪。藤松は東京から流れてきた新興博徒で、一家を構えたあと、市会議員へ乗り出すべく市の有力者らと結びつき、鉄道敷設のために貧民窟の立ち退きを強行するなど、悪辣な所業をくりかえす。猪三郎は激怒し、高田屋一家と阿倍野一家が一触即発の危機になるが、長老の仲立ちのもと、手打ち式が行なわれる。

二度の儀式は手筈が細かく描かれて荘厳さを醸し、賭場のシーンとともに、封切当時、新鮮な迫力で話題になった。

もうひとつ、八軒山一家という組があり、代貸の安之助＝里見浩太郎が猪三郎の兄弟分で、非道な親分を殺して服役する。それを機に、藤松が八軒山の賭場を手中に収めようと画策し、またしても猪三郎とぶつかる。混乱のなか、高田屋一家の親分が殺される。手を下したのは猪三郎に恨みをもつ同門の悪玉幹部だが、縄張りを狙う藤松が背後にいる。縄張りとは賭場のことにほかならない。八軒山の代貸安之助、高田屋の幹部と、理由こそ違え、二人とも自分の親分の命を奪うのが戦慄的である。その印象は、猪三郎の子分卯之吉＝松方弘樹が娼婦と惚れ合ったばっかりに惨殺される脇筋でいっそう強められる。かくして猪三郎は、博徒の生命線というべき賭場をめぐる闘いに決着をつけるべく、安之助とともに敵陣へ殴り込む。

ラスト、猪三郎と安之助の闘いは凄まじい。相手が物凄い数で、斬り合いと銃撃の嵐のなか、上半身裸の喧嘩姿の二人は傷つき返り血を浴びて斬り進むから、刺青の青と血の赤が禍々しく際立ってゆく。この二人対大人数の乱闘のさまは、明らかに集団時代劇を引き継いでいよう。しかもモノクロ作品だった集団時代劇とは違い、血みどろの刺青が目を奪う。

『博徒』がズバリの題名どおり博奕打ちの生態を赤裸々に描き、東映任俠映画の口火を切ったことは間違いない。監督は小沢茂弘。一九五〇年代から時代劇も現代劇も撮ってきた腕利きで、このあと任俠路線の中枢を担う。プロデューサーは俊藤浩滋。六二年からフリーの立場で東映作品を手掛けるなか、『人生劇場　飛車角』の人気に刺激され、ぜひ本格的なやくざ映画を、との思いから『博徒』を企画した。以後、つぎつぎ任俠映画を世に送り出し、「任俠映画のドン」と称される。『博徒』を撮るに当たっては、その筋の知り合いから博奕の作法や渡世上のしきたりを教わったという。

約ひと月後の『日本俠客伝』も俊藤浩滋のプロデュースによる。本書の作品解説で記したとおり、善玉悪玉の闘いに至る骨格は「忠臣蔵」に基づく。もう一点、解説では触れなかったことに注目したい。この映画は材木運送業の一家をめぐる話で、ゲストスター中村錦之助が妻子とともに堅気のその一家に世話になるやくざを演じる。つねづね恩を感じている彼は後半、独りで敵陣へ斬り込む。「忠臣蔵」に加えて、時代劇の一ジャンルである股旅ものの神髄、一宿一飯の恩義ということが踏襲されているのである。

京都作品の『博徒』および『日本俠客伝』に、片や集団時代劇、片や「忠臣蔵」と股旅ものと、時代劇のエッセンスが流れ込んでいる事実は軽視できない。このあと、任俠映画の数々がそれらを劇的な要素として取り入れてゆく。伝統的な映画づくりを細部において新たな形で踏まえればこそ、多くのファンを魅了したのであろう。

事実、『博徒』はシリーズ化される。第二作『監獄博徒』は九州の三池監獄を舞台に大阪やくざと九州やくざの囚人二組の葛藤をつづるが、主演の鶴田浩二の役名は前作と同じだから、『博徒』の続篇である。刑務所内の荒くれ男どもの闘い、リンチ、友情、脱獄等々、内容的に翌年の『網走番外地』の先駆をなす。第三作『博徒対テキ屋』は鶴田浩二主演という以外、様相を異にし、テキ屋出身のやくざの悪玉一味との闘いを描く。ここでシリーズ化が確定したと思われる。

翌一九六五年、『日本俠客伝』シリーズが始まるなか、鶴田浩二主演『関東流れ者』、高倉健主演の『網走番外地』と『昭和残俠伝』が登場し、いずれもシリーズ化される。『関東流れ者』は、やくざが主人公であるとはいえ、彼が土木建設業に邁進するなか、因縁の女性を挟んで相棒との三角関係に悩む話で、メロドラマ色が強い。しかも興味深いことに、封切当時の宣伝物には、『博徒』シリーズの第四作と記されている。同じ京都作品だから、そういう狙いで製作されたのかと思うが、三か月後の『関東やくざ者』は鶴田浩二の役名は同じでも東京作品であり、さらに三か月後の『関東破門状』は京都作品で、鶴田浩二の役名も内容も一変する。プログラムピクチャーなるものの実相が端的に現われていよう。カラー作品『関東流れ者』とモノクロ作品『網走番外地』が二本立てで封切られ、以後、『関東』『網走』両シリーズが併映番組になるのも、プログラムピクチャーのあり方を示している。なお、この年、中村錦之助主演

『花と龍』があったが、任俠映画というより文芸映画の一種として企画されたにちがいない。

鶴田浩二と高倉健の主演シリーズを主戦力に、東映任俠映画の破竹の勢いが続く。京都作品、東京作品の別など、いつの間にか吹っ飛んでいる。六六年には、北島三郎主演『兄弟仁義』が加わり、シリーズ化される。めぼしい作品が相次ぎ、本書の解説では取り上げられていないものもあるが、具体的には巻末のリストに委ねよう。

六七年、鶴田浩二主演の新シリーズ『博奕打ち』が始まり、前年の村田英雄主演『男の勝負』もシリーズ化される。多彩な任俠映画のなか、二本の現代劇については特記しておこう。『組織暴力』は暴力団二組の抗争劇で、拳銃密売や賭博などをめぐる陰惨な葛藤が、暴力団壊滅をめざす警視庁刑事を中心につづられる。非情な描写の連続のもと、暗黒街ものやギャング映画が蘇ったといえる。監督は六三年『陸軍残虐物語』の佐藤純弥。『日本暗黒史　血の抗争』は東映の戦列に加わった安藤昇の主演作で、一匹狼が岐阜から名古屋にかけて暴れ回り、仲間をつぎつぎ増やして暴力団に闘いを挑み、情け容赦もなく暴力地図を塗り替えてゆくさまを描く。物凄い人数の激突が印象深い。監督は集団時代劇で気を吐いた工藤栄一。二つの現代劇はむろんシリーズ化される。

任俠路線とひと口にいうが、その幅が数年のうちに広がっていったわけで、一九六三年から六七年までが東映任俠映画の興隆期をなす。

個人的なことだが、わたしは幼い頃から東映時代劇のファンで、現代劇との二本立てを見続け、任俠映画の隆盛に接した。よく通った映画館は新宿東映だが、任俠映画の封切をオールナイト上映で見たときの、超満員の場内の猥雑な熱気はいまも記憶に生々しい。当時、わたしは週刊書評紙の編集者で、毎週土曜日には、親しい同僚と連れ立って新宿東映のオールナイトに出かけた。

その同僚はのちに本名の高野慎三とペンネームの権藤晋で映画およびマンガの評論家として活躍するが、季刊「貸本マンガ史研究」第九号（二〇〇二年六月発行）に権藤晋名義で「任俠劇画と任俠映画の位相」という論考を発表している。一九六三年から六五年にかけて貸本業界が衰退の一途を辿るなか、足繁く通った都内の新宿区および近隣の数軒の貸本屋はそれなりに繁盛していたとの報告から、その一文は書き始められる。そして、「周辺にたくさんある零細の印刷屋、製本屋、製版屋等々に勤める若年労働者たち」が貸本マンガの読者として存在していたと指摘する。

時代はまさしく任俠映画の興隆期である。以後の数年も含め、権藤晋は東映任俠映画のオールナイト上映の情景をこう活写する。

〈新宿東映のオールナイトは、いつも殺伐としていた。殺気だってもいた。みなサンダル履きか、下駄履きかであった。革靴でやってくるのは数えるほどだった。なぜなら、仕事を終えたら、着替えずにそのまま駆けつけるからだ。製本屋の残業を終えたら、一目散に映画館にむかうのだ。歌舞伎町裏の飲食街の若者たちも、店を閉めると同時に下駄を鳴らして走るのだ。新宿東映は、零細工場や飲食店で働く二〇歳前後の若者ばかりではない。一二時をすぎれば、派手な女性たちがつめかけていた。彼女たちの存在を無視しては、ヤクザ映画は語れない、とわたしは思う。男と連れ添ってやってくる女性も多かったが、女性だけが二、三人の徒党を組んでやってくることもあった。女性観客は全体の二割から三割に達していただろう。それは、ヤクザ映画のほかのもう一本が梅宮辰夫の「夜の歌謡シリーズ」であったからだろうか。〉

この一文は貸本マンガの状況を論じたもので、任俠劇画の読者と任俠映画の観客とを重ね合わせて考察するが、核心は後者にある。というのは、マスコミが一九六〇年代後半の任俠映画の人気を話題にするとき、きまって当時の学生運動の盛り上がりと結びつけ、全共闘の学生たちが任俠映画の隆盛を支えたかのように語られるからで、権藤晋は先の引用から少しあと、こう述べる。

〈わたしはここで新宿東映体験を自慢したいわけではない。ただ、マスコミや識者による事実の捏造が気になるのである。新宿東映のオールナイトにはせ参じたのは、周辺の工場で働くアンチャンか、飲食街で働くアンチャン、ネエチャンたちであった。彼らが、観客全体の九割を占めていたのだ。全共闘がいたのかどうかはしらない。が、それ以外の観客は一割にもみたなかったはずである。にもかかわず、マスコミや識者は、「全共闘に支持された任俠映画」と主張する。そのとき、九割を占めたアンチャンやネエチャンの存在は歯牙にもかけられない。〉

権藤晋の批判に、わたしはまったく同意する。「マスコミや識者」による当時の文化状況の把握は、皮相的なものでしかない。

任俠映画は高度経済成長初期の真っ只中で多大なファンを集めた。中枢の作品群でいえば、明治、大正、昭和初期と時代設定は変わっても、物語の大筋はほぼ同じで、着流し姿の男が仁義を命より重んじて、非道を重ねる悪玉と闘う。そんな映画を、一九六四年の東海道新幹線開通と東京オリンピック開催に象徴される時代相のなかに置くと、アナクロニズムに見えるかもしれないが、それは微妙に決定的に違う。オールナイト上映の「殺伐としていた」熱気からして、むしろ任俠映画の反時代性こそが、経済成長の波の底であくせくと働く人々にとっては魅力的なものであったと思われる。「若年労働者」「九割を占めたアンチャンやネエチャン」の日々の鬱屈は、着流し姿の主人公のストイシズムと、反転した形でぴたりと照応している。そうした反時代性と学生運動の反体制的な情念とは、通じ合うところがあったとしても、別の位相に属する。

別の事態も視野に入れる必要がある。任俠映画はすべて二本立てで公開され、その絶妙な組み合わせによって人気を博したことである。

巻末のリストに明らかなように、任侠映画の多くは、一九六五年なら『ひも』『ダニ』『かも』など通称「夜の盛り場シリーズ」と、六六年なら『夜の牝犬』『夜の青春シリーズ　赤い夜光虫』と、併映された。その流れを継いで六七年『柳ケ瀬ブルース』があり、以後、ヒット歌謡曲を題名とする作品が続く。権藤晋の一文で言及されている『夜の歌謡シリーズ』はそれにほかならない。いずれも夜の盛り場を舞台に男女のどろどろした愛憎を描き、任侠映画のストイシズムとは好対照をなす。硬派と軟派が組み合わされたわけで、それが喝采を博し、任侠映画の隆盛をもたらしたのである。


一九六八年、東映任侠映画の流れに大きな変化が起こる。

まず、若山富三郎が『極道』で主役の座に躍り出た。すでに数々の任侠映画の脇役で強烈な個性を発揮し、人気を得ていたから、新しいスターの欲しい東映が主役に抜擢したのにちがいない。大阪・釜ヶ崎の小さな組の親分がなりふり構わず大組織の暴力団と闘って勢力を伸ばしてゆく。筋立ては珍しくもないが、豪放かつズッコケた主人公を若山富三郎が好演し、コミカルな味が受けた。任侠映画のパロディともいえる側面があるのが印象深い。たちまち続篇がつくられ、この年、『前科者』『極悪坊主』も含め、若山富三郎の主演シリーズが三本も始まる。

つぎに藤純子主演『緋牡丹博徒』が登場する。本書の作品解説で触れたとおり、男性王国の任俠映画群のなか、艶やかな女性ヒーローの出現は画期的なことであり、大ヒットした。当然、シリーズ化され、高倉健、鶴田浩二が脇役を務め、人気を高めてゆく。『極道』でコミカルな夫婦を演じる若山富三郎と清川虹子が、緋牡丹のお竜を支える役に配されているのも効いている。藤純子は以前同様、男性スターの相手役を務めつつ、六九年『日本女俠伝』、七一年『女渡世人』と、主演シリーズを増やす。

さらに梅宮辰夫主演『不良番長』が加わる。東京・新宿を根城とする不良グループが欲望のままに小悪事をくりひろげ、大組織の暴力団とぶつかってゆく。普通には任俠映画の範疇に入らないとされるが、暴力団への殴り込みで終る物語からして、任俠映画の一種ではあろう。梅宮辰夫が「夜の盛り場シリーズ」などの主役だったことを受け継いで『不良番長』には軟派的な要素が強く、任俠映画のパロディの趣もあり、たちまちシリーズ化される。『夜の歌謡シリーズ』もこの年に始まる。

もう一本、『人生劇場　飛車角と吉良常』に注目しないわけにはいかない。ヒロイン役の女優こそ変わったものの、重要人物に同じ鶴田浩二、高倉健に配して、六三年の『人生劇場　飛車角』が蘇ったわけで、有名小説の再映画化という以上の意味がある。五年を経て東映任俠映画はひと巡りしたのである。

この六八年は、一月に『博奕打ち　総長賭博』があり、任俠映画の最高傑作の一本と称されるが、『極道』『緋牡丹博徒』『不良番長』と、それまでの流れを微妙に変えるものが連なり、『人生劇場　飛車角と吉良常』でひと巡りが告げられた。年末には装いを変えた『新網走番外地』シリーズが始まる。

六九年には菅原文太が『現代やくざ　与太者の掟』で主役を務め、『関東テキヤ一家』と二本のシリーズが始まる。その間の鶴田浩二主演『日本暴力団　組長』は重要な作品で、関東関西の二大暴力組織の抗争に蹂躙される小さな組の闘いを生々しく描き、シリーズ化される。七〇年には若山富三郎主演『シルクハットの大親分』シリーズも生まれる。

ここで、他社の作品に目を向けよう。

人気スターがやくざを演じる映画は、一九六〇年前後から各社にあった。日活でいえば石原裕次郎の主演作品がそれだが、アクション映画の一種といえる。それに対し、小林旭は六〇年代後半から七〇年前後まで断続的に本格的な任俠映画に主演する。日活の代表的な任俠映画は六三年から六七年まで続く高橋英樹主演『男の紋章』シリーズで、六八年六九年には渡哲也主演『無頼』シリーズがある。大映では、六一年に始まる勝新太郎主演『悪名』シリーズは任俠映画とは趣を異にするが、市川雷蔵主演『若親分』シリーズは任俠映画として六五年から六七年まで続く。大映で重要なのは江波杏子主演『女賭博師』シリーズで、六六年『女の賭場』のあと、六七年に始まり七一年に至る。これに刺激されて東映の『緋牡丹博徒』が生まれた。各社ともシリーズが多いのが目に付く。いうまでもなくシリーズものはプログラムピクチャーの連続性を体現する。ともあれ一九六〇年代末期、日本では任俠映画が花盛りだったわけで、東映任俠映画はその中心にあって、一九六八年から七〇年にかけて絶頂期を迎えた。むろんピークは下り坂の始まりにほかならない。

東映の映画館には一九七一年も人気スターの多彩なシリーズものが並び、菅原文太主演『まむしの兄弟』シリーズが加わる。ズッコケ二人組の暴力団相手の活躍をコミカルに描くさまは、明らかに任俠映画のパロディであり相対化であろう。六八年の『極道』『不良番長』に次いで、多くの観客がそれを楽しんだのであり、任俠映画が下降期に入ったことを如実に示す。

決定的だったのは七二年の藤純子の引退である。その引退記念映画『関東緋桜一家』のあと、この年、菅原文太は時代劇『木枯し紋次郎』に主演し、『不良番長』の女性版『女番長《スケバン》ゲリラ』、梶芽衣子主演『女囚701号　さそり』が人気を博する。鶴田浩二主演の任俠映画は『日蔭者』で終り、高倉健主演『昭和残俠伝　破れ傘』が人気シリーズにピリオドを打つ。

そして一九七三年一月、『仁義なき戦い』が『女番長《スケバン》』と併映で登場し、たちまちシリーズ化される。「仁義なき」という題名に顕著なように、任俠映画の相対化が傍流から主流へと躍り出たのである。『まむしの兄弟』『極道』の両シリーズがその後も続くのは当然といえるが、ほどなく終息する。東映の主軸は任俠路線から、やくざ映画という点では共通するものの、以前なら悪玉だった欲望剝き出しの男どもを中心に暴力団の抗争をリアルに描くいわゆる実録路線へと移る。ただし、実録タッチの作品は任俠映画の興隆期にも絶頂期にもあった。すでに言及した『組織暴力』『日本暗黒史』『日本暴力団』などのシリーズである。『仁義なき戦い』も突発的に生まれたわけではない。

追記

本書にはデアゴスティーニ・ジャパン発行「東映任俠映画 傑作ＤＶＤコレクション」全百二十冊（二〇一四年～一九年）に連載した作品解説が収録されている。

その隔週刊マガジンは毎号一本の東映任俠映画を扱い、それのＤＶＤと多彩な読み物で構成されていた。作品の選択は編集部により、わたしは参考意見を述べる程度しか関与していない。創刊号が『網走番外地』、最終号が『関東緋桜一家』で、その間の作品の取り上げ方は年代順ではなかったが、本書では全作品を封切順に並べ替えた。元のマガジンには、梗概欄、配役表、人物関係図などがあり、それを前提に解説を書いた。本書にはその前提がないゆえ、物語や登場人物の理解に便宜なように加筆した。元の文はアットランダムな順序の作品について毎号読み切りで書き、叙述に反復が見られるが、そのままとした。

興隆期 一九六三年～一九六七年

「網走番外地」1965年公開©東映

映画タイトルの下の、数字は公開年月日、東京は東京撮影所、京都は京都撮影所、監は監督、原は原作、脚は脚本、撮は撮影を示します。

人生劇場　飛車角

1963・3・16　東京　監・沢島忠　原・尾崎士郎　脚・直居欽哉　撮・藤井静

尾崎士郎の小説『人生劇場』は自伝的作品で、一九三三年から五九年まで書き継がれた。最初の映画化は三六年。以後、何度も映画化されてきたが、基本的に青春映画であり文芸映画であった。ところが一九六三年、それまでとは違う映画が出現した。東映作品『人生劇場　飛車角』である。この作品の主人公は鶴田浩二扮する飛車角で、原作者自身を投影した青成瓢吉《あおなりひょうきち》を梅宮辰夫が演じるが、脇の人物になっている。以前の映画化では、ほぼ青成瓢吉が主人公だったのに対し、脇役の飛車角が主役に躍り出たわけで、主客転倒が起こったのである。映画はヒットし、たちまち続篇がつくられた。おりしも東映の主流だった時代劇が勢いを失いつつあり、『人生劇場　飛車角』の路線が主流になってゆく。

青春映画から、やくざが主人公の映画へ――この転換が数々の東映任俠映画を生むのである。

『人生劇場　飛車角』は、原作小説の一部分、飛車角の情愛に焦点を合わせている。

やくざ飛車角と娼婦おとよ。どちらも堅気の一般人とは別の世界に生きており、だからこそ、強い情愛で結ばれている。そのことを端的に示すのは前半の別れのシーンであろう。

飛車角は世話になった一家への恩義のために敵の組に殴り込んだあと、自首するつもりだが、おとよは頑として納得せず、どこかへ逃げようと言う。その葛藤を、鶴田浩二と佐久間良子が日本家屋の座敷を舞台に激しく演じる。二人が抱き合っていたかと思うと、おとよが身を離し、別れたくないと泣き叫ぶ。飛車角が近寄り口説く。また抱き合うが、すぐ離れ、双方とも言い募る。座敷を這いずり回っては、むしゃぶりつき、おとよが退くのを飛車角が追いかけ、と、葛藤が続く。

このシーンはキャメラの長回しで撮られ、約四分半のワンカットになっている。二人が動き回るのを追いかけるので、キャメラもぐらぐら揺れ動きつづける。その流動性が、そのまま彼と彼女における情念の荒波を描き出すのである。

物語は、そのあと飛車角が入獄し、飲み屋に勤めたおとよと元やくざ宮川の出会いへと移るが、宮川役の高倉健の演技が目を瞠《みは》らせる。初めに飛車角が世話になる一家の子分として登場したとき、宮川はまるで目立たない。それが、おとよと出会うシーンでは、一転、快活な車夫として魅力を放つ。おとよはそこに惹かれて、彼と結ばれる。そのとき、おとよも宮川も相手と飛車角との縁を知らない。重要なのはその点で、事態に気づいたふたりの苦悩が始まる。宮川は、かつての渡世上の恩人である飛車角を裏切ったわけで、とりわけ苦悩が深い。快活な車夫から悩む元やくざへ。高倉健がその転変を情感豊かに演じ、胸を打つ。

鶴田浩二と佐久間良子と高倉健の熱演からして、明らかに『人生劇場　飛車角』は傑出した三角関係のメロドラマなのである。そういえば、殴り込みや殺しのシーンは出てくるが、暗い画面が多く、暗示的になっている。ラストの斬り込みも、初めこそ明示されるものの、最後にはシルエットになり、悪役は殺されない。

監督は時代劇の巨匠沢島忠。どう考えても、殴り込みのカタルシスという、のちの任俠映画独特のあり方にではなく、愛の情念劇を盛り上げるのに全力を傾けている。むしろそこに任俠映画のメロドラマ性の源流を見るべきか。

人生劇場　続飛車角

1963・5・25 東京　監・沢島忠　原・尾崎士郎
脚・相井抗　撮・藤井静

『人生劇場　続飛車角』は『人生劇場　飛車角』の一九六三年三月一六日の公開のあと、同年五月二十五日に封切られた。その間、約二か月。当時の映画づくりの機敏さがよくわかる。その勢いに乗って東映の任俠路線が本格化する。

続篇は前作の後日譚だが、尾崎士郎の原作小説を離れ、自由につくられている。飛車角役はむろん同じ鶴田浩二で、佐久間良子が前作から続くおとよと、新しく登場するお澄《すみ》との二役を演じる。沢島忠監督の発言によれば、お澄の役は別の女優が予定されていたが、鶴田浩二が承知せず、佐久間良子の二役になった（『沢島忠全仕事　ボンゆっくり落ちゃいね』ワイズ出版映画文庫）。

テキ屋の親分の娘と、満洲の薄幸の女郎――佐久間良子が対照的なヒロイン二人に扮し、明朗快活さと哀切さとを表現する。

やくざ飛車角は出所後、テキ屋の若い衆と知り合う。そこから物語が流れ始めるのだが、長門裕之が若い衆を軽妙洒脱に演じて、鶴田浩二と素晴らしいコンビをなす。たとえば二人が路上で綿布の啖呵売りをするシーン。賑やかな人波のなか、二人が商売をやる。別のテキ屋一家の連中が因縁をつける。飛車角が彼らを路地裏で叩きのめす。啖呵バイを再開。また難癖。またぶっ飛ばして、飛車角は何喰わぬ顔で商売に戻る。反復の効果のもと、じつに軽妙に画面が進み、ユーモアさえ滲み出る。と、つぎの瞬間、見物人のなかにいた若い女が飛車角の頬を引《ひ》っ叩《ぱた》く。彼も若い衆も唖然となる。突然の仕打ちにびっくりするという以上に、おとよそっくりの女だから驚くわけである。それが飛車角とお澄の出会いになるのだが、快適なリズムで描かれ感銘をそそる。自由な発想でつくられたからの成果であろう。

飛車角とお澄がそのあと、川岸の草むらで話すシーン。それを受けて、雨の夜道を相合い傘で歩きながら心情を吐露するシーン。どちらも、メロドラマの時空を情感豊かに織り上げてゆく。相合い傘のシーンの直後、舞台が満洲へ移るや、飛車角は荒野を走る幌馬車内のおとよの姿を目に留める。じつにダイナミックな飛躍で、その勢いが二人の再会シーンの感動を生むとともに、おとよの悲運の果てを哀しく描く。

飛車角は前半、テキ屋同士の争いのなかで活躍し、後半では軍部と結託した政商と闘う。そこにヒロイン二人との関係が織り込まれるのだが、前半と後半は無関係にあるわけではない。政商の策謀の内実が絡むことにより、テキ屋と満洲という二つの要素が物語全体を貫くのである。むろんそれはヒロイン二人の設定と重なる。脚本がうまい。画面には相井抗という名前がクレジットされているが、沢島監督は先の本で、鈴木尚之と二人で脚本を書いたと述べている。なるほど、練達の両人が腕を振るったのである。

満洲のくだりが終るや、三年後に飛び、飛車角が一家を構え女房のお澄と子供がいるのには意表をつかれる。鶴田浩二が赤ん坊を抱いて相好を崩す光景は珍しい。任侠映画のヒーローが良きパパになるなんて、と思うではないか。だが、悪玉との確執は続き、飛車角は信じる「侠《おとこ》の道」を貫き通したために暗殺される。しかも元子分によって。雪の夜の路上に倒れた飛車角の手の先に、赤ん坊をあやす玩具ガラガラが転がっているのが何重にも痛々しい。

ならず者

1964・4・5　東京　監・石井輝男　脚・石井輝男
撮・林七郎

高倉健が黒眼鏡に黒スーツ上下のネクタイ姿で登場する。場所は香港。日本人の殺し屋の役で、黒い高級車に乗った男を殺したところ、それが人違いだと判り、殺しの依頼主を捜して香港の街を歩き回る。普通に考えれば、これは明らかにギャング映画であろう。なのに任侠映画の範疇《はんちゅう》に入るのか。封切は一九六四年四月。東映任侠映画の始まりとされる『人生劇場　飛車角』の登場が六三年三月だから、約一年後になる。その一年間の東映作品は多種多様で、ギャング映画も含まれていた。

六四年という年に注目しよう。まず七月に鶴田浩二主演『博徒』が、次いで八月に高倉健主演『日本俠客伝』が封切られた。両方ともヒットし、たちまちシリーズ化された。ここから本格的な東映任俠路線が始まるのである。高倉健が『日本俠客伝』で以前にも増して脚光を浴びたことはいうまでもない。その人気は六五年四月の『網走番外地』で一段と爆発し、これもシリーズ化される。

『ならず者』は過渡期の映画であり、任俠路線の始まりを予兆的に含んでいたともいえる。ちなみに併映作品は加藤泰監督・内田良平主演『車夫遊侠伝　喧嘩辰』。

殺し屋の南条は、依頼人を捜し回るうち、麻薬をめぐる争いに巻き込まれる。二本の筋立てが縺《もつ》れ合うから、面白さは倍化する。南条は黄色い花を背広の胸につけたことから、麻薬の運び屋と間違われてしまった。その麻薬を入れた缶、それを収めた紙袋、メモやホテルの鍵など、小道具が物語の動きに大きな役割を果たす。監督は石井輝男で、脚本も書いている。謎の中国女＝三原葉子、香港の顔役＝丹波哲郎、日本の刑事＝杉浦直樹など、つぎつぎ新しい人物を登場させることも含め、話をどう見せてゆくかの工夫が観客を飽きさせない。

香港ロケがそんな映画術を華々しく彩る。まだイギリス統治下にあった香港を、高倉健が歩き回るから、サスペンスに合わせて観光旅行も楽しめるのである。いまは整地された九龍城も舞台になっている。さらに、ポルトガル領時代のマカオも案内してくれる。高倉健と丹波哲郎が大格闘を演じるのは、マカオのセントポール天主堂の遺跡。いまも観光名所になっている世界遺産の一部で、特別に撮影が許可された。香港やマカオの部分は全部がロケによるものではない。室内シーンなどは撮影所のセットで撮られたのであろう。だが、画面を見ても、ロケとセット撮影の区別はつかない。みごとな映画術である。

石井監督は六一年、所属した新東宝の倒産で、東映に移った。同年六月封切の高倉健や鶴田浩二が顔を揃えた『花と嵐とギャング』を皮切りに、東映の監督として痛快作を連発する。

『ならず者』はその一本にほかならない。三原葉子も丹波哲郎も新東宝出身である。石井監督は古巣の新東宝で活躍したころから、無国籍タッチの活劇で腕を振るった。それは『ならず者』にも感じられ、高倉健、三原葉子、丹波哲郎らが中国語を話して無国籍ムードを醸し、八木正生のモダンジャズが盛り上げる。

南条は殺し屋らしく、どんな事態にも冷静非情に対応する。そんな彼が、問題の缶を預かってくれた少女が殺されたと知るや、形相も凄まじく激怒する。その高倉健の表情には誰もが瞠《どう》目《もく》しよう。憤怒の裏には、優しさが張り付いている。南条は香港と日本を股にかけた人身売買組織の存在に突き当たるが、それを象徴する人物として薄幸の日本人娼婦が登場し、南田洋子が演じる。南条が彼女に向ける優しさは、まさしく憤怒の裏返ったものなのである。

南条が少女の死に炸裂させる激怒も、彼と娼婦のシーンに流れる豊かな情感も、無国籍的とはいえない。南条と娼婦がすれ違うラストも含め、同じ石井監督の『網走番外地』シリーズを思わせる。その意味で『ならず者』には任俠映画の萌芽《ほうが》が孕《はら》まれている。

日本俠客伝

1964・8・13 京都 監・マキノ雅弘 脚・笠原和夫、野上龍雄、村尾昭 撮・三木滋人

『日本俠客伝』は高倉健の任俠映画主演第一作で、ヒットしてシリーズ化され、ここから新しい俳優人生が始まった。ところが興味深いことに、画面では高倉健より先に中村錦之助が登場する。これは、最初、中村錦之助主演で企画されたからであろうか。諸般の事情で主演は降りたが、ゲスト出演が決まり、脚本に彼の役が書き加えられたという。

冒頭まもなく中村錦之助が登場し、数日後だろうか、高倉健が姿を見せる。場所はどちらも東京深川の材木運搬業、木場政一家の座敷。両人とも、まず後ろ姿で登場したあと、正面からの顔が映し出される。絶妙な画面展開でスターを見せるのである。そのとき、中村錦之助が控え目な態度を取るのが印象深い。彼の役は女と駆け落ちしたところを木場政の親分に拾われたやくざで、堅気の木場政一家の揉め事に口出しするのを遠慮するのである。やくざと堅気の違いが鮮明に描き出される。彼は後半、一家への恩返しのため、ひとりで敵陣に斬り込み殺される。ゲストスターのその悲愴なあり方は、以後、東映任俠映画の定型になってゆく。

この映画では、材木置き場や運河の風景が、いかにも深川木場らしい雰囲気を醸す。が、時

代は明示されない。帰還した高倉健の兵隊姿からして大正期であろう。

　任侠映画の草創期ゆえ、まだ定型はなく、脚本が「忠臣蔵」を下敷きに書かれたことはよく知られている。いま思えば、大正の深川木場に「忠臣蔵」の劇を仕組むとは、着想の大胆さに驚く。なるほど、高倉健扮する小頭がいわば元赤穂藩家老大石内蔵助で、親分を亡くした一家の姐さんは瑤泉院に当たる。小頭が血気に逸る仲間を束ねたあげく、決起の寸前、縁日の夜店で気楽に遊んで、敵を油断させる。そんな細部にまで「忠臣蔵」が反映されている。

　主人公たち全員が、敵の一味の横暴を耐え忍び、ついに闘いに立ち上がる。この基本的なドラマ構造も「忠臣蔵」を踏まえたもので、喝采を博し、任侠映画の定型となって、やがて「我慢劇」と名づけられる。

　マキノ雅弘監督は群像劇を得意とする。しかも中に数多くの挿話を描き込む。「忠臣蔵」がそもそも同様の形になっている。

『日本俠客伝』では、俠気の男たちが深川木場の制圧を狙う悪党一味と闘うが、その渦中に三組の男女の愛が描き込まれる。俳優名でいえば、高倉健と藤純子、中村錦之助と三田佳子、そして長門裕之と南田洋子である。

　このうち、中村錦之助と三田佳子は夫婦の役で、幼い娘がありながら、やくざの夫は仁義に命を賭す。夫婦が話す二度のシーンに注目しよう。仲睦まじさが同じなだけに、片や親子三人の情愛にあふれ、片や斬り込み前の別れの盃と、明から暗への転調が悲痛さをにじみ出し胸を打つ。ことに中村錦之助の静かな名演は絶品といえる。幼い娘の役は藤山直子、のちの藤山直美で、このとき五歳。長門裕之と南田洋子は現実には夫婦だが、ここでは、それぞれ片思いの役を演じる。玄関口でのやりとりのシーンでは、そんな配役の妙が効果を発揮して、冗談めく台詞と軽やかな動きのなかに、屈折した愛を悲しくユーモラスに描き出す。

高倉健と藤純子は初々しい恋人同士の役で、ほかの二組ほど濃密な愛を感じさせない。主人公だからか。もし主人公が濃密な愛を得たなら、任侠映画に特有の抒情性は結晶するまい。高倉健が任侠映画のヒーローであるのは、逆説的な愛を背負うからだと思われる。

練達のマキノ監督は、そのあたりを踏まえ、三組の愛を抒情豊かに浮かび上がらせる。

顔役

1965・1・3　東京　監・石井輝男　脚・笠原和夫、深作欣二、石井輝男　撮・星島一郎

『顔役』は一九六五年の映画で、公開時の宣伝資料には「ギャング路線の総決算」とある。当時、すでに東映は任侠映画を製作していたが、まだ本格的な路線は定まらず、以前からのギャ

ング映画の範疇と考えたのであろう。封切は一月三日。つまり正月映画で、「総決算」とはいささか大袈裟だが、賑やかなオールスターキャスト作品になっている。

関東と関西の暴力組織が広大な埋立地の利権をめぐって抗争をくりひろげる。中身は明らかに現代やくざ映画だが、当時はギャング映画の呼称で通用した。主演は鶴田浩二と高倉健。それぞれの役柄がくっきりと対照的に描かれる。片や、任侠精神を貫き通し、事あれば指を詰めて嘲笑を買う時代遅れのやくざ。片や、古い任侠心より、現代感覚に基づいて跳ね上がるドライな青年。鶴田浩二が重厚な渋みを、高倉健がとっぽい軽みを好演する。二大スターに持ち味を発揮させるわけで、その周到な描き方が映画を魅力的にしている。

東西の抗争のなか、二組の男の姿が印象深く浮かび上がる。俳優名で記せば、鶴田浩二と高倉健は兄弟分で、性格こそ違え、死ぬときは一緒と決めている。それとは別に、鶴田浩二と元やくざのバー経営者大木実は、かつて戦友として死を覚悟していた。この相似性にも、ギャング映画というより、任侠映画の匂いがする。

そんな男優たちに混じり、当時の東映現代劇の女優三人が顔を揃えて、華やかさを醸す。まず佐久間良子。黒眼鏡をかけた盲目の役で、大きな瞳は見られないが、亭主の鶴田浩二が高倉健とともにアパートへ帰宅したシーンの、赤ん坊も含めた家庭の和気藹々《あいあい》の雰囲気が微笑ましい。次いで三田佳子。保育園の保母の役で、慕ってくる男がいるのにもかかわらず、元恋人の高倉健を忘れられず、心を迷わせる。そして藤純子。キャバレーのホステス役で、出番はごく少ししかないが、明るい現代娘を溌溂《はつらつ》と演じて楽しませてくれる。

なるほど、典型的なオールスターキャスト映画なのである。

のちに初めて『顔役』を見る観客は、『網走番外地』の主題歌が随所で流れることに驚くだろう。高倉健が、埋立地に仲間とともにくるシーンでも、走り去った三田佳子の前に姿を見せるシーンでも、まぎれもなくあのメロディを口笛で吹いている。さらに埋立地の突堤のシーンでは歌詞を口ずさむ。そして終盤、三田佳子が夜の保育園でオルガンを弾きつつ歌い、彼が外から見る。石井輝男監督がこの映画の撮影直前、ラジオで歌を聴いて惚れ込み、歌詞を少し変えて使った。同監督による映画『網走番外地』の封切は同年四月十八日である。『顔役』の監督は当初、深作欣二だったが、笠原和夫のオリジナル脚本に乗らず、両者で改変したあと、深作欣二が降板した。石井輝男が監督を引き受け、脚本を手直しした。だから、クレジットでは脚本が三人になっている。

この映画では、次から次へと登場人物が死ぬ。ギャング映画では珍しくないとはいえ、善玉のほうも死にすぎる。脚本が二転三転したからであろうか。笠原和夫は完成した映画のラストシーンに驚いたという。そのラストだが、宣伝資料では、鶴田浩二と高倉健が両人とも死ぬことになっている。それも二転三転のあげくに変更されたのかどうかは、確認できない。

日本俠客伝　浪花篇

1965・1・30　京都　監・マキノ雅弘　脚・野上龍雄、笠原和夫、村尾昭　撮・三木滋人

『日本俠客伝　浪花篇』は、横浜の仲仕藤川宗次＝高倉健が大阪港に着くところから始まる。彼は仲仕だった弟の遺骨を受け取りに来たのだが、港の仲仕をめぐる状況の不穏さに気づく。そのあと、彼が弟の墓の礼を言うため仲仕たちのドヤを訪れるシーン。お礼の一升瓶数本を彼が差し出すや、連中が歓声をあげ、ドヤは賑わいで沸き立つ。漫才もどきの会話のなか、藤川がニコニコ笑っているのが印象深い。彼はその熱気に感銘を受け、翌朝、仲間に加わることを宣言する。と、聞いた連中はふたたび歓声で彼を囲む。

やがて中盤に、こんなくだりが出てくる。藤川が悪玉の妨害を撥ね除け、仲間とともに荷揚げを完遂したあと、ドヤで仲仕連中は酒と歌で盛り上がり、藤川と茹で卵売りの娘との仲を冷やかし、親方が自慢の喉を披露する。そんな楽しさが直後に一転し、親方が闇討ちされる。妨害突破→労働→宴会→闇討ち。どんどん別の局面へ転じてゆく展開が息をのませる。

『日本俠客伝　浪花篇』はシリーズ第二作で、一九六五年一月に公開された。前年八月封切の

第一作『日本俠客伝』に中村錦之助がゲスト出演したように、今回は鶴田浩二が助演する。主演の高倉健にとって『日本俠客伝』は初めての任俠映画なので、大物スターが脇から力を貸すわけである。その絶妙なキャスティングが奏功して、二本ともヒットした。さらに六五年四月、『網走番外地』が登場して、任俠スター高倉健の人気は不動のものになる。

この映画では、三分の二ほど話が進み山場になったとき、やくざ冬村吾郎役の鶴田浩二が登場する。観客の期待を煽ったあげくに姿を見せるわけで、巧みな作り方といえる。しかもその登場ぶりが尋常ではない。家に近づくや、玄関の戸を荒々しく叩き、出てきた三下に、叱り飛ばす口調で親分がいるかと問う。そのいきなりの殺伐さは異様なほどで、強く胸に迫る。それに対し、高倉健は熱血漢を真っ直ぐに演じる。鶴田浩二の屈折ぶりとの対照は鮮やかで、配役の妙も含め、みごとに計算された作り方に感嘆させられる。

港の荷役と仲仕をめぐる闘いの物語に、何組もの男女の愛が織り込まれる。冬村と女郎屋の女将＝南田洋子、仲仕＝長門裕之と女郎＝八千草薫の愛は悲劇に終るが、藤川と卵売りの娘＝入江若葉の関係は微笑ましく描かれたままに終始する。任俠映画の主人公の愛がそんなふうに描かれるのは珍しい。まだ任俠映画の初期だったからに違いない。

監督はマキノ雅弘。善玉悪玉の葛藤のなか、虐げられながらも陽気な仲仕の群像劇をくりひろげることも、何組もの男女の愛を織り込むことも、以後の任俠映画の定型をつくったと見てよかろう。

　葛藤の果てに、藤川は敵陣へ殴り込む。そこはパターンどおりだが、その先が違う。藤川が敵陣に着くと、出てきた冬村が言う。おまはんか、まあ見いや……。すでに子分たちは倒してある。藤川が敵の首魁を葬りに行く冬村に同道を拒まれ、なぜと問う。と、冬村はにっこり微笑む。その笑みはじつにピュアで、不思議な感興をそそらずにおかない。そのあと、悪玉の首魁を倒した両人は、雪の路上の屋台で酒を酌み交わし、交番へ向かう。このラストも、のちの任俠映画からすれば、不思議なものであろう。この映画には定型の固まる前後の境い目を見ることができる。

網走番外地

1965・4・18　東京　監・石井輝男　原案・伊藤一　脚・石井輝男　撮・山沢義一

　豪雪に閉ざされた北の果ての刑務所——この設定が、映画『網走番外地』の独特の面白さを基本的に形づくっている。

　雪景色も獄舎の中も、そして周辺の原始林も、映画には格好の被写体で、いい絵になる。その点を活用して、大自然の広がりと刑務所の密閉感が対比され、自由への渇望が描かれるのである。高倉健の個性が、そうした設定のもとで強烈に輝く。持ち前の豪快さが、大自然の勢いを受けて立ち、物語の進展とともに、豪雪の息苦しさを銀世界の爽快さに変えてゆく。スクリーン上でそんな光景を目撃することが、この映画の楽しさにほかならない。

実際、高倉健の個性にふさわしく、豪快なアクション映画になっている。東映任俠映画のブームに火をつけた作品であり、やくざの主人公が長ドスを手に殴り込む回想シーンも出てくるから、任俠映画にちがいないが、それ以上に、迫力満点のアクション映画の印象が強い。

前半では、薄暗い雑居房での囚人同士の葛藤が描かれる。外に出るシーンはあるが、雪の原始林で労働を強いられ、閉ざされていることに変わりはない。そんな事態が、後半、一変し、大雪原での逃亡がダイナミックに描かれる。その躍動感が、アクション映画の印象をもたらすのである。手錠で結ばれたまま、橘真一＝高倉健と凶悪犯＝南原宏治がトロッコで雪原を疾走し、保護司＝丹波哲郎がやはりトロッコで追うくだりは、まさしく手に汗握る迫力で、アクション映画の醍醐味に満ちている。そのあと、走ってくる列車で手錠を切断するシーンについても、むろん同様である。

監督の石井輝男は、早くから活劇の名手として知られ、この映画ではトロッコの疾走シーンはもとより、雑居房で男たちがくすぶるシーンでも、絶妙のカット割りで不穏な気配を強めてゆく。新東宝出身で、同社の倒産後、東映へ入った。東映における第一作が一九六一年の『花と嵐とギャング』で、主演は高倉健と鶴田浩二。高倉健とは『恋と太陽とギャング』(六二)、『親分《ボス》を倒せ』(六三)、『ならず者』(六四)などで組み、どれもがアクション映画の面白さで沸騰している。そんな両人の勢いが『網走番外地』で一段と高まり、高倉健の魅力を炸裂させたのである。

この映画は、ダイナミックな迫力に加え、随所で抒情性を醸すのを特徴とする。真一の母への想いが強調して描かれ、荒っぽい男の世界を情感で湿らせる。

真一が懲罰房に入れられたくだりに注目しよう。檻の中の狭い檻という二重に自由を奪われた閉所で、彼は、ただひとつ自由になる想像力により、母を想う。貧しさと飢え、義父への憎悪など、辛いことばかりだが、母と妹のやさしさは心を潤してくれる。そんな回想シーンは何度か出てくるが、気がつくと、高倉健の歌う主題歌が流れている。さすらいの孤独の心情をせつせつと謳う歌が、母恋いと重なるとは！　しかも驚くべきことに、非情な凶悪犯まで、瀕死の重傷を負うや、母への想いを叫ぶ。もはや明らかであろう。この抒情性により、豪快なアクション映画が、濡れた心情をこそ本質とする任俠映画になっている。

さすらい、孤独、母恋い、そしてアクション——それらが溶け合い固まった結晶の輝きが、スター高倉健の魅力にほかならない。

続網走番外地

1965・7・10 東京 監・石井輝男 原案・伊藤一
脚・石井輝男 撮・山沢義一

『続網走番外地』は函館の深夜の銀行強盗のシーンから始まる。暗がりでの金庫破り、警備員射殺、仲間殺しと、殺伐たる光景が急テンポで描かれ、純然たるアクション映画の導入部に見える。だが、つぎの場面になるや、雰囲気は一変する。函館港の埠頭を舞台に、青函連絡船に乗る人々の言動がコミカルなタッチでつづられ、その空気はアクション映画とは程遠い。しかも初めは網走刑務所を出所した橘真一＝高倉健ではなく、お調子者の弟分＝アイ・ジョージが前面に出ている。コミカルな感じは船上シーンでも続き、護送中の囚人＝田中邦衛のホラ話や、真一とスリ＝瑳峨三智子によるユーモラスな会話が描かれる。と、置き引き事件が起こり、修道女の持っていた土産品の模造マリモが散乱し、何が始まるのかと思わせる。だが、青森で下船後も笑いの要素は消えず、真一が露店でナイロンパンティ売りをやらかす。

『続網走番外地』は正体不明の映画として始まるのである。

函館の銀行から強奪されたダイヤを中に隠したマリモがいろんな人の手から手へ移ってゆく

が、それに合わせて、物語も舞台も転々とする。それが魅惑のリズムを刻む。金庫破り以後、話が転がり進むなか、乗り物が船↓汽車↓ダンプカーと変わり、そのたびに場所も移る。函館埠頭、青函連絡船、青森の市街、列車内、駅のホーム、ストリップ劇場、博奕場、ソープランド、病院、火祭りの会場、ダンプの荷台、土砂置き場、そしてラストの駅前。

まさに千変万化で、これほど場所が転々とする映画はめったになかろう。しかも、その間、高倉健、瑳峨三智子、アイ・ジョージ、ストリッパー＝三原葉子の周りに、個性的な俳優がつぎつぎ出没する。船上には田中邦衛のほか、潮健児、室田日出男が登場するが、田中と潮は以後、出てこない。青森の変なテキ屋の親方＝由利徹もそこだけ。車中では殺し屋＝中谷一郎が突然出現する。そのあげく、博奕場では鬼寅＝嵐寛寿郎が、ソープランドでは悪玉＝安部徹が、前作に続いて姿を見せる。観客はそんな予想不可能な展開を、あれよあれよと見守り魅せられてゆく。

この映画は『網走番外地』の大ヒットを受けて、ごく短期間でつくられた。やる気満々の監督石井輝男が、悪条件に萎縮するわけがない。早撮りを前提に、短い挿話をつなげる脚本を書いたのであろう。ロケ場所を固定せず、移動中の船内でも車内でも撮影していけば、悪条件を突破できる。石井輝男はそんな脚本づくりに、もう一点、大きなアイデアを仕組んだ。男たちの闘いを描いた『網走番外地』にはなかったもの、お色気である。瑳峨三智子と三原葉子がその役割を担って出演し、お色気を撒き散らす。単なる女っ気などではなく、熟れきった美女の妖艶さ。それに魅せられるのは、真一や弟分だけではない。

旅の過程をつづったものを「道中記」という。この映画はそれに当たるが、やはり「ロードムービー」と呼ぶべきであろう。石井輝男は、短期間という悪条件を逆手に取って、お色気をスパイスにした明朗痛快なロードムービーを仕上げたのである。好条件はモノクロの前作とは違いカラーになったことで、いろんな意味で画面に色気を盛り上げる。

だから正体不明の映画などではない。カラフルななか、高倉健の魅力が、ダイヤ入りのマリモとともに転々とする映画なのである。

日本侠客伝　関東篇

1965・8・12　京都　監・マキノ雅弘　脚・村尾昭、笠原和夫、野上龍雄　撮・吉田貞次

『日本侠客伝　関東篇』はシリーズ第三作で、一九六四年八月の第一作、六五年一月の第二作に次いで六五年八月に封切られた。高倉健の主演作としては、第二作と第三作のあいだに『網走番外地』『続網走番外地』が挟まる。さらにこの『関東篇』のあと、六五年十月には『昭和

残侠伝』が登場する。一年と少しのあいだで三大人気シリーズが揃い、任俠スター高倉健の快進撃が始まるのである。

この『関東篇』では、第一作『日本俠客伝』における中村錦之助に代わり、第二作『浪花篇』に続いて鶴田浩二がゲスト出演する。豪華な顔合わせがこのシリーズの人気を盛り上げるわけで、しかも演じる役の対照が素晴らしい。『関東篇』の高倉健の役は船員だが、船に乗り遅れ、東京・築地の魚問屋で働くことになる。それが決まった瞬間、すぐ好い気になる彼は女主人に前借を申し出て呆れられる。少しあと、酔った勢いで、問屋と縁のあるやくざ＝鶴田浩二に、彼女に惚れたと言い、厳しくたしなめられる。堅気とやくざの対比という前提のうえに、両スターそれぞれの個性が鮮やかに際立つのである。

冒頭まもなく、魚運搬人の松夫＝長門裕之と女主人の妹＝藤純子が彼の家でラブシーンもどきをくりひろげるシーン。初《うぶ》なその姿も面白いが、それを彼の仲間が外から覗き見るので可笑しさが高まる。家といってもボロ小屋で、周りには同様の粗末な家々が並んでいる。魚運搬人の仲間、魚河岸で働く者たちの住まいである。そのセットの佇まいも、田中春男や山城新伍らの演じっぷりも、胸に熱く染み入る。

監督はマキノ雅弘。物語は魚河岸の利権を独占しようとする悪玉との闘いだが、明らかに名匠は、抗争それ自体ではなく、そこで暮らしを営む人々の喜怒哀楽の描写に演出の力点を置いている。もうひとつの力点は男女の関係で、緒方勇＝高倉健、江島勝治＝鶴田浩二、女主人の市川栄《えい》＝南田洋子の心の揺れを絶妙に描く。

旅から戻った勝治が栄に会う小橋のシーン。どう見ても、ふたりは惚れ合っていると思われる。そのあと、先述のように勇が栄に惚れたと勝治に言うのだが、彼女と勝治の想いは知らない。やがて勇が料亭で栄を悪玉一味から救出し、リンチに遭い、血だらけの体を待ち受けていた栄に拭いてもらう。そこはあの小橋の下の川べりではないか。男女三人の恋心が、同じ場所を舞台に揺れて波立つのである。

北島三郎の歌う主題歌が四回流れる。最初はクレジットの画面に被さり、珍しいことではないが、あと三回は印象深い。二度目は寿司屋のサブ＝北島三郎が道で将棋を指しているシーンで、その肩に手が置かれ、兄貴分の勝治が姿を見せる。そのあと、勝治に請われ、サブが主題歌を歌う。三度目はサブが悪玉を襲撃するシーン。元やくざの彼は魚河岸の人々のため、主題歌をバックに斬り込み、惨殺される。北島三郎独特の高音が哀切さをそそる。

そのあと、勝治と松夫が敵陣に殴り込み、いっぽう勇と魚河岸の人々が、外国船の積んできた魚を運び出す。勇は人々に叫ぶ。これは皆の魚なのだ、と。マキノ節を体現した言葉であろう。かくして殴り込みと人々の蜂起が、交互に賑々しく画面上に沸き立つ。

闘いが終り、ひとりで罪を被るつもりの勝治に、勇がそれでは俺の立つ瀬がないと抗う。勝治が苦笑いして言う。お前さんも付き合いのいい男だなあ、と。そして、栄との恋を勇に譲り、勇と並んで歩き、そこに四度目の主題歌が高鳴る。

明治侠客伝　三代目襲名

1965・9・18　京都　監・加藤泰　原・紙屋五平
脚・村尾昭、鈴木則文　撮・わし尾元也

若い娼婦が桃を二つ、やくざ渡世の男に手渡す。場所は大阪・中之島、蛸の松の近くで、夕焼けが美しい。女は見ず知らずの自分を、父親の死に目に会わせてくれた男に、故郷の岡山から土産の桃を持ってきた。

『明治侠客伝　三代目襲名』の有名なシーンで、温もりが画面にあふれる。ことに菊池浅次郎＝鶴田浩二の表情が印象深い。別れ際、大きな桃を左右の手で持ち、優しい声を相手の娼婦初栄＝藤純子にかけるときの顔が、決定的な瞬間を秘かに告げるのである。事実、その直後、浅次郎は初栄と女郎屋で愛を交わす。朝になったとき、今度は初栄の泣きながら相手に全身をぶつけてすがる姿が印象深い。蛸の松は後半にふたたび出てくるが、雰囲気は一変する。悪玉に身請けされた初栄と、一家の三代目を継ぐ浅次郎。もう愛は成り立たず、女は泣いて男にかじりつく。二人をうつす手持ちキャメラの揺れが運命の無残さを表現する。

浅次郎はやくざ渡世に生きることを選び、初栄はひたすら愛に生きようとする——この男女の対照的なあり方は、映画監督加藤泰の基本テーマにほかならない。

加藤泰はやくざがヒーロー顔をする映画が嫌いで、この映画の監督を頼まれたとき、長谷川伸の世界なら撮ってもいいと引き受けた。渡世のしがらみから抜けられない男と、愛を貫こうとする女との、悲しい葛藤である。ここでは、別の要素がそこに被さる。土建業を兼ねるやくざ、木屋辰一家の危機を救うための浅次郎の着想がそれで、彼は自分がやくざの一家を継ぐ代わりに、亡き二代目の息子を堅気の土建業を担う江本商店の主にする。

村尾昭とともに脚本を書いた鈴木則文は、浅次郎の着想を「政経分離」と名づける。時代背景は明治末期。まさに日本が近代化を進めていた頃で、浅次郎は木屋辰を近代化させるのである。浅次郎と初栄の関係はその分離と並行しているわけで、悲恋になる以外ない。随所に轟音とともに出てくる汽車の煙は、いわば近代化の勢いを象徴している。

この映画は、クランクイン直前の監督交替により、十八日間で撮ることになった。加藤監督は撮影日数を二倍に使うため、完全編成の別班を要求し、その監督を信頼する後輩倉田準二に頼んだ。冒頭、太鼓が鳴り響く大群衆のなか、木屋辰＝嵐寛寿郎が刺されるシーン。終盤、その息子＝津川雅彦と陽気な客人＝藤山寛美が料亭で悪玉に襲われるシーン。これらが倉田監督らが撮った部分で、ともにダイナミックな迫力にあふれ素晴らしい。どちらも暗殺シーンで、主人公の生き方を決定的に変える点に注目しよう。加藤監督は、重要なシーンだからこそ別班に任せたのである。

浅次郎は二人が襲われ客人が殺されたことを知り、敵陣に殴り込む。あの「政経分離」が蹂躙されたわけで、怒りはいっそう激しい。凄まじい闘いが展開され、そこに、思いがけない人物、初栄が出現する。家に逃げ込んだ悪玉を、浅次郎が背後から刺す。と、すぐ前方に初栄がいる。むろん両人とも驚愕の表情を浮かべるものの、それ以上に絶望の影が濃い。初栄のそれは最初、蛸の松で桃を渡したときの愛くるしさと同じ人物とは思えない。

そして、警官に引かれてゆく浅次郎に初栄がむしゃぶりつくラストシーン。その姿は女郎屋での朝のシーンと似てはいるが、悲惨さはより深い。汽車がそんな男女の悲劇を黙殺するかのように轟音を立てて迫り、映画は終る。

昭和残俠伝

1965・10・1　東京　監・佐伯清　脚・村尾昭、山本英明、松本功　撮・星島一郎

『昭和残侠伝』は一九六五年の映画で、タイトルバックに高倉健の歌う「唐獅子牡丹」が流れ、ラストの殴り込みでは、高倉健の背を彩る唐獅子牡丹の刺青が鮮烈な印象をもたらす。映画はヒットしてシリーズ化された。高倉健は六四年の『日本俠客伝』に主演して東映任俠映画ブームに点火し、翌年の『網走番外地』で人気を爆発させた。それに続くこの『昭和残俠伝』でスターの座を不動のものにしたのである。

この映画では時代が太平洋戦争直後に設定され、高倉健はしばらく登場せず、やがて兵役を解かれて戻ってくる。副主人公の池部良も一年前に復員したことになっており、初め背広姿で出てくる。これは、あとから思うと興味深い。『昭和残俠伝』シリーズは全九本を数えるが、あとの八本はすべて昭和初期の話なのである。まだ作品のイメージは流動的だったということか。それでも「唐獅子牡丹」の歌と刺青は確定していたわけである。

描かれるのは浅草の露天商の世界で、敗戦後の窮乏にもめげず商いに頑張る人たちを護って、露天商に商品を卸す一家の主人公たちが闘う。庶民を食い物にする悪玉一味に対し、善玉のヒーローたちが我慢に我慢を重ねたあげく立ち上がるので、「我慢劇」と呼ばれた。俊藤浩滋プロデューサーによれば、その構造は『日本俠客伝』と同様、日本人の心情に強く訴える「忠臣蔵」のパターンから発想された。

我慢する男たちに女が絡むことで、話は立体化する。高倉健と元恋人＝三田佳子とその夫＝

江原真二郎。池部良と妹＝水上竜子とその恋人＝梅宮辰夫。ふたつの三角形が闘いの渦中で軋み、死ぬ者が出てきて悲哀を醸し出す。もうひとつの要素が、さらに加わる。たとえば一家の頭清次＝高倉健が敵陣へ乗り込み子分＝松方弘樹を奪還したあとのシーン。一家の客人風間＝池部良が清次の腕の銃弾を抜き取るのだが、流れる鮮血の赤い色の効果もあって、見交わす目と目が観客の胸に迫る。男と男のあいだに通うこの心情こそ任俠映画の魅力であろう。そんな心情の結びつきが、ラスト、斬り込みシーンで爆発することはいうまでもない。

清次が終盤、屋根つきのマーケット建設を宣言し、露天商たちが歓びの声を挙げる。そのシーンのあと、風間の妹が死ぬ。続く画面は一転、マーケット建設の光景を描き出す。と、夜、そこが放火で炎上し、朝の焼け跡で、清次が涙ぐんだあと決意を語る。明↓暗↓明↓暗、そして主人公の決意。このシーン展開は絶妙で、周到に練られたものにちがいなく、闘いののっぴきならなさを説得力たっぷりに描く。

清次が風間とともに殴り込むシーンに注目しよう。敵陣は普通の家ではなく、雑多なものが乱雑に並ぶ事務所で、大乱闘が狭い部屋や通路を動き回ってくりひろげられる。任俠映画の殴り込みシーンといえば、凄絶な美学が想像されるが、この映画での闘いは凄絶さは同じでも、ごちゃごちゃ不定形で、反美学的なのである。この点も、シリーズ第一作なので、まだ定型が固まる前だったということであろうか。

だが、すでに見たように、「唐獅子牡丹」の歌と刺青、「忠臣蔵」のパターン、清次を風間が待ち受けて斬り込みに同道することなど、いろんな点で魅力的な定型が生まれつつある。だからこそ、多くの観客の心を揺さぶり、シリーズ化されたことは間違いない。

網走番外地　望郷篇

1965・10・31 東京　監・石井輝男　原案・伊藤一
脚・石井輝男　撮・稲田喜一

『網走番外地　望郷篇』は、夜の波止場を背景に、トレンチコートを着た高倉健の姿から始まって終る。その間に、網走刑務所を出所した橘真一が母の墓参に故郷の長崎へ帰ってきてからの出来事を描く。現地ロケによる長崎の多彩な風物が楽しめ、ご当地映画になっている。そんななか、印象深いことに、彼の過去がさまざまな形で浮かび上がる。

再会した昔の恋人＝桜町弘子は彼を「真一さん」と呼び、同じ町内で育ったと言う。彼が身を寄せた一家の親分に「組長」と呼びかけると、相手の嵐寛寿郎は笑いつつ「昔のようにおじさんでいいよ」と応じる。真一はかつてその組の若い衆で、親分の息子＝中谷一郎と子どもの頃から親しかった。埠頭で働く老人＝東野英治郎は真一に「あんたのおふくろさんとは親しかったよ」と言い、つぎのシーンのあと、姿を見せないから、その台詞を言うために登場したと思われる。故郷に帰ったのだから当然とはいえ、橘真一の身の上がこんなに細かく描かれると、見ていて不思議な感じをそそられる。

この映画は主たる物語として港湾荷役をめぐる争いを描くが、それを縫って、真一と混血の幼い女の子との交流をつづる。パターンどおりに進む善玉悪玉の葛藤だけに終始せず、そこに無関係な脇筋を加えることで、作品の世界を幅広くしているのである。だが、この映画の場合、それだけではない。女の子は孤児で、行方不明の母親を慕っている。一匹狼の真一は、そんな幼女に深い親近感を抱くのである。

真一が幼女の母親を見つけ会いに行く場面。スーツにネクタイを締めた高倉健が「わたしは」と言う姿は、感銘深い。幼女に向ける優しさには、自分の亡き母親に対する想いに加え、幼い日々を仲良く過ごした女性への慕情も混じっていると思うのは、深読みだろうか。そんな女性たちとのいわば対極に、杉浦直樹の好演する流れ者がいる。終盤の一騎討ちの直前、悪玉に刺客として雇われた彼が真一に闘う理由として「メシ食っちまったからな」と言う。そのとき、はぐれ者同士の男の心が一瞬ながら熱く通い合う。

これはシリーズの第三作だが、前の二本には橘真一の故郷が長崎とは出てこない。第一作『網走番外地』の舞台が豪雪の北海道で、第二作『続網走番外地』がロードムービーだったから、今度は南国の長崎にしたのだろう。

ただし、回想シーンで第一作が部分的に出てきて、そのモノクロ画面が目に染みる。幼い女の子をめぐる母恋い譚も第一作に通じる。いっぽう、前の二本では鬼寅役だった嵐寛寿郎がまったく別人を演じる。だが、このあと、第四作では鬼寅に戻る。田中邦衛扮する網走仲間の大槻はこの映画で殺されるが、やはり第四作に登場する。シリーズとはいえ、連続性ばかりではなく、非連続性が混じるのである。要するに好い加減なわけだが、それこそがプログラムピクチャー特有の魅惑を形づくる。

この映画の高倉健はいつになく哀しい。杉浦直樹との対決で、すれ違ったあと、うずくまった姿も、重傷の身にトレンチコートを羽織り波止場へ向かう姿も、そう感じさせる。

一匹狼にも故郷はあったが、帰れば闘いが待っていた——その哀愁を高倉健の姿が漂わせる。これは非連続性のほうだろう。

網走番外地　北海篇

1965・12・31 東京　監・石井輝男　原案・伊藤一
脚・石井輝男　撮・稲田喜一

高倉健が雪の北海道へ帰ってきた。『網走番外地　北海篇』を見れば、誰もがそう思い嬉しくなるにちがいない。このシリーズ第四作は第一作『網走番外地』に続き北海道が舞台なのだが、実際、高倉健は雪景色によく似合う。

といっても、最初しばらくは網走刑務所内が舞台で、雪など出てこない。非常ベルが鳴り響き、雑居房でオカマが痴話喧嘩をやらかし、炊事場で大活劇があり、と囚人たちの様子を賑々しく描く。閉ざされた世界ゆえ、一種の密室劇といえよう。そこに野蛮なエネルギーが渦巻くから、めちゃくちゃ面白い。高倉健を始め俳優たちが、田中邦衛も由利徹も、嵐寛寿郎も山本麟一も、生き生きしている。ドタバタ騒ぎのなか、これぞと思う人物の顔がアップで入り、群像劇の魅惑が盛り上げられてゆく。

そんな密室劇が、主人公橘真一の仮出所で一転、雪景色になり、別世界が出現する。石井輝男監督ならではのパワフルな転換で、何が始まるかと前のめりにさせられる。監獄劇から、ジョン・フォードの西部劇『駅馬車』（一九三九）を思わせるトラック疾走劇へ。いうなれば二本分の映画を楽しめるわけで、石井輝男の娯楽映画魂に感嘆せずにいられない。

しかもこの第四作には、シリーズ前三本を引き継ぐ要素が散りばめられている。刑務所内部から雪景色への展開が、第一作を受けることはいうまでもない。後半のロードムービーは、第二作『続網走番外地』を連想させる。第二作第三作で何人もの女優が高倉健に絡んだが、この第四作でも愛くるしい大原麗子たち女優が華やかさを振りまく。怪我をした少女を助ける話は、第三作『網走番外地　望郷篇』における混血の幼女のエピソードを思わせる。

見る人によっては、ほかにも思い当たる点が多々あろう。幌付きのトラックは、そんな多面構造体を載せて、白一色の世界をダイナミックに走るのである。橘真一は仮出所直前、病身の同房の囚人から故郷の母親への送金を頼まれた。その関係でトラックの長距離輸送を始めるのだが、そこにギャング二人組など多彩な人物が乗り込んでくる。

この第四作では女性の要素が強い。それだけに、終盤、真一が囚人仲間を裏切った元女房の髪を長ドスで切るシーンは、衝撃的である。第二作と同様、とっぽさ満点で軽口を叩く高倉健が、そんな非情さを見せるとき、未知の新鮮さが画面に激しく満ちる。

杉浦直樹が途中からトラックに乗り込んでくる脱走囚を演じ、第三作と同様に素晴らしい。だが、好漢は無残な死に方をしてしまう。真一たちが彼を埋葬するシーン。雪原の木の根元に彼が葬られるや、キャメラは斜め上へと一気に上昇し、遥か下には、白い大地と数人の姿と一本の木だけがうつしだされる。トラックが走る横軸の動きに対し、突然、上下縦軸の動きが出現するわけで、映画の時空の広がりが胸を揺さぶる。

その場面がラストシーンへ繋がることは、誰の目にも一目瞭然であろう。飛行中のヘリコプターから垂れ下がった広告幕に、真一がしがみつき、雪原を引きずられたあと、落下し、地面にできた雪の大穴から這い出す。その一連の動きが、ヘリコプターからの視線で上下縦軸で描かれる。雪の上に立った高倉健は、遥か下からこちら＝キャメラを見上げ、寒くなんかねえやと叫ぶや、白い上着を脱ぎ捨て、黒シャツ一枚になる。その痩せ我慢ぶりの魅力を見せるために、ヘリコプター撮影が導入されたのにちがいない。すべては高倉健が雪景色に似合うことから発想されている。

昭和残俠伝　唐獅子牡丹

1966・1・13　東京　監・佐伯清　脚・山本英明、松本功　撮・林七郎

『昭和残俠伝　唐獅子牡丹』はシリーズ第二作で、敗戦直後が時代背景の前作『昭和残俠伝』から一転、昭和初期の話になっている。高倉健の役名が初めて花田秀次郎になる。以後、この

シリーズでは、多くの任俠映画と同様、物語が昭和初期に設定されてゆく。主題歌「唐獅子牡丹」、高倉健の背中を彩る唐獅子牡丹の刺青、ラストの高倉健と池部良の道行き、というふうに、第二作でシリーズの定型が定まった。監督は前作に続いてベテラン佐伯清。

それにしても、舞台が前作の浅草とは一変して、栃木県宇都宮の石切り場というのは意表をつく。まちがいなく作り手たちが、観客を驚かせようと工夫を凝らしているのである。宇都宮は昔から大谷石の名産地で、そこの利権をめぐっての闘いが描き出されるのだが、採石場の風物が印象深い。その一種ざらざらした感触が、この映画に独特の魅力をもたらしている。

やくざ花田秀次郎は客分として身を置いた左右田組への一宿一飯の恩義のため、縁もゆかりもない榊組の親分を斬る。そして三年後、刑期を終えて出所するや、宇都宮を訪れ、親分の妻子を陰になり日向になり護りつづける。石切り場をめぐる善玉悪玉の闘いのなか、そんな秀次郎の姿が描かれるのだが、彼は夫亡きあと榊組を守る妻に本名も正体も告げない。いや、告げられない。そこが話のポイントで、正体を隠すことにより、心の苦しみは何重にも屈折して深まる。高倉健が複雑な苦しみを表現する。いわゆる名演技ではなく、ごく素朴に、ほとんどぶっきらぼうに。だからこその鮮烈さが高倉健の真骨頂であろう。

後半に入った頃、秀次郎がヒロインとの会話のあげく、じつは自分は……と正体を告げようとするシーンがある。だが、新しい事態で告白は途切れる。そこは日没の路上で、夕焼けが美しい。やがて彼はヒロインを看病するうち、ついに告白する。そして、さっと去る。残されたヒロインは衝撃的な真実に呆然となるのだが、演じる三田佳子の表情が悲痛さに満ちて美しい。その直後に、もうひとりの重要人物、池部良が登場する。池部良の役名は三神圭吾で、高倉健とのコンビは完璧の域にある。

三神は元榊組の幹部で、ヒロインを恋敵に譲り満洲に渡っていたが、組長の死を知り戻ってきた。彼は初め、秀次郎が悪玉の一味と思い敵対する。そこで、河原でドスを向け合うが、駆けつけたヒロインの訴えで中止する。彼女は秀次郎について、この人も苦しんでいるのよと叫ぶのだが、その姿の美しさは女心の微妙さを感じさせずにおかない。少なくとも三神は、ヒロインと秀次郎のあいだに流れる想いを感じ取る。彼自身、彼女への思慕を心に秘めているからで、池部良がその機微を絶妙に演じる。

ラスト、秀次郎と三神は降る雪のもと、相合い傘で敵陣へと向かう。むろん悪党一味を倒すための殴り込みだが、ヒロインへの想いでこそ男同士の心は固く結束しているのである。死闘が石切り場に移り、ざらざらした感触を醸しながら終った瞬間に注目しよう。キャメラは大谷石の崖の上に立つ諸肌脱ぎの高倉健を、遥か下から撮る。諸肌と岩石とは、意表をつく組み合わせだろう。それが、夕焼けやヒロインの美しさ、雪のなかの道行きと重ねられることで、ほかの任俠映画とは微妙に違う硬質の抒情が結晶する。

日本俠客伝　血斗神田祭り

1966・2・3　京都　監・マキノ雅弘　脚・笠原和夫　撮・わし尾元也

『日本俠客伝　血斗神田祭り』はシリーズ第四作で、大正後期の東京・神田を舞台に火消しとやくざの闘いを描くが、その男臭い物語に別の要素が巧みに絡む。

主演の高倉健とヒロイン役の藤純子の悲恋。脇筋として、ゲスト出演の鶴田浩二と野際陽子の悲恋。二組の男女のメロドラマが、善玉と悪玉の闘いに混じるのである。さらに、藤山寛美と中原早苗の演じるもう一組の男女の話が加わる。藤山寛美は東映任俠映画の多くに出ているが、この作品では単なる彩りの出演ではなく、脇役とはいえ出番が実に多い。三組のあり方に注目しよう。高倉健・藤純子、鶴田浩二・野際陽子の二組とは違い、藤山寛美・中原早苗によるカップルはめでたく愛を成就させる。しかも賑やかに笑いを振り撒きつつ。

新三＝高倉健は火消しの纏《まとい》持ちで、いつも死の危険に立ち向かう覚悟でいる。だから、かつて相思相愛の芸者花恵＝藤純子との恋を断念した。振られた彼女は、老舗の呉服問屋の若旦那と結婚した。その店の土地や財産を悪辣なやくざが狙ったことから、新三は人妻となった花恵を護って闘うのである。長次＝鶴田浩二はやくざで、親分の娘おその＝野際陽子と大阪から東京へ駆け落ちしてきた。悪玉一家の客分として暮らすなか、大阪から弟分＝長門裕之が彼女を連れ戻しにくる。新三はいまも花恵を好いているが、愛を口にはしない。長次はおそのと長屋で暮らしているが、彼女が病身だからではなく、親分との関係によるやくざの掟を踏まえて、男女の関係にない。ともに自ら愛を禁じているのである。

長次と大阪へ帰るおそのとの別れのシーン。縫った着物を彼に着せ、泣いてすがるおそのに、長次が「お願いしま、もう泣かんといてくんなはれ」と言う。いっぽう新三が、夫を殺され店を焼かれて芸者に戻った花恵を捜し出したシーン。何もかも失った彼女に、彼は芸者を辞めるよう頼む。花恵がかつての別れのとき、新三が泣いてくれなかったことを責める。と、彼が頭を上げ「見てください、泣いてますよ」と言う。アップになった高倉健の頬に涙が流れている。二つのシーンがみごとに連動していることは明らかだろう。

三組の男女の話も、泣くことをめぐる長次と新三のシーンも、作品の重層的な構造を示すが、ラスト近く、その点がさらにドラマチックに際立つ。敵陣へ殴り込んで闘う長次、大阪へ向かう列車内のおそのと弟分ら、そして祭りの賑わいのなかで花恵を捜す新三。これら三つのシーンが交互に描き出されて、その重なりが全篇のドラマを盛り上げてゆくのである。

そこに孕まれた熱気を背負って、新三は敵との決闘に突入する。彼は最初、火消しの使う鳶口を武器に闘うが、乱闘のなか、敵のひとりから奪った長ドスを手にする。武器の変更は、彼が堅気の火消しから、その外部へと越境したことを告げていよう。長次はおそのと暮らすなか、彼女の部屋へ入らず、襖の敷居を跨ぎ越さなかった。敷居がやくざの掟を暗示しているのである。新三は、それとは違い、火消しの世界から越境する。花恵との関係においては、一線を越えることを自らに禁じていたのに。死闘の終ったあと、高倉健の表情はまるで死の世界に踏み入ったようで、深い哀しみを誘う。

網走番外地　荒野の対決

1966・4・23　東京　監・石井輝男　原案・伊藤一
脚・石井輝男　撮・稲田喜一

ヒーロー高倉健が褌《ふんどし》ひとつで登場するなり、屁を放つ――この冒頭シーンには誰しも面喰らい、次の瞬間、笑うに違いない。『網走番外地　荒野の対決』はそうやって、いきなり観客の心を摑む。監督の石井輝男も、にやりとしつつ脚本を書いたろう。そこは網走刑務所の中のシーンで、以下、雑居房で絶命した仲間の死体をめぐり、囚人連中がドタバタをくりひろげたあと、糞尿を看守に浴びせたりする。画面に遊び心が沸き立つとはいえ、ギャグは上品さから程遠い。ブラックな笑いを誘う映画なのである。

まもなく入浴シーンになり、俳優名で記せば、嵐寛寿郎、高倉健、田中邦衛、待田京介、由利徹の順に並び、背中を流し合う。と、その和気藹々とした雰囲気の画面が一転、草原における射撃大会シーンへ切り替わる。裸の男五人の姿から、広い草原に群衆が集まった光景へ。監獄の密室劇から西部劇的な時空へ。このいきなりの転換をさらりとやってのける点に、石井監督の手腕がうかがえる。冒頭のいきなりと同様の見事さといえよう。

一九六六年四月封切のこのシリーズ第五作は、題名から西部劇タッチを思わせる。同じ頃にズバリ『荒野の対決』という西部劇があったが、同年六月の日本公開だから無関係であろう。それでも西部劇ファンなら、出所した主人公橘真一が飛び入り参加する射撃大会において、彼ではなく別の人物が命中させる場面を見れば、ジョン・フォードの傑作『リバティ・バランスを射った男』（六二）を思い出すにちがいない。また、杉浦直樹と田崎潤が草っ原で殴り合いを演じるシーンでは、ウィリアム・ワイラーの有名な『大いなる西部』（五八）を思い浮かべてしまう。シリーズ第四作『網走番外地　北海篇』も、獄中から始まったあと、一転、西部劇タッチになる。そして第七作『大雪原の対決』は和製西部劇といえる。

明らかにこれは偶然の一致ではなかろう。高倉健の豪快さは西部劇の世界でこそ活きる。石井監督がそう確信しているのである。

この映画では、橘真一が子馬を愛でる姿が印象深い。人間でいう眉目秀麗《びもくしゅうれい》な子馬ではないのだが、跳ね回る姿が、そして彼に懐くさまが、ほのぼのとした暖かみを画面に充満させる。彼が子馬と駆けっこをする草原のシーン。そこでは、子馬と戯れているのが真一ではなく、高倉健その人としか思えない。彼の豪快さはそういう形で発揮されるのである。だが、物語としては、周辺一帯の牧場の支配を企む悪玉一味の謀略で、その子馬は射殺される。そればかりか、一味は牧草に毒薬を撒く。真一らは馬たちを安全な場所へ追い立てる。騎馬の彼らと馬たちが群れをなして草原を疾走するシーンは、まさに西部劇のようにダイナミックだが、毒で倒れる馬たちもいて、画面の躍動感が悲劇の残酷さに一変する。

牧場の娘が倒れた馬をつぎつぎ胸に抱きしめ泣き叫ぶ。演じる大原麗子の号泣は、むろん真一ら全員の思いを代表している。こうしてこの映画は、物語的には牧場の乗っ取りをめぐる争いを描くのだが、印象的には、馬をめぐる闘いという面が際立つ。

ラスト、真一ら六人の男が、夕暮れの丘に騎馬で並ぶとき、ロングショットなので手にするのが長銃のようにも見えるが、銃ではなく長ドスを持っている。そして、悪玉一味との乱闘が始まるのだが、不思議なことに、敵の武器も日本刀で、誰も銃を使わない。やはりこれは、情感描写からしても、任俠映画なのである。

兄弟仁義

1966・4・23　京都　監・山下耕作　脚・村尾昭、鈴木則文　撮・わし尾元也

映画『兄弟仁義』は周知のように北島三郎の同名ヒット曲から生まれ、歌った本人が主演する。北島三郎は一九六二年に歌手としてデビューし、六五年の「兄弟仁義」「帰ろかな」「函館の女」の連続ヒットで、トップ歌手の座に着いた。六五年といえば、東映任俠映画が本格化した頃である。

実際、北島三郎の歌う「兄弟仁義」は最初から東映任俠映画と縁があった。俊藤浩滋プロデューサーが、レコード発売直前にこの曲を聴いて惚れ込み、『関東流れ者』（六五）に挿入歌として使ったのである。主演は鶴田浩二で、北島三郎も出ている。そして六六年四月に映画『兄弟仁義』が封切られる。北島三郎の映画出演は六三年に始まるが、主演は初めてで、松方弘樹が同格の役で共演し、ゲストの鶴田浩二が重みを添える。同じ事務所に所属する先輩の村田英雄も出ている。監督は山下耕作。俊藤プロデューサーならではの人選であろう。

高倉健主演『網走番外地　荒野の対決』との併映でヒットする。すぐにシリーズ化され、この映画はモノクロで、刺青の色は映えないが、同年八月の第二作はカラーになった。

大正時代の上州の温泉地を舞台に、湯元をめぐる善悪二組のやくざの縄張り争いが描かれる。流れ者の勝次＝北島三郎がそれに巻き込まれるのだが、博奕打ちでイカサマの名人という設定が面白い。若々しい北島三郎の軽みがユーモラスに活かされている。それだけではない。彼は生き別れの母を捜す旅を続けている。軽みのなかに、ほのかに哀愁が漂うのである。何度も映画化されてきた長谷川伸の名作戯曲『瞼の母』を誰しも思い浮かべるだろう。

勝次は母が向島にいると聞き、上州から東京へ飛んでゆく。彼のイカサマが争いをこじらせたが、侠気の男二人が彼を信じて出発させた。善玉やくざ一家の代貸＝松方弘樹と、その一家の客分＝鶴田浩二である。話の展開も、配役も、まるで北島三郎の初主演を祝うかのようである。勝次の母はすでに亡くなっていたが、玩具店の老女が、母親はあんたの話をいつもしていたよと彼に言う。東映時代劇のファンなら、この台詞に胸が熱くなる。中村錦之助主演『関の彌太ッぺ』（六三）では、主人公が妹を捜しているが、すでに死んでおり、いつも兄のことを話していたと聞かされるのである。原作はやはり長谷川伸。その『関の彌太ッぺ』の監督が山下耕作で、『兄弟仁義』で初めて任侠映画を撮った。鶴田浩二とも俊藤プロデューサーとも、初めての仕事で、以後、二人と組んで任侠映画の中心監督となる。

山下監督の映画には、いつも情感が豊かに流れる。『兄弟仁義』では、母の死を聞いた勝次が夜道をしょんぼり歩き、胸に抱く位牌に涙するシーンが、横を走る列車の効果もあって、抒情に満ちあふれる。その勝次が夜の神社で襲われるシーン。果敢に闘うものの、ずたずたに斬られ刺されるさまが、何とも殺伐としている。主人公がそうなるのも、彼と兄弟盃を交わした男＝松方弘樹がいまや堅気なので闘えないのも、意表をつく。彼らの無念を背負い客分＝鶴田浩二が敵陣へ向かうシーン。殴り込むわけだが、雨のなか、傘を手に、北島三郎の歌をバックに、静かに敵の家に入る姿は、不思議なほど情感を豊かに感じさせる。と思った瞬間、凄まじい斬り合いが始まり、血みどろの乱闘になる。

抒情性と殺伐さ――正反対の要素を絶妙に織り上げてゆくとき、山下耕作の個性が光る。

昭和残俠伝　一匹狼

1966・7・9　東京　監・佐伯清　脚・山本英明、松本功　撮・林七郎

『昭和残俠伝　一匹狼』はシリーズ第三作で、序章のあと、かつて親分を殺した男を捜すやくざ＝高倉健が亡き弟分の妻を彼女の故郷へ送り届けるところから、本格的に始まる。

そこは千葉の漁師町で、漁港の利権をめぐってトラブルが絶えない。任俠映画の定石どおり、主人公は紛争に巻き込まれ、善玉に加担して悪玉を倒すのだが、その展開のなか、二つの人間

関係の劇が情感たっぷりに描かれる。まず、父と娘の葛藤。これまた定石どおり、やくざ二組が登場するが、善玉の親分が主人公の連れて来た女の父親で、許婚《いいなずけ》の善良な網元を捨て、やくざと駆け落ちした彼女を受け入れるのを頑なに拒む。娘が重病と知りつつ、恩義と肉親の情との狭間で苦しむ父親。そんな父の心を当の娘もわかっており、だから悩む。演じるのは島田正吾と扇千景。配役がいい。とくに新国劇の名優島田正吾の演技は絶品で、渋みのある重厚さのうちに人情の機微を浮き立たせる。主人公はそれに感じ入ることで行動を起こすのである。

高倉健の武井繁次郎、池部良の桂木龍三、藤純子の美枝。この主要人物三人が最初に揃う小料理屋の場面に注目しよう。

繁次郎はかつて同じやくざの龍三に助けてもらったことを思い出し、礼を言うが、すぐ龍三が親分を殺した男だと知る。男二人の間は険悪になり、龍三の妹である店主の美枝は困惑する。抜き差しならない三角関係が始まるのである。それはまた、兄と妹の葛藤の始まりにほかならない。以後、先述した父と娘のドラマと並行的に、兄妹の愛情が微妙に屈折してゆく。

小料理屋のシーンのあと、繁次郎と龍三は海辺で匕首《あいくち》を向け合うが、邪魔が入る。繁次郎たちが立ち去るや、美枝が、よかったと安堵する。と、龍三が妹に言う。おまえは俺とあの男のどっちを心配しているんだ、と。このとき、美枝の繁次郎に対する想いは、出会ってまもなくだから恋の段階にはない。龍三が兄の敏感さで先取りしたのである。そして、この点が重要だが、美枝は兄の言葉に導かれるようにして、自分の慕情に気づく。兄の言葉が妹の恋を形づくるというべきか。こんなにユニークな三角関係のメロドラマは珍しい。

この映画の主演はむろん高倉健だが、池部良が先に登場する。そのあと、高倉健を軸に物語が進んで、かなり経って池部良が参入するが、その描写が興味深い。

龍三は草鞋を脱いだとたん、そこが厭な一家だと見抜く。そして以後、その悪玉連中による極悪非道ぶりを、腕組みして冷たい目で見守る。こんな龍三が繁次郎に味方をするのは当然であろう。龍三は美枝の恋心を先取りしたと先述した。だが、彼は妹より先に繁次郎に惚れ、だから妹の想いを察したのである。三角関係とはそのことを指している。

ラスト、龍三は繁次郎とともに悪玉一家に殴り込むが、定石どおり死ぬ。龍三を搔き抱いて、美枝が繁次郎に言う。兄とは仇同士ではなかったのですね、と。男二人は渡世上、殺し合わねばならない仇同士だった。だが、龍三は繁次郎に男として惚れ、繁次郎も口には出さないが、同じ想いだった。二人は男同士の心意気でやくざの掟を乗り越えたのである。

池部良が高倉健より先に登場するように、この映画では龍三の比重が大きい。われわれ観客は、彼の想いに同化しつつ、繁次郎の勇姿を見守ってゆくといえよう。

網走番外地　南国の対決

1966・8・13　東京　監・石井輝男　原案・伊藤一
脚・石井輝男　撮・稲田喜一

高倉健の魅力を全篇沖縄ロケで見せよう――このアイデアからシリーズ第六作『網走番外地南国の対決』の企画が始まった。撮影当時の一九六六年、沖縄は周知のようにアメリカの統治下にあった。日本でありつつ日本ではない。そんな屈折した場所と、すかっとした高倉健の個性。この組み合わせが素晴らしい。

やくざ橘真一＝高倉健は、親分の死の真相を突き止めに沖縄へ向かう。当時の沖縄へ行くにはパスポートが要る。その制約が、この映画ではみごとに活用されている。

冒頭からの展開を見よう。以下、俳優名で記すが、高倉健がパスポートを掏《す》られたことから、相棒の田中邦衛に加えて、掏った少年、正体不明の吉田輝雄、そして不良少女の大原麗子と、新しい人物が登場する。パスポートが転々とするなか、重要な役割を演じる顔ぶれが揃うのである。脚本がじつに巧い。執筆は石井輝男監督自身で、その冴えた手腕は以後も縦横に発揮される。パスポート騒ぎを発端に、話が転がり始めるや、新たな人物がつぎつぎ現われる。千葉真一、由利徹、三原葉子、谷隼人、そして嵐寛寿郎。その登場ぶりはかなりご都合主義だが、画面はそれを乗り越える勢いで快走してゆく。

高倉健と田中邦衛は客船で沖縄へ向かうが、以後、さまざまな船が画面を彩る。石井監督は飛行機嫌いなので船を頻出させるのである。冒頭のフェリーをはじめ、貨物船、漁船、クルーザー、モーターボートなど、出てくる船は多彩を極める。悪役の河津清三郎と沢彰謙による謀議シーンも、船内に設定されている。さらには、沖縄の民俗文化である漁船の競漕(ハーリー)シーンが挿入される。こんなに多種多様の船が見られる映画は珍しい。

そのことが劇的な効果を発揮するのは、悪党一味による海賊行為のシーンだろう。貨物船に複数の漁船が襲いかかり、積み荷をめぐる闘いがくりひろげられる。海上だから、船も人もぐらぐら揺れて安定しない。キャメラはその模様を、あちらこちらの船の上から撮っている。キャメラの視点も不安定なわけで、その流動感がダイナミズムを生むのである。

海の活劇――これは『網走番外地』シリーズでも珍しい。

この映画では、善玉悪玉の闘いのなか、いつの間にか母と子の哀しい話が織り込まれる。そもそも高倉健には幼い子どもが似合う。いわば豪快さと純真さとの組み合わせで、それを石井監督は活用する。しかも、子役の町田政則が海岸で突然、主題歌の一節「どうせおいらの行く先は……」と大声で歌うシーンでは、ユーモアが添えられる。と思ううち、そのあと、少年が病室で「母ちゃん」と譫言《うわごと》を呟くシーンには、ウクレレによる主題歌のメロディが流れ、一転、哀調あふれるムードになる。

母と子の再会が、そうした展開を踏まえて描かれる。主人公が路上で母親の三原葉子を少年に会わそうとする。と、彼女がけばけばしい化粧を恥じ「でも」と怯む。その瞬間、高倉健が「デモもストライキもあるか!」と怒鳴る。この荒っぽい勢いに押されて母親は少年に近づき、涙あふるる再会シーンが出現する。高倉健には幼い子どもが似合うことは、母恋いのテーマと一直線に結びつくのである。

海の活劇と母恋い――この融合がいかにも石井輝男らしい。

続兄弟仁義

1966・8・13 京都 監・山下耕作 脚・村尾昭
撮・わし尾元也

北島三郎が歌う同名ヒット曲にもとづく『兄弟仁義』の公開は一九六六年四月で、この続篇は同年八月に封切られた。モノクロだった第一作に対し、今度はカラー作品。東映としては、ヒットを受けて豪華にし、本格的にシリーズ化へ向かったのである。第一作はモノクロ、第二作はカラーといえば、『網走番外地』シリーズと同じである。人気の程度が摑《つか》めずにモノクロで始めた点に、任侠映画初期の動きが見られよう。ちなみに『兄弟仁義』は『網走番外地　荒野の対決』と、『続兄弟仁義』は『網走番外地　南国の対決』と併映である。

今回の舞台は大正の上州のある町。元やくざの一家が土木請負業者として利根川の護岸工事に励んでいるが、その利権を狙う悪徳やくざと悶着が絶えない。そんななか、渡世人桜井清次＝北島三郎が善玉一家に草鞋を脱ぎ、争いに巻き込まれてゆく。

冒頭、護岸工事の模様が描かれるが、その後は出てこない。台詞では護岸工事の重要性が語られるものの、それは物語の前提にすぎず、描かれるのはやくざの抗争劇である。

東映任侠映画は基本的に勧善懲悪パターンから成るが、この作品では、善悪の別が単純すぎるほど鮮明で、しかも善い人物のほとんどは苦悩する。俳優名で記そう。

大木実は護岸工事に生き甲斐を見いだしつつ、堅気になりきれない元やくざの親分としての自分に悩む。その兄弟分が流れ者の鶴田浩二で、実の子を大木実に託しながらも、父親としての情の高まりに胸を締めつけられる。里見浩太郎は悪玉一家の代貸でありながら、親分のあまりの非道に煩悶しつづける。話の展開とともに、この三者三様の心の屈折が浮かび上がるのである。そして、任侠映画ならではの哀切さを析出《せきしゅつ》してゆく。これに対し、小松方正の悪玉親分ぶりも、その叔父貴である村田英雄の善玉親分ぶりも、何ら屈折していない。単純明快であることでは共通しているといえる。

肝心の北島三郎はどうか。彼には背負うものが何もない。だから物語展開の軸になる。彼は最初、男になりたいという思いで突っ走り、鶴田浩二にたしなめられる。その意味では単純なのだが、自分の浅慮に気づいて悩む。これはそんな若いやくざの成長物語なのである。

任侠映画では善玉悪玉の抗争に重ねて、ラブロマンスが描かれるが、ここでは、親分の非道に悩む代貸龍吉＝里見浩太郎にのみ恋人がいる。彼の煩悶をいっそう際立たせるわけで、脚本の巧みさといえよう。恋人きく役は小川知子。前年にデビューして、このとき十七歳。純真無垢さが殺伐な物語に華やぎを添える。『兄弟仁義』に出ていると記す資料もあるが、任侠映画はこの続篇が最初である。龍吉が煩悶の末、死を覚悟のうえで、親分の叔父貴を殺しに料亭へ向かう。普通はいきなり斬り込むが、彼は夜の庭で目的を呼ばわる。これは珍しい。足下には菊が夜目にも美しく咲いている。その直前、きくと祭の夜店でデートをする場面があるだけに哀切さをそそる。「きく」は「菊」と書くのかと思わずにいられない。監督は山下耕作。

龍吉は斬られて死ぬ直前、庭の菊に囲まれて清次と兄弟分の盃を交わす。それを仲介した流れ者の長次郎＝鶴田浩二が、実の子との別れを密かに終え、清次とともに敵陣に殴り込む。そして、乱闘の末、悪玉を倒したあと、この始末は自分ひとりでつけると清次に言う。ゲストスター鶴田浩二に花を持たせる定型だが、そこに父親としての想いが重ねられる。鶴田浩二がそれを絶妙に演じる。

日本侠客伝　雷門の決斗

1966・9・17　京都　監・マキノ雅弘　脚・野上龍雄、笠原和夫　撮・山岸長樹

『日本侠客伝　雷門の決斗』はシリーズ第五作で、大正十五年の東京・浅草六区を舞台に、華やかな興行の世界の裏側を描く。平松興行は元やくざ一家で、朝日座を経営してきたが、借金ゆえにそれを手放す。その経緯を描くだけでも一本の映画になるが、面白いことに、悪玉やくざが権利書を毟《むし》り取るところから始まる。

高倉健の役は平松信太郎。三年前、船乗りになった彼が、久しぶりに帰ってくる。社長の一人息子の彼を誰もが「若」と呼び、歓迎の宴が開かれる。途中、信太郎は相愛の千代と別室で二人きりになる。演じるのは藤純子。と、双方の父親が、庭越しに二人の様子を嬉しげにうかがう。平松社長役は内田朝雄。ヒロインの父、元やくざで今は楽屋番喜三郎の役は島田正吾。名優同士が微笑み合うさまは、観客の胸に温もりをもたらす。その直後、銃声が轟《とどろ》き、喜三郎が窓ガラスを割って中を覗くと、社長がピストル自殺を遂げている。共に娘と息子の姿を覗き見た二人が、覗き覗かれる関係になるのである。この移り行きが胸を突き刺す。信太郎は三日

後に海に戻るつもりだったが、平松興行を継ぐ。

悪玉の横暴が激しくなる。信太郎は意を決し、仏壇の亡父のピストルを手にする。喜三郎が制止し、お前さんはやくざじゃないと言ったあと、諭す。堅気は我慢する、と。東映任俠映画は「我慢劇」と呼ばれるが、そのことを台詞が明言するのである。

女剣戟《おんなけんげき》一座が予定していた大正館ではなく悪玉のものとなった朝日座に出るはめになり、座長＝ロミ・山田が、私たちを売ったと信太郎を責める。彼が黙って我慢するのを見て、悪玉に屈した大正館主＝宮城千賀子が、売ったのは私だと言う。そのやりとりを見守っていた千代が嗚咽《おえつ》する。三人の女性の意地と想いが情感豊かに浮かび上がってくる。

そのあと、信太郎が浪曲師桜井梅芳とビールを飲むシーン。幼馴染みの互いの呼び方が「若」「師匠」から「信ちゃん」「梅ちゃん」へ移ってゆく。梅芳は信太郎の大正館への出演依頼に応じるのだが、呼称の移り変わりが男同士の心意気をユーモラスに彩る。梅芳役は村田英雄。梅芳の浪曲公演は超満員になるが、悪玉の妨害で中断する。騒然たる事態になり、信太郎と梅芳が出演料の授受で揉める。それを千代が心配そうに見守るのが印象深い。座長と大正館主の場面と同様に、話の運びに直接関係のない千代がいるのである。第三者を加えることで情景を豊かにする。マキノ雅弘監督ならではの画面づくりといえよう。

この映画では五百円札が転々とする。以下は俳優名で記そう。高倉健はむろん、ロミ・山田、平松興行の社員の持田京介と藤山寛美、そして後半に登場する博徒の長門裕之を含め、何人もの男女が五百円で右往左往する。その中心にいるのが悪役の天津敏だが、彼自身は五百円がそんな騒ぎを起こしていると知らない。

その五百円に、女の意地や男の恋心が絡んでいる点に注目しよう。端的なのは、ロミ・山田、待田京介、長門裕之の三角関係で、哀れにも待田京介はそのために殺され、あとで知った長門裕之は怒り苦しむ。この五百円と恋心の絡みも、マキノ流映画術である。かくして、長門裕之は島田正吾と共に悪玉二人をそれぞれに襲う。

村田英雄の演じる『忠臣蔵』討ち入り場面の浪曲が流れたあと、高倉健は、藤山寛美の媒酌で藤純子と三三九度の盃を交わす。そして浪曲を受け、自分を我慢から解き放ち、敵陣へ斬り込んでゆく。

地獄の掟に明日はない

1966・10・30 東京 監・降旗康男 脚・高岩肇、長田紀生 撮・林七郎

高倉健が原爆症に苦しむやくざを演じる。『地獄の掟に明日はない』の一九六六年十月の封

切当時、この設定が話題になった。高倉健はその頃、六四年から『日本俠客伝』、六五年から『網走番外地』『昭和残俠伝』と、三本のシリーズで人気絶頂にあった。その勢いをさらに盛り上げようと、原爆症のやくざという斬新なアイデアが案出されたのである。監督は降旗康男。六六年三月『非行少女ヨーコ』でデビューした新人で、ユニークな現代青春映画に続いて注目作を撮った。

冒頭まもなく、主人公の滝田一郎が車を走らせている途中、目が眩み、女性を轢《ひ》きそうになる。それがヒロインで、演じるのは十朱幸代。目の眩みが何なのかは、まだ観客にもわからない。巧い物語展開である。二人の関係が始まり、長崎特有の坂道を歩くシーンが何度も出てくる。その間、平和祈念像、日本二十六聖人記念碑が背景になる。終盤には、長崎くんちであろうか、祭りの真っ只中の隠し撮りシーンもある。ご当地映画にもなっているのである。

長崎では、二組の暴力団が競艇の利権をめぐり対立している。俳優名で記せば、双方の親分が河津清三郎と佐藤慶で、高倉健は前者の代貸。三國連太郎が河津側の弁護士だが、二組を手打ちさせると見せかけ共倒れさせて、競艇を自分の管轄下に置こうと画策する。どす黒い欲望が三つ巴の渦をなすなか、親分に忠誠を誓う主人公はジタバタを強いられる。

そこまでなら、よくある暴力団抗争劇の一種であろうが、別の要素が加わる。高倉健の幼友達が新聞記者の今井健二で、途中、彼の話で原爆症のことが観客にもわかる。二人が親交と対立をくりひろげるのが面白い。それは暴力団二組の親分が兄弟分である点に通じる。十朱幸代がそこに絡む。まずは主人公の恋人なのだが、やがて競艇で八百長を強制される選手が彼女の弟と判明する。主人公はさらなる苦境に追い込まれる。

人間関係が複雑に仕組まれている。しかも原爆症の問題が底に流れてゆくから、単なる暴力団抗争劇には終らない。異色の任俠メロドラマとでも呼ぶべきだろう。

高倉健が二様の表情をくっきりと演じ分ける。普段の荒っぽい暴力団員と、ヒロインに会うときのスーツ姿の穏やかな青年。彼は自分が何者か告げないでいるが、彼女の弟の件でバレてしまう。そのあと、彼が南田洋子の演じるホステスに、堅気ではない男に惚れていた心情について訊くシーンは、明らかに彼自身の心の揺れを反映していよう。

二組の争いが激化するなか、ヒロインが弟の件で組の事務所を訪れる。応対する主人公の姿は意表をつくもので、着流しの腰を屈め代貸と名乗る。演じ分けも心の揺れも、決然と投げ捨てられたわけである。だが、ヒロインは恋心を放棄しない。住む世界が違うと冷たく突き放されても、待ちます、あなたを待つよりほかに何もすることがないんです、とまで言う。そんな決意を聞けば、主人公も自分の心に正直にならざるをえない。

彼はやくざとしての血みどろの決着をつけたあと、彼女の待つ港へ向かう。目眩に襲われ小走りに長い坂道を下るうち、刺客に刺されて踞《うずくま》るが、なお立ち上がろうと藻掻く。そして映画は、待つヒロインの姿と港の風景で終る。やはり任侠メロドラマなのである。

ところで主人公は原爆症のことをついにヒロインに話さない。ラスト、彼の生死がはっきりしない点も含め、観客はあれこれ考えることになる。

網走番外地　大雪原の対決

1966・12・30　東京　監・石井輝男　原案・伊藤一
脚・神波史男、松田寛夫、石井輝男　撮・稲田喜一

積雪の荒野で囚人たちが黙々と労働する——『網走番外地　大雪原の対決』は、お馴染みのそんな光景から始まる。雪の白と作業服姿の黒っぽさとの対照が、カラー画面のなかに際立つ。その静けさが荒々しい怒声で破られる。看守による囚人虐待、それへの抗議と抵抗。雪の大地はたちまち諍いの場と化し、殺気に満ちる。画面は一転、材木を積んだ馬車の列の疾走になり、看守に反抗して両手を縛られた高倉健の主人公が雪の林道を引きずられる。と、馬の暴走、馬車の転倒、雪の斜面からの転落と、大惨事が出来《しゅったい》する。さらに一転、網走刑務所内のシーンへ。雪の大地から閉鎖空間への転換が素晴らしい。

房内では、直前の大アクションとは一変して、オカマ同士の痴話喧嘩など和気《わき》藹々《あいあい》の光景が

描かれ、胸を病む男のしんみりした話も加わる。と、その男が惨事に紛れて脱走した囚人を手引きしたと拷問され、食堂での大騒ぎへと展開してゆく。そんななか、高倉健がつねに渦の中心にいるのが印象深い。群像劇であると同時に、紛れもなくヒーロー劇なのである。

話の舞台は刑務所から外の世界へ移り、出所した主人公たちは拷問死した男の遺骨を家族へ届けるためホテルに着く。酒場兼用の広いロビーでは、着飾った女給たちが嬌声とともに騒ぐ。今度は女を交えての群像劇が描かれるのである。そのシーンの高倉健の姿が意表をつく。吉田輝雄の扮する謎の男など多くの男女が居並び、欲望丸出しの猥雑さが充満している。その真ん中で主人公が女たちに囲まれ、やにさがる表情は珍品といえよう。『昭和残俠伝』シリーズでのストイックさとは似ても似つかない姿がそこにある。

そこは石油が出る土地で、かつて別の組を乗っ取った悪玉が鬼寅を騙り君臨している。演じるのは上田吉二郎。主人公がそのボスに丁寧に、ニセ者と知りながら鬼寅さんですかと聞くときも、ユーモアが顔面にあふれる。前半の懲罰房のシーンでも、由利徹のオカマから股間に隠していた握り飯を渡され、恐る恐る口に運ぶ表情が笑いをそそる。

暴力沙汰と猥雑さに満ちた群像劇に、随所でコミカルな味付けがなされるわけである。じつにユニークなのは、高倉健も一枚加わっている点であろう。

この映画には群像劇とは別の一面がある。西部劇という顔で、それと群像劇は渾然一体となっている。前半、馬車の暴走シーンも西部劇の迫力にあふれ、ホテル内のシーンのあと、それが本格化する。高倉健はむろん吉田輝雄も馬で疾駆し、拷問死した男の妹であるヒロイン役の大原麗子も、悪党一味の騎馬と追いつ追われつ馬車を走らせる。積雪の路上であるのが、本家西部劇と大いに違う点であろう。

油田が争いの元になる点も西部劇的で、掘削櫓がそのことを象徴する。ヒロインの父親を葬るシーンでは、吹雪を浴びた櫓が燃え上がる。雪と炎という異色の組み合わせが独特の抒情を醸す。その間、謎の男がかつて父親を悪玉に殺されたことがわかり、ホンモノの鬼寅＝嵐寛寿郎が姿を見せる。画面が変わるや、雪の地平線に豆粒のような三騎が見える。高倉健、吉田輝雄、嵐寛寿郎の三人であり、悪党一味のホテルへと大雪原を疾走する。殴り込みに向かうわけだが、こんな道行きシーンは空前絶後ではなかろうか。

悪党一味が待ち構えており、積雪の路上で銃撃戦が始まる。主人公はライフル銃を長ドスに持ち替え、敵を倒すが、普通ならホテル内へ斬り込むところを、一貫して路上での闘いに終始する。まさに任俠映画と西部劇がみごとに合体しているのである。

兄弟仁義　関東三兄弟

1966・12・30　京都　監・山下耕作　脚・村尾昭　撮・山岸長樹

若いやくざ辰巳銀次が、房州の港で下船するなり、浜の騒ぎに巻き込まれる。彼は兄弟分の遺骨を故郷に葬ってやるために来た。『兄弟仁義　関東三兄弟』はそんなシーンから始まる。銀次役は北島三郎。クレジットタイトルに彼の絶唱「兄弟仁義」が流れた直後であるだけに、兄弟分の遺骨ということが強く胸に響く。

大正中頃の話で、浜の騒ぎは、海岸に製鋼工場の建設を企む一味と漁民とのあいだに起こった。銀次の兄弟分の父親も漁師で、生活の場を暴力的に奪われかけている。父親はやくざになって死んだ息子の遺骨の受け取りを拒み、銀次と言い争う。漁民が虐げられる話に、親子の情愛の屈折が描き込まれるのである。

と思ううち、画面は男女の劇へ移ってゆく。鶴田浩二と藤純子がそれを演じる。流れ者のやくざ一力良次郎と女郎の小秀。彼が身請けに来た小秀はすでに死に、妹分が小秀の名を継いだ。彼女は良次郎に対する姉貴分の想いをせつせつと語り、彼は黙然と聴く。不在の女をあいだに向き合う男と女の姿が胸に迫る。監督は山下耕作。情愛や想念の劇を描くことでは、他の追随を許さない。

題名が題名だから、兄弟分の関係が多種多様に出てくる。それが葛藤を生み、争いの火種となり、死を招きもする。以下、俳優名で記そう。

工場建設を強引に進める悪玉の親分若山富三郎が、説諭する村田英雄に怒鳴る。兄弟分が大事か女房が大事か、と。この台詞およびその後の成り行きに、作品全体の核心が集約的に見られる。村田英雄は善玉の親分菅原謙二と兄弟分で、妻宮園純子は若山富三郎の妹だから、義兄に説教して罵倒されるのである。

その場へ、北島三郎が善玉一家の代貸里見浩太郎の代人として乗り込み、凄惨なリンチを受け、ピストルで撃たれそうになる。と、菅原謙二の兄弟分鶴田浩二が里見浩太郎とともに姿を見せ、ピストルの銃口を若山富三郎に向ける。そのとたん、村田英雄が義兄の前に立ちはだかり、撃つなら俺を撃て、と言う。文字で記すとややこしいが、画面では個性的な面々が演じるから混乱はない。かくしてその場は収まり、居酒屋で北島三郎と里見浩太郎が鶴田浩二を見届け人に兄弟分の盃を交わす。だが、抗争はむしろ本格化し、善玉側に死者が続出する。網の目のような関係図が荒々しく波立ち、死を析出するのである。

この映画は『兄弟仁義』シリーズの第三作で、一九六六年十二月三十日に公開された。高倉健主演『網走番外地　大雪原の対決』と二本立ての正月映画である。終盤で浜辺に漁師たちが集うなか、北島三郎が太鼓に合わせて「大漁唄い込み」を歌い、里見浩太郎も唱和する。正月映画らしいシーンだが、その直後に悲劇が始まる。

やはり俳優名で記すが、菅原謙二が暗殺される。つぎの場面では室内に立った鶴田浩二が雨の庭を見ている。その横の座敷では遺体の前に、北島三郎、里見浩太郎らが坐っている。村田英雄はそこへ来たあと、妻を離縁し、若山富三郎の説諭に失敗して殺される。宮園純子が北島三郎、里見浩太郎を訪れ夫の手紙を渡す。このときも鶴田浩二は少し離れた場所にいて、それでも手紙の内容に黙って涙する。鶴田浩二の距離の取り方が印象深い。人間関係の重みの哀しさを全身で受け止め、それが微妙な距離感に表現されているのである。その結果、画面の描く時空が豊かになっている。そうした描写の豊かさを踏まえてこそ、続く殴り込みのシーンがドラマチックに盛り上がる。

日本俠客伝　白刃の盃

1967・1・28　京都　監・マキノ雅弘　脚・中島貞夫、鈴木則文　撮・わし尾元也

『日本任俠伝　白刃の盃』はシリーズ第六作で、一九六七年一月に封切られた。主人公のやく

ざが旅の途中、病気になった妻とともに千葉・銚子の運送会社の世話になり、運転手として働くうち、争いに巻き込まれる。昭和初期の設定で、演じるのは高倉健。妻の役は藤純子。

当時の宣伝資料を見ると、大まかな筋立ても高倉健の役名大多喜俊二も同じだが、細部が違う。資料では、大多喜は船に乗りたくて東京から流れてきた。この設定は、やくざが労働者の仲間になることも含め、シリーズ第二作『日本任俠伝　浪花篇』（六五）に似ている。また、藤純子の役柄は料亭の板前の娘で、大多喜との関係はわからない。その板前の役が伴淳三郎だが、映画では街道沿いの大衆食堂の親父になっている。監督はマキノ雅弘。このシリーズの生みの親で、名匠として名高いが、撮影中に日々、脚本を大幅に改変することでも知られている。だから、撮影以前に印刷される宣伝資料との違いが起こったのであろう。

大多喜は知り合いの紹介で銚子の外崎組を訪ねてきたが、組は親分の死後、様変わりし、実子の外川正一郎＝菅原謙二は跡目を継がず、堅気になって、外川運送を始めていた。事情を知った大多喜も、足を洗うと宣言し、トラック運転手として働く。そんな大多喜を見て、食堂の親父大五郎＝伴淳三郎が、運転手の石観音＝長門裕之に耳打ちする。あれは只者ではないぞ、と。そう言う大五郎自身が、いつも陽気に歌う好人物ではあるが、眼光の鋭さは只者ではない。しかも、石観音たちは大五郎のことを叔父貴と呼ぶ。

大多喜はやくざ嫌いでトラック好きの男の子と親しくなり、元やくざだと打ち明ける。子供は驚くが、大多喜にさらに懐く。少しあと、風呂場で石観音が大多喜の背の極彩色の刺青に目を瞠《みは》るや、大多喜は微笑みつつ、内緒にしておいてくれと言う。子供との交情から、刺青、そして微笑みへ。この流れが絶妙で、只者ではない大多喜の像を描き出す。

男の子の父親は外崎組代貸江夏＝大木実で、獄中にいる。大五郎は外崎組先代の舎弟分。正一郎の代わりに外崎組を継いだ根占＝天津敏が、運送業に乗り出し、外川運送の仕事を奪おうと非道を重ねる。そんななか、根占の兄貴分に当たる江夏が出所してきて、争いは過熱してゆく。それとともに、三組の男女の愛の悲しい行方が描かれる。俳優名で記せば、高倉健と藤純子、長門裕之とカフェの女給の宮園純子、そして大木実と妻の松尾嘉代である。マキノ監督は、これら男女の劇を描きたくて、脚本を大幅に書き直したにちがいない。

敵の悪逆のもと、女給のためにスパイになった長門裕之が殺され、悪玉に犯された松尾嘉代が自殺し、伴淳三郎と大木実が敵陣へ殴り込んで殺される。高倉健は、長門裕之の遺体を前に、宮園純子を敵の借金から解放したあと、秘かに涙を拭う。もう斬り込むしかない。

高倉健が藤純子の病室を訪れると、彼女は彼の新しい着物を目にするや、夫の心を察知して、あっとなる。彼は大木実が殺されたと告げ、わかってくれと言う。すると、藤純子は、彼を制止せず、うんと頷き、涙ぐみながら答える。死なないで、と。かくして高倉健は、菅原謙二が持っていた槍の穂先を担ぎ、敵陣へ斬り込む。そして、死闘の末に悪玉を倒したあと、警官隊に手錠を掛けられ、夜の道で、奥さんへ何か、と問われ、死ななかったと伝えてくださいと答える。これぞマキノ節であろう。

博奕打ち

1967・1・28 京都 監・小沢茂弘 脚・小沢茂弘、村尾昭、高田宏治 撮・鈴木重平

『博奕打ち』は一九六七年一月に封切られ、宣伝資料には「〝博徒〟シリーズの最新作」と記されている。六四年公開の『博徒』は俊藤浩滋プロデューサーが手がけた本格的な任俠映画の最初で、同年の『監獄博徒』を第二作に六六年にかけてシリーズ化された。同じ鶴田浩二主演という点から見ても、『博奕打ち』が当初『博徒』シリーズとして企画されても不思議ではない。だが、これが人気を博し、新しい『博奕打ち』シリーズが派生する。

昭和初期の大阪・ミナミを舞台に、題名どおり博奕打ちの世界が描かれ、それを象徴して賭場のシーンが頻出する。俳優名で順に記してみよう。

①冒頭、小池朝雄が胴元を務め鶴田浩二と出会うシーン。②鶴田浩二が老胴元の河野秋武の技に負けたあと、代わって胴元を務めるシーン。③山城新伍が素人賭場を開帳するシーン。④

待田京介がイカサマ札を使うシーン。⑤鶴田浩二が胴元の小池朝雄を相手に白熱の対決をする終盤のシーン。同じ博奕の光景でも、①と②は本格、③は変則、④は反則、そして⑤でふたたび本格と、くるくる変わり観客を画面に引き込む。

鶴田浩二と待田京介の役はやくざの兄弟分で、大阪に流れてくるや、山城新伍の演じる飛田の女郎屋の主と悪徳やくざとの博奕絡みのトラブルに巻き込まれる。博奕場面の連続はその緊迫感を高めるが、それだけで終始するわけではない。芦屋雁之助・小雁の兄弟が間抜けな床屋を演じたり、藤山寛美が十八番のぼんぼんを名演したり、笑いのシーンが混入される。また、鶴田浩二と桜町弘子、待田京介と橘ますみの演じる男女二組が、同じ大阪城公園でデートを楽しむシーンには、女郎役の女優二人の華やかさとともに豊かな情感が流れる。

博奕の光景の転変も含め、脚本が巧みなのである。それは別の点でも指摘できる。

映画は小池朝雄ひとりを捉えたカットから始まる。彼が主役の鶴田浩二より先に登場するわけで、印象深い。その①のシーンのあと、②で知り合った鶴田浩二と河野秋武が居酒屋に行くや、そこへ河野秋武の博奕の弟子である小池朝雄が来て、鶴田浩二は彼と盃のやりとりをする。小池朝雄は単なる脇役ではないと誰しも思う。やがて④のイカサマ問題で鶴田浩二と待田京介が窮地に陥ったとき、じっと両人を見つめる小池朝雄の目の鋭さは尋常ではない。そして⑤では、彼は鶴田浩二に敗れたあと、微笑みを交わす。その瞬間、あの盃のやりとりが兄弟分の秘かな契りのようにも見える。小池朝雄のあり方が、脚本の好さを体現している。

賭場のシーンでは、札を操る手の動きが描写の中心になるが、それ以上に、勝負する者の目の表情が強い印象をもたらす。鶴田浩二が胴元の小池朝雄や河野秋武を見つめるとき、その目には真剣勝負の気迫が充満する。それが博奕という行為の怖さをも表現せずにおかない。

若山富三郎が悪徳一家の代貸に扮して強烈なワルを体現するが、彼は登場するなり、名乗り合った鶴田浩二と、目と目をぶつけ合う。その激しさは異様なほどで、だから待田京介のイカサマを見破る。飛田の女郎屋をめぐる争いの果てに、若山富三郎のワルは乗り込んだ鶴田浩二に斬られ、血だらけで親分に電話で謝り、絶命する。悪役の最期など普通には注目されないが、あまりの熱演が感動的で、映画の公開当時、ファンのあいだで語り草になった。そのあと、鶴田浩二の主人公は悪玉親分に迫る。と、主題歌が流れる。そして追跡が屋内から夜の野外へと続き、鶴田浩二の前に小池朝雄が立ちはだかった瞬間、歌がぴたりと止む。歌の使い方が素晴らしい。その流れに乗って二人が殺し殺される関係に突入し、鶴田浩二が悪玉親分を倒したあと、兄弟分の悲しい誕生が描かれる。

懲役十八年

1967・2・24　京都　監・加藤泰　脚・笠原和夫、森田新　撮・古谷伸

『懲役十八年』は安藤昇の最初の東映作品で、一九六七年二月に封切られた。監督は加藤泰。安藤昇は前年まで松竹で数本の映画に主演。そのうち六六年の『男の顔は履歴書』『阿片台地地獄部隊突撃せよ』で加藤泰と組んだ。三作品は「戦中派三部作」と称される。

今回、安藤昇の役は元海軍特攻桜隊大尉の川田。昭和二十二年、彼と元副官の塚田が軍の隠《いん》匿《とく》物資を強奪する。隊員遺族用マーケットの建設資金を得るために。まさに戦中派の熱い志を描く映画なのである。塚田を演じるのは小池朝雄。だが、強奪作業の途中、MP（米国陸軍憲兵隊）と警官隊に包囲され、川田は塚田に品物を託して逃げさせ、逮捕される。MPの登場に注目しよう。当時、日本はアメリカの占領下にあった。川田はかつて戦って負けた国に逮捕されるわけで、戦中派としては辛い。

川田が刑務所で看守らに反抗してリンチを受け、背中手錠のまま、桜町弘子の演じるヒロインの唇や顎などを思い浮かべる。が、そのあと、塚田が彼女とともに面会に来たとき、川田は言う。俺のことは忘れてくれ、と。生々しい想念のあとだけに痛切である。

左の頬に大きな傷痕のある安藤昇の顔のアップが随所に短く入り、鋭い眼光を放つ。そんな彼が珍しく笑顔を見せるシーンがある。曽我廼家明蝶の演じる囚人が食堂で、仲間をエロ話で楽しませているとき、背後で川田がにやにや聞きながら茶々を入れる。これは昭和二十七年のシーンで、あれから五年が過ぎた。占領期が正式に終った年でもある。川田も娑婆のことをすっかり忘れ、笑顔を取り戻したというべきなのか。

そんななか、川田らの雑居房に若い囚人が入ってくる。キングと自称する石岡で、演じるのは近藤正臣。その暴れ方が凄まじい。どんな拷問にも屈せず、悪罵を撒き散らし暴力的に振舞う。若山富三郎が憎々しく演じる非情な看守でさえ、石岡には手こずる。石岡の異常なまでの不服従ぶりは、川田の不服従と好一対に描かれている。川田は石岡がヒロインの弟だと知るや、姉弟を会わせてやったりするが、単なる親切からではなかろう。明らかに川田と石岡の関係に、戦中派と戦後世代との繋がりが幻視されているのである。

俺のことは忘れてくれ、と川田は言った。だが、彼は志を託した塚田が遺族を食いものにして私腹を肥やしていることを知る。その直後、スーツ姿の塚田が訪れ、マーケットはどうしたと食ってかかる川田に言う。世の中は変わった、と。社会の変貌が五年前の同志を敵対関係に陥れるのである。事実、その五年間に日本は敗戦後の混乱から抜け出した。時が社会も人の心も変えてゆくのは、不可抗力なのか。この映画はそんな問いを投げかけてくる。

川田は塚田の策謀で石岡に命を狙われる。と、終身刑の囚人＝水島道太郎がそれを阻止したのち、私怨により悪看守を殺して、自死する。やくざの彼は川田への共感を示したのである。川田は脱獄し、塚田に迫る。お前の頭にあるのは敗戦国の亡霊だ、時代は変わった、お前も変わるべきだと言い張る塚田に、川田は変わりたくないと言う。そして塚田を葬り、逮捕される。五年前と同様に。


この作品はすでに明らかなように、普通の任俠映画とは異なるが、封切時の宣伝資料を見ると、「安藤昇東映第一回出演作」の横に、こう記されている。

「男の顔に血の一文字、なんで生まれた任俠一匹」

なるほどそうか、任俠映画の幅は広いのだと納得させられる。

解散式

1967・4・1　東京　監・深作欣二　脚・松本功、山本英明、深作欣二　撮・星島一郎

『解散式』は深作欣二監督が手がけた本格的な任俠映画の一本目である。一九六七年当時、東映は任俠路線の全盛期だったが、この作品は異彩を放った。

東映任俠映画は二種類に分けられる。まず、明治末から大正、昭和初期を時代背景とする半ば時代劇的な作品。そして、ギャング映画の流れを継ぐ現代劇。主人公の服装から、前者を着流しもの、後者を黒背広もののとも呼ぶ。『解散式』は現代劇だが、内容的には上記二種類の中間になっている。主人公沢木＝鶴田浩二の服装が、そのことを象徴的に示していよう。

題名どおり大暴力組織の解散式から始まり、広大な埋立地の利権をめぐる建設会社二組の争いが描かれる。どちらも暴力団が衣替えしただけで、本質は何ら変わらない。そんな暗闘が進むなか、ある組の幹部だった沢木が出所してくる。沢木は八年ぶりに見る風景の変貌に驚く。問題の埋立地はかつて彼が体を張って獲得した場所にほかならないが、いま、石油コンビナートが立ち並びつつある。

沢木は昔の兄弟分島村＝渡辺文雄と再会する。旧交を暖めるものの、沢木と土地の利権を狙う島村との距離は遠く隔たっている。鶴田浩二は着流し、渡辺文雄は黒背広。その対照的な姿は、埋立地と石油コンビナートの風景のあり方にぴったりと重なる。六七年といえば、高度経済成長の真っ只中で、東海道新幹線開通と東京オリンピック開催から三年も経ち、日本の社会が猛烈なスピードで様変わりしつつあった。この映画はそのことを踏まえて、時代の変貌のなか、変わらない者と変わってゆく者との葛藤を描き出すのである。

沢木の前に、かつて彼に親分を殺され片腕を斬り落とされた酒井＝丹波哲郎が登場する。沢木との対決を八年間ひたすら待っていたと言い、匕首を彼に渡し、自分も手にする。この酒井も、沢木と同様、時代がどう移ろうと、変わらない者なのである。より正確には、変わることができない者というべきか。沢木と酒井はまだ残っている埋立地で対決する。ともに着流し姿で、匕首を手に、ロングショットのなか、石油コンビナートを背に闘う両人は、敵同士ではなく分身のように見える。

沢木が酒井に勝ち対決が終ったあとの画面。酒井の視線で、去ってゆく沢木の後ろ姿が描かれるが、その背中が寂しさを漂わせて印象深い。埋立地をめぐる争いは混沌となり、島村は残った埋立地に住む住民たちを暴力的に排除しようとする。そこには、ヒロイン三枝＝渡辺美佐子の養鶏場もあり、彼女は沢木の入獄後、彼の子供を生んで育てている。沢木と島村が隔絶を話したあとの画面。お前はまた裏目裏目に張るのかと言う島村の見つめるなか、埋立地を去ってゆく沢木の後ろ姿が描かれる。そして、沢木が三枝と埋立地で話したあとの画面。三枝が、敵陣へ向かう沢木の洋服の背中をじっと見つめる。

重要な三シーンがほぼ同じ描写になっているわけで、主人公像に対する深作監督の思いを感じさせずにおかない。それはこの映画の思想を指し示している。沢木は八年前、やくざ渡世の掟ゆえに殴り込んだ。今度はそれとは違って、愛する女と子供を含む住民たちを護るため、敵陣へ斬り込む。着流し姿で。闘いは同じでも、沢木は変わったのである。

ところで、東映社史など複数の資料では、藤純子の名が配役欄に記されている。予定されていたとしても、出演はしていない。

網走番外地　決斗零下30度

1967・4・20　東京　監・石井輝男　原案・伊藤一
脚・石井輝男　撮・中島芳男

全篇、雪また雪の世界――人気シリーズ第八作『網走番外地　決斗零下30度』は、そんな印象を強くもたらす映画で、白銀の世界に高倉健の勇姿を際立たせる。

ただし雪景色から始まるわけではない。冒頭、これまでの名場面のようなものがモノクロームの断片で積み重ねられ、どうやら網走刑務所を出所して列車に乗った主人公橘真一＝高倉健の夢か回想らしい。ひと騒動あったあと、やがて列車が駅に着く。と、眼前に北海道の銀世界が広がっている。みごとな導入部といえよう。真一は車内で知り合った幼女を、鉱山で働く父親のもとに送り届けるため、一緒に駅を出る。長身の彼の黒っぽい上着、小さな女の子の赤い頭巾服、という対比が雪にくっきりと映えるのも、じつに巧い。以後、雪がこんな調子で全篇を彩る。馬橇や騎馬による雪原疾走は第七作『大雪原の対決』に似ているが、この第八作には、前作のような刑務所内のシーンは出てこず、回想に留まる。

豪快さを持ち味とする高倉健にはやっぱり雪が似合う――と思いかけるが、対照的な一面、コミカルな軽みも同時に印象深い。車中で橘真一は幼女に軽くあしらわれるし、乗客の女性の持ちかけた儲け話をキザな手品使いの男＝吉田輝雄に横取りされる。そんなときの高倉健の慌てふためいた表情は、かなり可笑しい。

鉱山を訪れた真一は、坑夫が過酷な労働を強いられていることに怒り、たちまち非情な坑夫長＝田崎潤と殴り合う。その格闘はまさに肉弾の激突で、何とも凄まじい。一本気な真一は、クラブのマスター＝丹波哲郎の態度に腹を立て、すぐ殴り合いを挑む。また激烈な格闘になるかと思いきや、軽くあしらわれ、尻餅をついて雪の塊を齧《かじ》る。何をしているんだとマスター。喉が渇いたんだと真一。この問答は笑える。そのあと、相手が元ボクシングのチャンピオンと知り、先に言ってくれよとボヤクのも可笑しい。こういう細部が本シリーズの魅力で、今回も散在する。坑内で鶴嘴《つるはし》を振るって岩盤と格闘し、一転、ふらふらになる姿が示すように、主人公は豪快さと剽軽《ひょうきん》さのあいだをふらふら往復するのである。

この第八作では、橘真一の網走仲間、大槻の死に注目せずにいられない。演じるのは田中邦衛。第二作『続網走番外地』では別の役、第三作『望郷篇』では殺される役だが、常連であっただけに感慨が深い。それとも、第四作『北海篇』で再登場したように、ケロッとまた出てくるかなとも思う。真一が危機に陥るや、まるで嘘みたいに出現する鬼寅＝嵐寛寿郎のように。そんなデタラメさが本シリーズの魅力であろう。実際、鬼寅のご都合主義的出現に、拍手する人はいても、怒る人はいない。監督は石井輝男。脚本も自作だから、大槻を幼女の父親にしておいて死なせたとも考えられる。観客に肩すかしを喰わせるのである。

そういえば、丹波哲郎は第一作『網走番外地』以来の出演で、最初はカッコいいが、役としては悪玉の鉱山主に利用され、あっけなく殺される。妹役の大原麗子と愛人役の三原葉子の関係も、縺《もつ》れるかに見せながら、すっきり収束する。そのあたりも、観客の予想を裏切る手練手管に違いない。終盤、パターンどおり大雪原での銃撃戦へ雪崩れ込む。真一がライフルを長ドスに持ち替え敵を倒すのは前作と同じだが、今回は鬼寅がそれを渡すから微妙に違う。

シリーズ作品の場合、見つづけてきたファンの観客はいろいろ予想し、監督はそれを踏まえて映画をつくる。その追いつ追われつが面白さを生むことを、この映画が証明している。

博奕打ち　一匹竜

1967・5・3　京都　監・小沢茂弘　脚・小沢茂弘、高田宏治　撮・わし尾元也

東映マークのあと、青空に翻る鯉のぼりに続いて、刺青を彫る鶴田浩二がうつしだされ、そこに題名が出て、彫る手の大写しにクレジットが被さってゆく。これが『博奕打ち　一匹竜』の冒頭で、いくつもの要素をあらかじめ明らかにする。一匹竜は鶴田浩二が演じる主人公相生宇之吉の背中の刺青で、博徒の彼は刺青師でもあり、映画は一匹狼ならぬ一匹竜としての彼の活躍を描く。

そのあと刺青を入れた男四人が銭湯で出くわすシーンが印象深い。鶴田浩二、友人立花＝待田京介、悪役鬼若＝天津敏、その手下＝小松方正。迫力満点の刺青男四人が、狭い湯舟のなかで顔を合わせるのだから、面白くないわけがない。湯舟には菖蒲の束が浮かんでいる。冒頭の鯉のぼりに合わせ、菖蒲湯なのである。善玉悪玉の軋轢がこじれて流血の惨事に至り、なんとその決着の場が、日本一を競って男の節句の日に催される刺青大会となる。

大正の初期。宇之吉は東京から五年ぶりに大阪へ戻り、一匹竜を彫ってくれた老刺青師彫安《ほりやす》が零落し、その娘小雪＝木村俊恵が女郎になったことを知る。彼女に会った彼は、病気の子供

に会わせてやろうと女郎屋の女将と交渉する。悪玉はそれを利用し、争いの火種にしてしまう。宇之吉は東京で刺青師として名を挙げた。悪玉の鬼若組長はそれが気に喰わない。彼は兄の彫《ほり》久《きゅう》を刺青師日本一にしようと策謀する。兄より優れた腕を持つ彫安を酒と博奕で再起不能にしたのも彼で、今度は宇之吉を葬るため小雪を誘拐する。善玉側の母と子、悪玉側の兄と弟。ふたつの肉親の情がぶつかるなか、宇之吉は闘うのである。

女郎屋の女将お君＝松尾嘉代は宇之吉の義侠心に打たれ、小雪を子供に会わせようと決心する。そのときお君は、自分に刺青を彫ってほしいと宇之吉に頼む。そこには彼への慕情も混じっている。だが、彼は拒む。刺青は「我慢」というくらいだから、女には無理だ、と。

宇之吉は師と仰ぐ彫安を刺青大会に出場させたい。だが、博奕と酒で身を持ち崩した彫安は、その話に乗らない。と、娘の小雪が着物を脱ぎ、背を彩る観音の刺青を見せて、父親に奮起を促す。女にも刺青は無理ではないのである。お君と小雪は刺青に託して、男への想いを、父への愛を訴える。

鶴田浩二は数々の任侠映画で忍耐する男を好演するが、この映画でも素晴らしい。宇之吉は鬼若に罵られても頬を張られても、ただ耐える。敵の悪辣《あくらつ》さに激情に駆られた場合も、ドスは抜かない。小雪が拉致されたとき、立花は、居場所を吐かせようと鬼若の子分たちをドスで脅す。が、宇之吉は傘で殴る。刺青大会へ向かう途中、ドスで襲われたときも、彼は下駄で応戦する。任俠映画の骨格を「我慢劇」というが、鶴田浩二はそれを体現するのである。この映画の場合、それが刺青＝「我慢」と結びつく。

——ドスが、刺青が、男を決める極道の世界！

これは公開当時の惹句で、終盤の「男を決める」刺青大会がクライマックスとなる。華麗な刺青の量は任俠映画随一であろう。大会はむろん善玉の勝利で終るが、悪玉はこれまたむろん納得しない。鬼若が宇之吉に斬りかかり、宇之吉はついにドスを手にして闘う。立花を惨殺された恨みもあり、我慢が爆発するのである。

この映画は『博奕打ち』シリーズ第二作で、一九六七年五月に公開された。第一作が同年一月、第三作が同年七月。矢継ぎ早で鶴田浩二の出演作はこの年十六本。ちなみに高倉健は九本だった。

兄弟仁義　続関東三兄弟

1967・5・20　京都　監・山下耕作　脚・村尾昭
撮・山岸長樹

『兄弟仁義　続関東三兄弟』はシリーズ第四作で、題名から第三作『兄弟仁義　関東三兄弟』

の続篇に見えるが、内容に連続性はない。「関東三兄弟」の字面が良いので再利用したのだろうか。俳優では、今回、大木実と鶴田浩二が兄弟分で、のちに大木実と村田英雄が兄弟盃を交わす。すると「三兄弟」とは大木・鶴田・村田のことか。それなら、主役の北島三郎は無関係なのかと思ってしまう。ちなみに当時の宣伝資料の惹句には「北島・村田・鶴田の絶讃シリーズ第四弾」とある。

惹句が名前を筆頭に挙げているように、このシリーズは北島三郎が主演で、今回の物語も彼を中心に進む。ただし、善玉悪玉の葛藤劇のなか、要の人物を演じるのは大木実であり、任俠映画の定番、手打ち式および兄弟盃の儀式のシーンでは、当事者の一方を厳かに演じる。大木実の役は善玉の親分で、シリーズ第二作『続兄弟仁義』でも善玉だった。鶴田浩二主演『明治俠客伝　三代目襲名』が示すように、太々《ふてぶて》しい悪役も巧い。

昭和初期の東京を舞台に、荷役を請け負うやくざ二組、深川の辰馬組と芝浦の大和田組の争いが描かれる。お馴染みのパターンだが、両者の設定が興味深い。善玉の辰馬組は荷役業界では新参者で、その勢いに対し、古くからの大和田組が暴力的に邪魔を仕掛けるのである。北島三郎は辰馬組の若い衆で、二組の争いの中心として活躍する。

任俠映画の多くでは、伝統的な組が善玉、その縄張りを悪辣に狙う新興勢力が悪玉と、ほぼ相場が決まっている。今回は逆なのである。しかも、後半、来日した外国サーカス団の荷揚げをめぐり、両者の対立は決定的になるが、荷揚げをする芝浦の埠頭は、大和田組の縄張りにほかならない。むろん辰馬組はそのことを重視する。だが、荷役業界の重鎮たちが悪辣な大和田組を退け、辰馬組に仕事を任せる。表面的には筋が通っているが、善悪二組の設定と展開は何か捻れを感じさせる。そこで、大和田＝名和宏のことが気になる。辰馬＝大木実と話す座敷のシーンでは、控え目に坐った相手を、立ったまま憎々しく嘲り罵る。その悪役ぶりのみごとさには感嘆させられる。

鶴田浩二はゲスト出演で、冒頭まもなく、兄弟分の辰馬の代わりに大和田組に殴り込んだ罪で服役したあと、半ば過ぎまで姿を見せない。その再登場シーン。まず夜、家に帰ってくると、誰もいないが、室内は片付いている。つぎに飲み屋で働く松尾嘉代の場面になって、「おいね」と呼ぶ声がする。彼女が振り向くと、暖簾の端を掲げた鶴田浩二の顔がある。再会が声から始まる。そして外での会話へと移る。何でもないようだが、ラブシーンの情感を巧みに盛り上げる。監督は山下耕作。

鶴田浩二と松尾嘉代が最初に出てくるのは一緒に神社を歩くシーンで、満開の桜が目につく。彼らの家の傍にも咲いている。花で名高い監督だから当然のことか。そう納得していると、ラストの思いがけない展開で驚いてしまう。

主人公政次＝北島三郎と一匹狼勝次郎＝鶴田浩二が、敵陣に殴り込む。乱闘のなか、胸を患っていた勝次郎は喀血する。闘いは屋内から桜の舞い散る庭へ移り、彼が大和田を討ち果たす。そして、地に落ちた椿の花を拾い、手にしたまま政次に抱えられて歩く。瀕死の一匹狼と淡紅色の椿。いかにもキザだが、鶴田浩二にはよく似合って絵になる。ゲストスターに文字どおり花を持たせたのである。それにしても、あの椿はどこに咲いていたのだろう。

博奕打ち　不死身の勝負

1967・7・8　京都　監・小沢茂弘　脚・小沢茂弘、高田宏治　撮・山岸長樹

鶴田浩二主演『博奕打ち』の封切は一九六七年一月で、同年五月に第二作『博奕打ち　一匹竜』が公開された。『博奕打ち　不死身の勝負』は第三作で、封切は同年七月。矢継ぎ早の勢いに驚かされる。併映は高倉健主演『昭和残俠伝　血染の唐獅子』。豪華な二本立てが示すように、東映任俠映画はまさしく絶頂期にあったのである。

昭和初期の九州・若松などを舞台に、炭鉱の勢力争いが描かれる。やくざは登場するが、勝負をするのは炭鉱主たちで、サイコロ博奕で闘う。ユニークな設定の任俠映画である。

花札ではなくサイコロで勝負する「たうさぎ博奕」が最初に出てくるシーン。俳優名で記せ

ば、若山富三郎が負けたあと、鶴田浩二が石山健二郎に大敗する。傍に木暮実千代もいる。主要人物が博奕で顔を揃えるのだから面白い。

鶴田浩二の役はたうさぎ博奕に惹かれて熊本から流れてきた博徒朝倉常太郎で、炭鉱主荒尾＝石山健二郎の豪放さに魅せられ、負けた分を返すため荒尾鑛業で働く。冒頭、炭鉱間の争いに巻き込まれた彼は、投じられたダイナマイトを投げ返して「爆弾常」の異名を名乗る。炭鉱の話だからダイナマイトが出てきても不思議ではないが、サイコロ博奕と爆弾の組み合わせは注目に値する。鶴田浩二が「爆弾常」の無鉄砲さを、弾むような台詞回しと身の動きで見せて、若々しい。それも絶頂期の任俠映画の勢いだろう。常太郎は「爆弾常」の異名を封印し、荒尾の元で働くことの楽しさを知る。だが、それで終るわけはない。

荒尾役の石山健二郎は新国劇出身で、映画各社の脇役を経て、この前後から東映任俠映画に出る。ベテランの重厚さが鶴田浩二の若々しさを際立たせる。若山富三郎が荒尾の鉱山を狙う炭鉱主石島を好演する。裏では暴力を使うが、博奕は真っ当に勝負する。若山富三郎はこの頃は悪役専門で、それが注目され、翌六八年『極道』で主演スターになる。木暮実千代はいうまでもなく戦前からのベテランで、気っ風のいい海運業主に扮して貫禄を発揮する。戦後は東映時代劇の美女役で活躍し、その延長線で任俠映画に出演する。大物俳優たちの真ん中にいるヒロインが橘ますみ。第一作『博奕打ち』でデビューし、これが四本目になる。このとき二十一歳。荒尾の箱入り娘の役で、可憐な美しさが殺伐とした話に華を添える。

もうひとり大物が出ている。藤山寛美で、ヒロインに一目惚れする製鉄会社社長の息子を得意の阿呆ぶりで好演し、笑いを誘う。この御曹司の恋心を悪玉の石島が利用し、荒尾を追い詰める。観客の誰もの予想どおり、可憐な娘は常太郎に思慕を寄せるから、その点でも彼は石島と敵対関係になる。荒尾鑛業をめぐる攻防には、当然ながら、経営の根幹たるカネが絡む。馬鹿息子の邪恋がそこに火をつけるのである。そして、暴力沙汰も起こるが、最終的な決着はサイコロ博奕に託される。

カネと恋と博奕。これらの縺れ合いが独特の面白さを生み出す。

博奕のシーンが何度か出てきて、俳優名で記せば、最初は鶴田浩二が大敗する。彼の兄弟分待田京介は中頃で負ける。終盤近く、追い詰められた石山健二郎は、炭鉱の所有権を賭けて若山富三郎に一対一の勝負を挑み、敗れ、命を絶つ。いずれの場合も善玉が負け、自殺者も出て、サスペンスを高めてゆく。その流れを受け、常太郎が石島との勝負に挑み、みごとに勝つ。そして、襲いかかる悪玉一味を相手に、凄惨な闘いへ突入する。「爆弾常」に戻って。

昭和残俠伝　血染の唐獅子

1967・7・8　東京　監・マキノ雅弘　脚・鈴木則文、鳥居元宏　撮・星島一郎

高倉健の花田秀次郎と池部良の風間重吉――『昭和残俠伝』シリーズといえば、この「花と風」コンビが思い浮かぶが、当初は役名が毎回異なり、一九六七年のこの第四作『血染の唐獅子』で「花と風」が揃う。

注目すべきことに、秀次郎は火消しで、やくざではない。マキノ雅弘が本シリーズ初の監督を務めたことと関連するのかもしれない。高倉健の本格的任俠映画第一作『日本俠客伝』（六四）の監督がこの名匠で、演じた役は深川木場の運送業の小頭、しかも兵役から帰ってくる、というふうに『血染の唐獅子』と共通点が多い。ほかにも似た部分がある。『血染の唐獅子』では芸者に惚れた子分が火消しの仕事に重要な纏《まとい》を質に入れるが、『日本俠客伝』でも子分が同じように組の印半纏を入質する。二作品の脚本は別人によるから、やはりマキノ監督の参加が影響しているのだろう。任俠映画を連続的に見る楽しみは、こんな点にもある。池部良と藤純子が兄妹という設定も、シリーズ第三作『一匹狼』を思い起こさせる。

昭和初期の浅草が舞台で、火消しの一家が東京博覧会の会場建設を受け請ったところ、建設

業に乗り出したやくざの一家がその利権を狙う。火消しの話だから、木遣り唄が何度も出てきて印象深い。労働歌の一種だが、抒情性が任侠映画に似合う。

冒頭まもなく、悪玉の横暴のなか、火消し一家の親方が病没。そこへ小頭の秀次郎が兵役から帰還する。組頭になるのを拒む彼がみんなの熱意に押し切られるシーン。彼の背に兄貴分＝水島道太郎が組頭の半纏を着せるのに合わせ、木遣り唄が湧き上がり、一同が唱和する。これが最初で、その後も随所に流れる。芸者を身請けするため纏を質に入れた子分＝山城新伍の死体を、みんなが囲むシーン。纏を悪玉一家から盗み出して入水したその芸者＝牧紀子を、みんなが見つめるシーン。どちらも木遣り唄が情感を表現する。

纏は火消しのシンボルだから、闘いが起こりかけるが、纏はあくまでシンボルで、火消しの根性こそが大事なのだとなる。秀次郎たちはラスト、まさにその根性を炸裂させて敵陣に殴り込むのである。激烈なチャンバラが終り、秀次郎が弟分＝津川雅彦の死に気づいたとき、火消しとしての血の滾《たぎ》りを優しく慰撫するかのように、木遣り唄が流れる。

火消しとやくざの闘いに、秀次郎と悪玉一家の代貸重吉の妹＝藤純子による恋愛が織り込まれ、作品を魅力的にする。そこで力を発揮するのがマキノ流の画面づくりである。

たとえば秀次郎が三年ぶりに恋人に会うシーン。彼が家に入り、部屋で縫い物をする彼女に声を掛け、その無骨さを彼女が責める。仲睦まじさを描くシーンだが、両人の姿は二台のキャメラで撮られた上で、切り返しのようにひとつに繋げられている。いわゆるツーキャメ方式が画面を流動的にし、情緒を醸すのである。同じ撮り方は後半、斬り込み直前の秀次郎と、それを阻止する恋人との場面にも見られる。

そして、殴り込み後のラストシーン。手錠姿の高倉健は裸の上半身に着物を羽織っているが、それが滑り落ち、唐獅子牡丹の刺青が露出する。と、藤純子が見守る群衆のなかから近寄り、高倉健の背中に着物を掛けてやる。やはりツーキャメで撮られており、藤純子は体を擦り合わせるように高倉健の背後に回るが、両人のアップが緩やかな切り返しのように描かれる。しかも彼と彼女はついに目を合わせない。絶妙のラブシーンが悲哀により観客の胸を締めつける。

網走番外地　悪への挑戦

1967・8・12　東京　監・石井輝男　原案・伊藤一
脚・石井輝男　撮・稲田喜一

網走帰りの一匹狼が不良少年たちを補導する――この意外な設定により『網走番外地　悪への挑戦』はこれまでと雰囲気が違う。シリーズも第九作。そこで新鮮な風を画面に吹かせようと、工夫が凝らされているわけである。

何組もの少年少女がつぎつぎ登場する。少年刑務所を脱走した三人、客引きの連中、更生施設に暮らす大勢。主人公橘真一は彼らと関わってゆくが、その対応ぶりが異なるのが印象深い。脱走三人組を颯爽と退治したあと、少女に誘われ調子よくついてゆく。演じる高倉健が持ち前の豪快さ、陽気さを発揮するのだが、最後がいけない。施設の元気に溢れた若者たちを前に、どう相手にしていいか戸惑う。ハンカチで汗を拭うヒーロー高倉健の珍しい姿が微笑ましい。この第九作は、やはりシリーズ中でも異色の映画なのである。

シリーズの名物、嵐寛寿郎扮する鬼寅が冒頭すぐに登場する。ただし更生施設の臨時保護司の役で、意表をつく。網走刑務所を出所した橘真一は、同房だった鬼寅を頼って博多へやってきた。ほかにも常連俳優は出てくるが、田中邦衛が『網走番外地』の主題歌をがなるトラック運転手に扮するのをはじめ、由利徹も砂塚秀夫も囚人の役ではない。では、この映画はシリーズ中の例外なのか。そうではない。

たとえば施設の若者たちが食堂で歌い踊るシーン。狭い空間に沸騰するその賑々しい活気は、過去のシリーズ作品を思い起こさせるではないか。そう、網走刑務所の雑居房における馬鹿騒ぎを。群像劇のなかに高倉健を置く点では今回も同じなのである。

だから、当然のように第一作『網走番外地』の引用も入る。施設で働くことになった橘真一が谷隼人扮する反抗的な武の家を訪れたシーンで、貧しさゆえの義父と武の喧嘩が彼に若き日を思い出させるのである。貧窮による飢えが作品に底流する点でも、この映画はシリーズ中の例外ではない。真一はそのあと肩の刺青を見せて身分を明かし、武と義兄弟の契りを結び、不良少年たちを喰いものにする暴力団と手を切ることを誓わせる。刺青も契りもこのシリーズでは珍しいが、いきなり任俠映画の一面を示すともいえる。

今回の舞台は博多だが、真一は施設で働く若い娘＝真理明美を追って阿蘇まで行く。暴力団員に犯され死のうとする娘と禍々しい噴火口。真一の説得で自殺を思い止まった娘と緑一色の草千里。娘の心情と風景との組み合わせが素晴らしい。風景はこのシリーズがご当地もの映画であることによるが、使い方がうまい。若い命が暴力団同士の争いの犠牲になったあと、真一が殴り込むクライマックスも、名物の祭り、博多祇園山笠の興奮と交互に描かれる。

当初、その後のラストは別の形だったらしい。当時の雑誌『キネマ旬報』の紹介欄では、少年たちが悪玉を退治した橘真一を英雄視するので、彼は鬼寅に頼まれ、無様な姿で刑事に逮捕される。その記事は東映の宣伝資料に基づくと思われる。そんな結末は、しかし『網走番外地』シリーズに似合わない。だから石井輝男監督は、真一があの若い娘の成人祝いを見届けたあと自首するという形で若者たちと別れさせている。

ズレとパターン――『悪への挑戦』をシリーズの連続性のなかに置くと、そんな言葉が浮かぶ。一匹狼と少年少女との交流をはじめ、多彩な点で意表をつき、だから面白いのだが、同時に定型を踏まえてもいる。ズレとパターンが巧妙に混在するのである。そんななか、人気スター高倉健が次世代のピチピチした俳優と組み、新鮮な一面を見せている。

兄弟仁義　関東命知らず

1967・8・12　京都　監・山下耕作　脚・村尾昭　撮・赤塚滋

『兄弟仁義　関東命知らず』はシリーズ第五作で、舞台は大正初期の横浜。主演の北島三郎が仁義を切るシーンから始まる。浅草生まれの坂東竜次の役で、ツイードの上着が任俠映画の主人公としては珍しい。彼がすぐに加わる愚連隊のメンバー四人も、着流しスタイルではなく、てんでんばらばらの個性的な服装をしている。

竜次たち五人は好き勝手に暴れ回る。まさしく愚連隊と呼ぶにふさわしいが、横浜のやくざ、南部組と鳴海組の二組と、いずれ軋轢を生じるのは避けられない。五人が沖仲仕相手に競馬のノミ屋を開業するや、南部組の連中が飛んできて、組長の息子政吉と竜次が殴り合いになる。その場所が印象深い。倉庫街の裏通りで鉄道線路があって、ロケ地は判らないが、いかにも横浜港らしい。風景の雰囲気が、竜次たちの服装と同様、いつもの任俠映画とは違うのである。

政吉を演じるのは待田京介で、当然ながら印半纏《しるしばんてん》の下に着物を着ている。

竜次は男を上げようと横浜へ流れてきたのだが、お調子者で、後先考えずに行動する。その勢いのもと、南部組に続いて鳴海組とも ぶつかる。ところが相手に度胸の良さを見込まれるや、いい気分になり、鳴海組に草鞋を脱ぐ。やくざ二組は、港の荷揚げの利権をめぐって対立を深める。その最中、竜次たちは、荷揚げの入札を仕切る役人を脅す。目の前で新聞記者を射殺するのだから、尋常ではない。だが、すぐに殺しは芝居とバラされ、笑いをそそる。この場面は二重に意味深い。まずコミカルなこと。もう一点は竜次らが知らずに悪玉の鳴海組のために働いていること。こういうあり方も任侠映画では珍しい。

その出来事のあと、政吉は怒りを竜次にぶつけ、港の草っぱらで二人はドスを手に闘う。と、通りがかった男が止めに入り、抗う竜次と政吉のドスを跳ね上げたかと思うや、両手に受け止める。その鮮やかさに、竜次も政吉も目を奪われ、仲裁を飲む以外ない。男はやくざ稲上長次郎。演じるのは鶴田浩二。ゲストスターにふさわしい格好良さで登場する。彼は三年の刑を終え、かつて別れた恋人の行方を探して横浜にやってきた。

二組が殺気立ってゆくなか、竜次はよっぽど単純思考の男と見えて、鳴海組の刺客として南部組組長を襲う。組長役は香川良介。戦前から活躍してきたベテランゆえ、貫禄が凄い。竜次に足を刺されながら、無罪放免にしてやる。竜次はやっと目が覚める。

俳優名で記すと、このあと、北島三郎は意気投合した待田京介と兄弟分になる。さらに、愚連隊と縁を切り香川良介と親分子分の盃を交わす。仲介人は鶴田浩二。北島三郎の歌う「兄弟仁義」が流れ、彼は着物姿になっている。盃ごとが続く。鶴田浩二が鳴海組に酷使されて重病の女郎＝久保菜穂子と再会し、夫婦固めの盃を交わすことになり、彼女は喜びの涙に濡れながら絶命する。北島三郎と待田京介は路上での口頭で兄弟分となり、兄弟盃は出てこない。親子盃と夫婦盃が代わりをするわけで、題名『兄弟仁義』と少々ズレている点が面白い。

終盤、北島三郎が着流し姿で敵陣へと殴り込みに向かう場面には、彼の歌が流れるが、「兄弟仁義」ではない。その歌は、乱闘の渦中に待田京介と共に斬り込んだ鶴田浩二が、敵を仕留めたあと、独りで罪を背負い、二人に見送られ去ってゆく姿にも被さる。そして興味深いことに、映画は主演である北島三郎ではなく、鶴田浩二の姿で終る。シリーズも五本目ゆえ、細部に工夫が凝らされているのである。監督は第一作から連投の山下耕作。

日本侠客伝　斬り込み

1967・9・15　京都　監・マキノ雅弘　脚・笠原和夫　撮・山岸長樹

『日本侠客伝　斬り込み』はシリーズ第七作で、題名どおり主人公が斬り込むシーンから始まる。やくざという設定が激闘により印象づけられるのである。

中村新三はそのあと、五歳の息子を連れて港町に流れ着く。昭和の初めの設定で、演じるのは高倉健。硬派のイメージが強いだけに、男の子を相手にした場面では、ほのぼのとした情感がより際立つ。テキ屋の一家に身を寄せた新三は、親方から頼まれ、東京の新宿へ向かう。テキ屋として。そこが重要で、物語の核心部をなす。

新三は露天商を始め、東京中のテキ屋の支配を企む悪玉一味とぶつかる。彼が生来の一本気から危地に陥ったとき、助けた善玉の親分は言う。稼業違いだろ、さすがいい根性だ、と。やがて新三がテキ屋の一家を立ち上げるや、悪玉の親分は、新三がやくざであり、神農道に生きる者とは違うと言う。やくざとテキ屋。新三はその狭間で煩悶する。そして、斬り込みという方途しか見いだせない。

新三は最初、急病の息子の治療費に窮したとき、テキ屋を訪ね、応対した娘に仁義を切り、自分の命を買ってくれと言う。そのあと、親方の念願の夢を実現しに新宿で奮闘する。大人の男が夢を熱く語って不自然にならないのは、任俠映画だからであろう。親方役の石山健二郎が魅力的だが、新宿で登場するテキ屋役の金子信雄も好人物を剽軽《ひょうきん》に演じてユーモアを醸す。悪玉に金で雇われた大阪やくざ辰を演じる長門裕之も、軽みで滑稽味をそそる。

新三は息子秀男を親方の娘お京に預けてきたが、彼女は秀男を連れて新宿にやってくる。お京役は藤純子。彼女は秀男と共に夜の路上で露天商を始める。辰ら大阪やくざが乱入して、露天商たちを困らせる。そのあとが面白い。辰らが暴れるや、お京は傍の夜店に並ぶ包丁を手にし、秀男を護る。新三が駆けつけ、辰を殴り飛ばす。と、辰が夜店の包丁を二本取り一本を新三に渡す。いざ対決となるが、警官がやってくる。藤純子、長門裕之、高倉健の順番で包丁を手にする動きが、活劇的な躍動感をもたらす。しかも包丁は使用されず、一緒に留置された新三と辰が心を通わせ合う。

お京は押しかけ女房同然に新三の家に住む。そのあと、自分をお母ちゃんと呼べと言った言わないで、秀男相手に揉める。帰宅した新三が隣室でその問答を聴く。翌日の夜、悪玉の暴力を甘受した新三が、額に濡れ手拭を乗せて蒲団に寝ている。お京はそっと入室し、傷だらけの顔の新三の視線に気づく。自分を見つめる彼の目のことを語ったあと、手拭の半分を下げて彼の目を隠し、愛を告白する。新三がお京と秀男の問答を聴く場面を前奏に、情感たっぷりのラブシーンが静かに描き出されるのである。新三とお京は結婚し、彼女の父親が祝いに名刀関の孫六を贈る。男が一生に一度、命を賭けるときにだけ切る封印をして。

やがて新三は正式にテキ屋になるのに必要な大金のため、名刀を売ろうとする。と、お京が、あたしがあなたの命を買うと言う。芸者になる決心を告げ、反対する新三に、芸者になるのが夢だったと語るのだが、命を買うという言葉が胸に染みる。新三お京の出会いとまっすぐに繋がる言葉だから。先述のラブシーンがこんなふうに展開するのかと感嘆せずにいられない。監督はマキノ雅弘。

悪玉の暴虐は留まらず、新三は一生に一度の決心をする。お京が名刀の封印を口で切る。新三はそれで悪玉を葬るが、彼女の命を買った彼女のために死にはしない。

俠骨一代

1967・11・1　東京　監・マキノ雅弘　原・富沢有為男　脚・村尾昭、松本功、山本英明　撮・星島一郎

『俠骨一代』では藤純子が二役を演じる。高倉健の母親および恋人の役だが、このとき藤純子は二十一歳。若々しい美しさと堂々たる演技に感嘆させられる。

昭和初期の東京。荷揚げ人足の伊吹龍馬が、飲み屋で母親と瓜二つの酌婦と出会う。彼は部屋で女の顔をまじまじと見つめ、恥ずかしがった女から、遊ぼうよと言われ、そそくさと去る。龍馬とお藤の出会いはこうして純な形で終る。二度目も彼は稼いだカネだけを渡して帰る。そして三度目。やはりカネを置いて去りかけながら、横になった女が目を閉じたのを見て、その顔に手を伸ばすが、相手にその手を摑まえられたとたん、慌てて立ち去る。

三度目も純なままに終るが、ラブシーンの予兆はあり、四度目で現実となる。その直前、お藤は龍馬の母親が生き別れのまま死んだことを知った。彼女は彼に目を閉じさせ「おっ母さん」と言わせ、彼の顔を両手で包み込んで「龍馬」と呼ぶ。目と手の所作が三度目から連なるなか、ラブシーンが現実化するのである。その間、無骨な男の母恋いが恋愛へと進む。

龍馬の母恋いは、ひもじさの記憶と結びついている。冒頭近く、軍隊時代の営倉の場面で、彼は涙声で戦友に言う。俺はお袋に真っ白なメシを腹一杯喰わせたい、と。以後、その想いは彼の行動の指針となる。荷揚げ人足として安価なバナナを人々に供するため、あるいは新鮮な水を庶民に飲ませるため、悪玉一味の妨害と闘う、というふうに。

運送業の親方はそんな龍馬に惚れ込む。志村喬扮する親方と彼との関係が面白い。出会いのシーン。浅い川と知らず身投げした龍馬を、親方は見て、まだ若いじゃないか、死んで花実が咲くものかと歌いつつ去る。龍馬らがバナナの荷揚げに成功したあとのシーン。親方は、いいことをしたと思っているのかと怒鳴り、龍馬らが謝るや、馬鹿野郎、いいことをしたんだと言う。水道工事の難業について話すシーンでは、龍馬に、親方はお前だよと何度も念を押す。志村喬の飄々たる演技が、ひもじさをめぐる話をユーモアで包み明るくするのである。

高倉健の役はやくざではない。任俠映画では主人公がやくざ渡世の掟に縛られている場合が多いが、龍馬は働く仲間との連帯感にもとづき行動する。

兵隊のとき、熱血漢の彼は、あまり張りきると周りが迷惑すると戦友に注意された。石炭運びをやったときにも、働きすぎだと仲間に言われる。そんな体験で彼は、共に苦労する者との共同性に目覚めた。そこには、乞食の群れに救われた体験も大きく作用している。

心の共同性は、男女の関係においても生じる。その一点がこの映画の核心であろう。龍馬は最初、お藤に母親の面影を見て、だから抱くことができずにいたが、やがてお藤はそのことを知る。彼女は龍馬の母の墓前で言う。あたしのような女ではお母さんに勝てませんよ、と。それで、お藤はどうしたのか。彼女は工事のカネに困った龍馬のために身を売り、新しい着物を縫ってやる。母になるのである。そんなお藤の行動を聞いた龍馬は、親方の娘に、敵と話をつけに行くと言う。明らかに心のなかでは死を覚悟して。

ラストに注目しよう。悪玉一味との死闘が終り、魂の抜けたような表情の龍馬。娼婦として満洲へ向かう船の上で牛乳を飲むお藤。その高倉健と藤純子の姿に、男女の悲しい共同性が美しく描き出される。

網走番外地　吹雪の斗争

1967・12・23　東京　監・石井輝男　原案・伊藤一　脚・石井輝男　撮・中島芳男

『網走番外地　吹雪の斗争』では冒頭、吹雪のなか、高倉健の演じる橘真一が刑務所に入る。今回はそこから始まるのかと思っていると、「敗戦直後の網走」と文字が出て、意表をつかれる。時代設定が過去とは、シリーズ初のことではないか。だが、続く雑居房の場面では、彼が牢名主一味や悪看守を相手に暴れ、お馴染みの光景になるから、何か安心する。

このシリーズ第十作は一九六七年末封切の正月映画で、安藤昇、梅宮辰夫と共演スターが華やかさを放つ。菅原文太の顔も見えるが、東映入社の第一作で、悪役を演じる。併映は北島三郎と鶴田浩二の共演する『兄弟仁義　関東兄貴分』。

全体は、橘真一が死んだ囚人の棺の中に忍び込み脱獄するまでと、その後の闘いとに大きく分かれる。六五年の第一作『網走番外地』が脱獄の話であったから、十本ひと巡りした記念にまた脱獄させたのか。そういえば、このシリーズの名物である鬼寅＝嵐寛寿郎の顔が見えない。

第十作になり、作品の空気が変わったのである。

　高倉健と梅宮辰夫、高倉健と安藤昇は、出会うなり口喧嘩をやらかす。豪華な顔ぶれだけに、見ていて楽しい。それが最高潮になるのは温泉の入浴シーンで、三人が全裸のままポンポン言い合う光景は空前絶後の珍品であろう。彼らに谷隼人と山本麟一を加えて、計五人が一緒に闘う荒くれ男どもを演じる。だが、それぞれ得意の武器が異なるように、思惑もバラバラで、腹の探り合いや裏切りに終始して、目を離せない。

　監督・脚本は石井輝男。第一作以来、このシリーズを育ててきたベテランで、遊び心で作品の世界を豊かなものにする。今回も、それが五人の関係を面白く彩るのである。細かい点では小道具の使い方も巧く、五人の武器と同様、オルゴール付きの懐中時計が随所に出没し、橘真一の想いをモノの形で効果的に示してゆく。終盤のパーティ場面で、その想いの内実が明らかにされる。真一が貿易会社社長＝中谷一郎に懐中時計を突きつけ、回想シーンになり、相手が仇だったことが判るのだが、真一の父親の登場や彼の生い立ちの説明などは、シリーズ初のことで、仇の妻が真一の昔の恋人と判るという展開も珍しい。やはりこの第十作は、これまでとは明確に異なるのである。

　パーティは社長の豪壮な屋敷で開かれ、大勢の紳士淑女が酒食を楽しんでいる。その片隅で真一が復讐心を相手にぶちまけ、回想シーンも挟まるとは、異様という以外ない。ところが、である。異様なパーティ場面のあと、真一以外の四人が大きなダイヤの首飾りを着けた社長夫人を拉致して、雪原での追跡戦が始まり、ダイナミックな光景に目を瞠《みは》るうち、激烈な銃撃戦がくりひろげられる。これはもう、紛れもなくお馴染み『網走番外地』ではないか。獄中の騒ぎから雪原での西部劇調の闘いへ。第十作も本質的には何も変わってはいない。

ところで当時の東映の宣伝資料を見ると、ラストでは高倉健と安藤昇が雪原を馬で去ってゆく。だが、画面は違う。その直前、撮影の進行の鈍さに腹を立てた安藤昇が、大雪山の現場から東京へ帰ってしまったことによる。当の本人が『映画俳優安藤昇』（ワイズ出版映画文庫）でそう語っている。ラストは変更された。安藤昇が撃たれて倒れるシーンは吹き替えで撮影され、だから顔がはっきりとは見えない。元の台本とは違って、高倉健がひとり去ってゆくシーンで映画は終る。石井輝男による『網走番外地』シリーズ自体、この第十作が最後になる。

兄弟仁義　関東兄貴分

1967・12・23 京都　監・中島貞夫　脚・村尾昭、鈴木則文　撮・赤塚滋

『兄弟仁義　関東兄貴分』はシリーズ第六作で、東京・洲崎遊廓の賑やかな夜の光景から始ま

る。時代設定は大正中頃の冬。財前組の仕切る遊廓で女郎の足抜きがあり、組の客分になっていた坂東龍次＝北島三郎が追手を命じられ、まず新潟へ、さらに佐渡へと向かう。その追跡の旅が、洲崎の猥雑さから一転、新潟や佐渡の寒々しい風景のなかに描かれる。佐渡は龍次の生地で、故郷の地を踏むや、幼い頃の飢えの記憶が蘇る。彼は貧窮から脱出して、やくざになったのである。懐かしさではなく苦さを嚙みしめる姿が胸をうつ。

ほかの主要人物三人は新潟出身で、境遇が龍次と似ている。貧農の両親により女郎に売られたお雪＝桑原幸子。貧しさから抜け出ようと無頼の徒になり、幼馴染みのお雪と逃げた清吉＝近藤正臣。いまは旅館の亭主で、弟清吉とお雪を匿うが、元は貧窮ゆえにやくざだった勝五郎＝村田英雄。大正中頃という設定に注目しよう。食うに困った民衆が暴動を起こした米騒動は大正七年の事件で、何度か台詞に出てくる。監督は中島貞夫。飢えを主題にした映画を何本も撮っている。

このシリーズは北島三郎が主役だが、人気スターがゲスト出演する。今回は鶴田浩二で、冒頭、龍次より前に姿を見せたあと、新潟で再登場する。演じる役は一匹狼のやくざ稲上長次郎。初めて聞く名前ではないと思ったら、第二作『続兄弟仁義』と第五作『兄弟仁義　関東命知らず』の役名も稲上長次郎。別の人物だが、その名が鶴田浩二によく似合うということか。

長次郎が新潟に登場する場面が印象深い。勝五郎の女房お栄＝北林早苗が部屋の外を見ると、人影が道を行く。お栄が、長次郎さんと走り出ると、誰もいない。幻のように見えるのが素晴らしい。そのあと、地元の一家で仁義を切る長次郎の声が響くが、雪の戸外からのショットで、姿は見えない。そして、一家の部屋で長次郎が回想するシーンになる。四年前の朝、彼は、待ってますと言うお栄と路上で別れ、殴り込みに向かった。と、いま、お栄が夜の同じ場所で思いに沈む姿になり、画面の右手前から長次郎が現われる。まるで回想シーンの続きのように。別れと再会が、四年の歳月を超え、ほぼ同じ構図で描かれるのである。が、再会は愛の再燃にはならない。なぜ帰ってきたの、と問うお栄に、長次郎は言う。もう一度、佐渡おけさが聞きたくてな。

佐渡おけさはこの映画の主題といってよく、随所でそのメロディが流れる。龍次にとってそれは忌まわしい飢えの記憶と結びつくもので、だから、冒頭洲崎の居酒屋で艶歌師に佐渡おけさを注文した長次郎と揉めた。そんな両人がやがて新潟で再会する。そして終盤近く、居酒屋で龍次が長次郎とお栄の関係をそれとなく察知して、「それがあんたの佐渡おけさか」としんみり言う。この間、龍次は貧農の娘たちを餌食にする悪辣なやくざ一味に逆らい、清吉とお雪を護り抜いている。長次郎も龍次側につく。だが敵は暴虐の牙を剝き、勝五郎にリンチを加え、清吉を惨殺する。

龍次と長次郎は敵陣に殴り込んで闘う。そのとき、あの龍次の台詞を受けて長次郎が「これがあんたの佐渡おけさか」と言う。そして、血みどろのラストでは「これがお前さんと俺の佐渡おけさだったわけか」と。飢えと愛、つまり清吉お雪と長次郎お栄の関係。佐渡おけさがそれを集約して哀しみに結晶する。

絶頂期　一九六八年〜一九七〇年

「博奕打ち　総長賭博」1968年公開©東映

映画タイトルの下の、数字は公開年月日、東京は東京撮影所、京都は京都撮影所、監は監督、原は原作、脚は脚本、撮は撮影を示します。

博奕打ち　総長賭博

1968・1・14　京都　監・山下耕作　脚・笠原和夫　撮・山岸長樹

『博奕打ち　総長賭博』はシリーズ第四作で、博徒の世界を描くが、そのあり方が徹底している。なにしろ外部の一般人は登場しないのだから。

昭和十年の東京。天竜一家の総長が病に倒れ、跡目相続争いが起こる。一家の最高組織として総長の兄弟分による兄弟会があり、彼らも、そして総長の子分たちも、それぞれ自分の組を持っている。跡目争いにより、この緻密な構成が激動するのである。そこに別の人間関係が絡む。主人公の中井信次郎＝鶴田浩二と松田＝若山富三郎は兄弟分で、信次郎の妹弘江＝藤純子は松田の妻。また、信次郎や松田の弟分石戸＝名和宏は総長の女婿で、その縁ゆえに、組織を牛耳ろうとする者の陰謀に嵌められ跡目を継ぐ。

組織の複雑な人間関係なら一般企業にもありそうだが、その網の目に義兄弟や兄妹など肉親の関係が絡むわけで、ややこしい。渡世上の意地と情愛が縺れ合って、悲劇へと突き進んでゆく。博徒世界の閉鎖性をこれほど徹底的に描いた作品は東映任俠映画でも珍しい。

信次郎と松田が対面するシーンが、何度かある。まず、信次郎が出所した松田を迎えて弘江の小料理屋で話すシーン。跡目は兄貴分の信次郎が継ぐと思っていた松田が、弟分の石戸になったと聞くや、激怒する。信次郎はそれを宥《なだ》めすかす。つぎに、信次郎が松田の潜む宿で談判するシーン。石戸への殺意に燃える松田に、信次郎は、怒りを収めないのなら兄弟分の縁を切ると、兄弟分の盃を卓上に置く。その決意の固さに、松田は折れる。どちらでも鶴田・若山が息詰まる演技を見せ、任俠映画群中、屈指の名場面になっている。

ともに密室である点に注目しよう。石戸を跡目に決める謀議は閉ざされた部屋でなされた。事態は密室から始まり組織と人間関係を揺さぶるのだが、外から遮断された博徒の世界はそれ自体が巨大な密室といえる。信次郎と松田が対峙する部屋はその象徴なのである。二人は三度目の対決をする。そこは信次郎の亡妻の墓前で、弘江もいるし、密室とは異なるが、雨と傘により視界が狭く限られている。そんな場所で、信次郎はついに兄弟分の盃を割る。

その三度目の対決以前、松田の子分音吉＝三上真一郎が石戸を襲ったとき、悲劇の幕が上がる。信次郎は逃げてきた音吉を妻つや子＝桜町弘子に託し、石戸の事務所に駆けつける。そして松田一家への殴り込み支度の石戸の前に立ち塞がり、行くなら俺を斬ってから行けと言う。その間、松田が信次郎の家に乗り込み、音吉を連れてゆこうとする。つや子がそれを制止し、わたしを斬ってから行ってくださいと言う。その瞬間、音吉が叫ぶ。親分、俺を斬ってくれ、と。誰もが自分を斬ってくれと言うのである。そのあげく、つや子が自殺を遂げ、石戸が殺され、信次郎が音吉と松田を殺し元凶の叔父貴を葬って、映画は終る。

死の析出——これこそがこの映画の裸形にほかならない。

博徒の世界とは掟に縛られた密室であり、その掟に死が孕まれている。信次郎は兄弟分を殺したあと、妹から人殺しと罵られるが、彼は任俠道を貫くことによってケチな人殺しになるのである。任俠映画では、主人公が任俠道を死守して殺人に至る。だが、自ら任俠道を否定し、ケチな人殺しだと言う主人公は珍しい。

『博奕打ち　総長賭博』は任俠映画の極点に達している。

博徒解散式

1968・2・9　東京　監・深作欣二　脚・神波史男、長田紀生　撮・星島一郎

『博徒解散式』は一九六八年の映画で、警察により解散へと追い詰められるやくざ一家の内紛を描くが、昔その組の三羽烏だった男三人が出てくる。演じるのは鶴田浩二、渡辺文雄、丹波哲郎。この顔ぶれは前年の『解散式』と共通しており、監督も同じ深作欣二。

物語は主人公黒木が八年ぶりに出所し、組や街の変貌に驚くところから始まる。黒木＝鶴田

浩二は時代の動きに馴染めず、やくざとして筋を通す。これに対し、元兄弟分の唐沢＝渡辺文雄は時代に合わせ実業家として立ち回る。両人の違いが葛藤を生む。これも『解散式』に共通する。そして元兄弟分の河西＝丹波哲郎は麻薬中毒になり、時代から脱落している。

舞台は六六年の神浜市。架空の港湾都市で、組の若衆頭である黒木は唐沢と荷役業をめぐり衝突する。六四年の東海道新幹線開通と東京オリンピック開催が象徴するように、高度経済成長の真っ只中で、港湾荷役は重要だった。時代のそんな激動に合わせ、変われない者と変わる者。両人が起こす切実な、のっぴきならない闘い。この主題は深作監督の六〇年代の諸作品に熱い形で通底する。

黒木が組から任された運送会社の現場監督小池＝室田日出男が、大貨物船の甲板で弁当を食べている最中、クレーンの運ぶ荷物に迫られ、転落死する。それを発火点に、過重労働に不満を持っていた沖仲仕たちが、黒木の会社を相手に暴動を起こす。沖仲仕の言い分は筋が通っているように見えるが、唐沢一味が背後で彼らを動かしている。やくざの抗争に労働者が巻き込まれるのである。だから、真っ当なやくざとして筋を通す黒木は苦しむ。

小池の弁当は直前に女房が届けてくれた。彼女は小池が喧嘩で誤って転落死させた沖仲仕の元妻で、そんな経緯もあるから、小池の死体の傍に転がっている食べかけの弁当が哀しい。小池が弁当を食べつつ思う女房の元夫の転落死シーンは黄緑色の画面になっており、妙な色合いが哀しみをよりそそる。黒木が八年前の殴り込みを回想するシーンなども、同じ黄緑色で描かれる。色といえば、暴動シーンで、沖仲仕たちは黄色いヘルメットとゲバ棒で武装し、防戦する黒木の配下たちは赤いヘルメットを被っている。この映画を封切当時に見た誰もが、赤や白や黒のヘルメットとゲバ棒による六七年の学生闘争を思い出したにちがいない。

警察の締めつけと唐沢の妨害で荷役業が破綻寸前になるなか、黒木が俺みてえなムショ呆けと何度も言うのが印象深い。時代の流れからズレていることを自認しているのである。時代に逆らうつもりはないとも言うが、それでも意地で闘う。主人公のこの屈折が胸を打つ。唐沢は悪あがきだと言い、黒木も否定しないのだが。

そしてラスト。麻薬で唐沢に飼われた河西が、黒木の前に姿を見せ、八年ぶりの再会を喜ぶ元兄弟分にドスを向ける。明らかに河西は死にに来た。だから、縺れ合ったあげく、自らのドスで死ぬ。黒木はそのドスを手に唐沢のオフィスに乗り込む。そして、河西のドスだと告げて投げ、拾えと言う。二度、三度と。その間、唐沢は断言口調で応じる。そんなものに用はねえ、俺は堅気だぜ、とっくに足を洗った、と。黒木は、何で洗ったんだ、言ってやろう、お前は仲間の血で洗ったんだ、と言い放つ。ついに唐沢は河西の血にまみれたドスを手にして闘う。死闘が始まるや、手持ちキャメラによるらしく、画面は斜めに傾く。その不定形さが、殺し殺される者の姿の哀しさを際立たせる。

日本侠客伝　絶縁状

1968・2・22　京都　監・マキノ雅弘　脚・棚田吾郎　撮・わし尾元也

『日本侠客伝　絶縁状』はシリーズ第八作で、主演の高倉健が背広にネクタイを絞めた姿で登場する。このシリーズは明治、大正、昭和初期を舞台にしてきたが、今回は現代劇なのである。封切は一九六八年二月。高速道路の風景からして、当時の東京が舞台だと思われる。

高倉健が演じる役は浜田組の組長で、刑務所の面会室のシーンに登場する。そのとき、五年の刑で服役中の上部組織天盟会会長が、浜田に言う。まちがっても暴力団になるな、と。この会長の言葉から、また賭場のシーンもあることから、天盟会は博徒の組織とわかる。だが、会長が逮捕され、警察の取り締まりが続くなか、天盟会は揺らぎ、それぞれの方途で生き延びる傘下の組には、あくどい稼ぎをする組もある。まさに暴力団のように。

浜田は会長の戒めを肝に銘じて厳守する。ほかの組との関係に亀裂が生じることになり、浜田の悪戦苦闘が始まる。そこに現代劇であることの意味が浮かび上がる。

やくざと暴力団。この違いは多くの任侠映画に底流するが、今回はそこに焦点が合わされている。一般大衆には両者の違いが判然とせず、それが登場人物にも影響する。藤山寛美の演じる浜田組の組員は、おでん屋の娘と相思相愛だが、相手がやくざと知っている彼女の心情は屈折を免れない。別の組員の妹は縁談が壊れる。

浜田組の組員は、博奕以外の稼ぎに手を出さず、金銭的に追い詰められる。浜田はその苦境を知りながら態度を変えない。彼は何度も言い放つ。俺は真っ当なやくざでいたい、と。あるいは、俺は博奕一本で生きてるんだ、と。そんな浜田が縄張りの夜の盛り場をひとり歩くシーン。チンピラらしき男たちは、彼の姿を見るなり、こそこそと避ける。喧嘩の現場に出くわし、殴られていた男を助けると、その学生は彼の姿にハッとなって逃げ出し、野次馬たちもそそくさと踵を返す。盛り場の賑わいのなか、浜田の周りには誰もいない。彼は呆然として立ち竦む。じつに印象深いシーンで、高倉健がこんな主人公を演じるのは初めてであろう。浜田はそのあと組を解散し、土建業を興す。だが、天盟会を制覇して儲けたい連中の妨害が始まる。

監督はマキノ雅弘。持ち前のユーモア感覚で、随所で笑いを弾けさせる。俳優名で記せば、藤山寛美が仲間の小島慶四郎や待田京介と話すシーンでは、話題がどうあれ、会話はすぐ漫才になる。それだけに、殺しのシーンの酷《むご》たらしさが際立つ。浜田組解散後、たとえば藤山寛美は自分の寿司屋の格子戸を出たとたん、また菅原謙二は妹の夫である高倉健の家に入ったとたん、敵の者に刺される。刺すという行為自体は珍しくないが、いきなりの唐突さが残虐さの度合をより深める。両シーンとも、単にアクションの激烈さを示すのではない。笑いとの対照のなか、悪玉の暴虐ぶりを強烈に描き出すのである。生き延びるためには手段を選ばない悪玉の組長を、渡辺文雄が好演する。

真っ当なやくざである主人公はもう立ち上がるしかない。殴り込みは、アメ車を運転し、トレンチコートを羽織ってと、珍しい形でなされるが、半裸になるや、不動明王の刺青が見え、任俠映画の定石にぴたりと嵌まる。トレンチコート姿から連想される『網走番外地』シリーズと同様、これは現代が舞台の任俠映画なのである。

だが『日本俠客伝』シリーズとしては、ある転換点なのかもしれない。つぎの第九作『日本俠客伝　花と龍』には初めて原作がある。

博奕打ち　殴り込み

1968・3・30　京都　監・小沢茂弘　脚・笠原和夫
撮・赤塚滋

『博奕打ち　殴り込み』は鶴田浩二主演の『博奕打ち』シリーズの第五作で、一九六八年三月に封切られた。第四作『博奕打ち　総長賭博』の公開が同年一月だから、このシリーズの人気のほどがわかる。第五作の目玉は加東大介の出演であろう。一九一一年生まれで、このとき五十代後半。歌舞伎出身で、前進座に移り、三三年から映画にも出た。戦後、東宝を中心に各社で活躍するが、任侠映画はこれが唯一で、鶴田浩二を相手に重厚な演技を見せる。

演じる役は、鶴田浩二が小嵐幸次郎、加東大介は三浦吉五郎。ともに一匹狼で、映画は彼らが一宿一飯の恩義から東京・築地のある組に殴り込む場面から始まる。

五年後の昭和五年、出所した幸次郎は吉五郎の行方を捜す。川崎の賭場で再会するが、吉五郎は名前を変えている。同じ木戸組の客分になった幸次郎は、賭場でインチキ呼ばわりされた吉五郎を庇《かば》って、悪玉と差しの勝負をする。その場面の緊迫感が凄い。ドキドキしながら目を瞠り、これが博奕打ちの世界なのだと思う。

幸次郎は五年前の殴り込みで勇名を轟かせたが、吉五郎は落ちぶれている。この両人の対比が印象深い。吉五郎は屈託を抱え、だから変名にしているが、幸次郎はそれにこだわらず、同じ流れ者で年上の吉五郎をひたすら敬愛する。

心情が行き違うわけで、そこには五年前の殴り込みが関わっている。あの乱闘で吉五郎は幸次郎を銃撃から護ったとき、左目を傷つけられた。その目の視力がどんどん弱まったため、賭場で花札を捌く手元が狂い、インチキ呼ばわりされたのである。彼の気性からして、それを幸次郎に告げない。川崎の賭場のシーンには、別のことも関与している。幸次郎は出所後、吉五郎を捜す途中、女郎お珠と惚れ合ったが、やがて彼女が吉五郎の捜していた娘だと知るのである。だからこそ、幸次郎は賭場で吉五郎を庇い、悪玉との差しの勝負に自分の命を賭けた。松尾嘉代がお珠を情感豊かに演じる。その賭場のシーンは、単に博奕の息詰まる模様をリアルに描くだけではない。いくつもの劇的要素がそこに重なり合い、激烈な葛藤を演じている。凄まじい緊迫感が放たれるのは当然であろう。

木戸組の縄張りを石田組が奪おうと暴れ回る。幸次郎と吉五郎は木戸組に草鞋を脱いだため、その争いに巻き込まれる。この基本設定からはお定まりの任俠映画のように見えるが、事態はかなり屈折している。やくざの木戸組とは違い、石田組は土建業なのである。京浜地区の制覇を企む悪党ではあれ、堅気にはちがいない。だから、博徒の連合組織を牛耳るには木戸組が邪魔な大親分は、悪玉の石田に味方して、彼は渡世人ではないと言う。この理屈には裏があり、大親分は木戸組を潰すため、内々で石田に盃を与える。そして、幸次郎と議論になったとき、石田は渡世人だと言い放つ。そのあげく幸次郎を野良犬呼ばわりする。河津清三郎が大親分の役で、卑劣な理屈を操る政治的人物を好演する。

脚本は笠原和夫。第四作『総長賭博』でも、やくざの大組織における政治的論理と任俠精神との相剋を、情念劇として描いた。

幸次郎は、悪玉一味に撃たれて瀕死の吉五郎とお珠に親子の対面をさせたあと、冒頭とは異なり独りで敵陣に殴り込む。野良犬ではなく、亡き吉五郎の匕首を手に一匹狼として。

獄中の顔役

1968・4・19 東京 監・降旗康男 脚・笠原和夫、高田宏治、鳥居元宏 撮・星島一郎

『獄中の顔役』は戦後まもなくの地方都市の競輪場の警備権をめぐる争いを描くが、題名が告げるとおり、刑務所内のシーンが全体の半分以上を占める。高倉健主演の刑務所もの映画となれば、誰しも『網走番外地』を連想するだろう。実際、雑居房のシーンなどは、オカマがいたり凄みを放つ老囚人がいたり、あの人気シリーズを彷彿とさせる。島田正吾の演じる老囚人は、『網走番外地』の名物、嵐寛寿郎による鬼寅そっくりではないか。

あらためて記せば、『網走番外地』シリーズは一九六五年〜六七年に十本つくられた。『獄中の顔役』は六八年四月封切だから、それを引き継いでいるといえよう。そのあと、この年十二月に『新網走番外地』シリーズが始まる。『獄中の顔役』では高倉健と池部良の共演が印象深い。両人が名コンビを組む『昭和残俠伝』シリーズは六五年にスタートし七二年まで続く。『獄中の顔役』はその真っ最中の作品なのである。池部良の役は、渡世の掟ゆえ幼馴染みの主

人公に敵対するやくざで、『昭和残侠伝』を思わせる。

雨の夜、高倉健の主人公が乱闘の末、相手の男を刺殺するシーンから始まる。暗いので細部は見えないが、逆にそれが死闘の不気味さを放つ。自首した彼は七年後、出所するが、かつて世話になった親分の組のため、悪玉の組に殴り込み、また下獄する。

その刑務所内の映画上映会のシーンでも、暗さが活用される。上映が中断され、会場が闇同然になるや、囚人たちがたちまち乱闘をくりひろげるのである。阿鼻叫喚が渦巻き、誰が誰やら判然としない。その熱い混沌が、刑務所内に充満する殺伐さの表現になっている。あるいは、悪玉の客分となった池部良の流れ者が善玉親分を襲うシーン。夜、住宅街の一角だが、脇に入ったところだから暗い。彼は暗殺をやりとげるものの、直後に悪玉一味に刺殺される。暗さが、不本意な殺しを遂行する彼の心情と、そんな彼との約束を踏みにじり殺す悪党の残忍さを、重ねて表現する。

随所に競輪シーンが出てくる。色とりどりの服装の選手が疾走するシーンは、明るさに満ちている。それがあって上記の暗さが鮮やかに際立つ。さらにいえば、途中、刑務所のくだりで、自殺志願の囚人が心を改め、野外でギターを爪弾くシーンが素晴らしい。迫る宵闇のなか、囚人たちが焚き火を囲み歌うとき、抒情が流れ、明暗の対照が浮かび上がる。

男臭い映画だが、悲しい恋の顚末がそれを貫流する。高倉健と藤純子によるもので、数多くの映画で共演してきただけに巧い。藤純子が最初に姿を見せるシーンは、冒頭まもなく、出所した高倉健が善玉親分らと会話をしている最中で、親分の娘に扮した彼女は出てくるや、ひたと彼を見つめる。その表情だけで、ふたりの関係が十二分に分かる。そのあと回想シーンになり、梅林で仲睦まじく話すときには、セーラー服の彼女が可愛い。と思ううち、自首する彼を彼女が見送る。

そんなふうに、藤純子が高倉健を見る姿、見送る姿が、何度もあって情感を生む。あるいは彼女が夜の道で彼の姿を捜し、見つからず、しょんぼりし、振り返りつつ帰宅するのを、彼が植木の陰から見るという名シーンもある。終盤、彼が斬り込みに向かうときも、むなしく彼女は見送り、その瞬間、高倉健の歌う主題歌が流れる。そしてラスト、乱闘の末に悪玉を葬った彼がパトカーで去るのを、彼女は見送る。そこに「終」の字が出るから、藤純子の涙顔が観客の胸に強く残る。

藤純子主演『緋牡丹博徒』は同じ年の九月に封切られ、高倉健がゲスト出演する。

俠客列伝

1968・8・1　京都　監・マキノ雅弘　脚・棚田吾郎　撮・鈴木重平

『俠客列伝』は一九六八年八月封切のオールスターキャストによる作品で、当時、東映の任俠映画は全盛の勢いを誇っていた。

高倉健と鶴田浩二には、任俠映画の主演シリーズがすでに何本もあった。若山富三郎も同年三月の『極道』で主演に躍り出た。藤純子の主演シリーズ『緋牡丹博徒』は同年九月に始まる。『俠客列伝』はその面々が勢揃いした作品で、東映任俠映画の勢いを如実に示す。当然、オールスターキャストにふさわしい内容が選ばれた。「忠臣蔵」である。

賭博禁止令が出た明治四十年。関東関西の博徒一家が大同団結しての愛国団体設立式で、世話役の親分が悪玉から難癖をつけられ我慢のあげく殴りかかる。どう見ても「忠臣蔵」の刃傷であろう。その親分は殺され、一家は一年間の謹慎となり、子分は忍耐を強いられる。かくして「忠臣蔵」ばりの「我慢劇」が描かれてゆく。若山富三郎の役は、「忠臣蔵」でいうなら不破数右衛門で、この浪人は赤穂藩を勘当になったが、討ち入りに馳せ参じる。高倉健が謹慎となった組の幹部、つまり大石内蔵助の役割を演じるのに対し、鶴田浩二は「忠臣蔵」に無関係な形で登場する。出番は少ないが、印象深い。

夜の神社で流れ者の鶴田浩二と芸者の藤純子が再会するシーン。彼が「五年になるぜ」と言い、頷いた彼女が「泣いてる?」と訊く。すると彼は答える。「俺は今でも泣き虫だ」。ふたりは言葉を重ね、抱き合うのだが、鶴田浩二のアップになり、「もう何も言うな、でなきゃ泣きそうなんだよ、俺は」。惚れ合った男女のやりとりとしては、奇妙な台詞だが、深い情感が画面にあふれて流れる。鶴田浩二は、そんなメロドラマ部分を受け持ち、「忠臣蔵」の「我慢劇」に登場するのである。

高倉健と許婚《いいなずけ》の宮園純子が夜、並んで道を歩き、行き交う人や夜店の連中から冷やかされるくだりも素晴らしい。親分の刃傷沙汰以前のシーンで、主人公をめぐるメロドラマ部分を情緒たっぷりに描き出す。刃傷事件直後の二人のシーンも印象深い。そこは夜の砂浜で、主人公は親分を殺されながら殴り込みも禁じられ、憤懣やるかたない。許婚がその彼を必死に宥めすかす。このとき、二台のキャメラで両人を斜め前方から挟んで撮影し編集する手法、ツーキャメ方式が採用されている。すると、画面ではどうなるか。高倉健はほとんど動かず、宮園純子がその背後や横を動き回り話すのだが、角度の異なる二つの映像が混じるゆえ、高倉健が微妙に動いて見える。主人公の心情が表現されるのである。

主人公の我慢をいいことに、悪玉一味は愛国団体を隠れ蓑に縄張りを奪取するため彼の命を狙う。客人の鶴田浩二が殺しの役を命じられる。鶴田浩二と高倉健の対決シーン。刃を交える二人は、たがいに言伝《ことづて》の相手を尋ねる。それぞれの台詞がいい。鶴田浩二「浅は男冥利なやつよとお伝えくださいやし」。高倉健「弱いやくざで死んだとお伝え願います」。

高倉健の台詞は、先述した砂浜のシーンにおける宮園純子の言葉「お願い。弱い俠客でいてほしい」を受けている。夜の神社で鶴田浩二と藤純子が交わす不思議なやりとりも含め、マキノ雅弘監督一流の台詞術なのである。ツーキャメ方式も含め、独特の映画づくりで、香り高い抒情性を滲み出す。その香りはこの作品が海から始まり海に終わる点にもある。

兄弟仁義　逆縁の盃

1968・8・24　京都　監・鈴木則文　脚・笠原和夫、梅林貴久生　撮・吉田貞次

『兄弟仁義　逆縁の盃』は北島三郎主演のシリーズ第七作で、一九六八年八月に封切られた。第一作から第六作まで鶴田浩二と村田英雄が共演したが、今回は出ていない。代わりの共演者は、第三作に続く若山富三郎と初めての菅原文太。七本目ゆえ空気を一新させたのだろう。

興味深いことに、北島三郎も若山富三郎も、母親を恋い慕う役を演じる。前者は、幼時に別

れた母を捜して旅をする一匹狼のやくざ小島松男。後者は、故郷の母を思う前科者のやくざ相川寅次郎。長谷川伸の戯曲『瞼の母』は何度も映画化されてきたが、それを二重にした点がユニークといえる。さらに、脇筋に登場する桜町弘子も、幼い男の子との余儀ない別れを演じる。任俠映画では母恋いの話は珍しくないが、この場合には、母と息子の物語が三組も描かれるわけで、哀切さは深まる。

映画は主人公の松男が凄絶に斬り合う姿から始まる。設定は昭和初期の東京。彼は川べりで傷の手当てをするうち、花火に興じる母子を目にして、母親を思う。殴り込みから線香花火へ。この移りが母恋いの情を効果的に盛り上げる。松男は母を捜して三重県四日市の漁港磯津へ流れ着く。化学工場による廃液で海が汚染され、漁民は被害に苦しんでいる。悪徳やくざがそこに付け込み、漁民の土地を奪おうと狙う。善玉やくざに味方する松男も、悪玉親分の兄弟分の寅次郎も、その葛藤の渦に巻き込まれる。

石油化学コンビナートがある四日市では、六〇年代初めから煤煙による喘息、廃液による海の汚染が大々的に社会問題になり、六三年には磯津漁民一揆も起こった。水俣病の公害病認定は六八年九月。そんな時代背景が、やくざが争う物語に取り込まれているのである。

そうしたなか、名場面がいくつもある。俳優名で記せば、若山富三郎が善玉親分の大木実を斬ったのは俺だよと北島三郎に告白し、見つめ合うシーン。少しあと、若山富三郎に会っていないと嘘をつく北島三郎と、その言葉を信じると言う大木実の組の代貸菅原文太が見つめ合うシーン。どちらも男同士の名場面になっている。そして終盤、この三人の関係が、兄弟分のあまりの非道に兄弟盃を割る若山富三郎を軸に題名「逆縁の盃」へと向かう。

三益愛子が松男の捜す母親を演じる。昔「母もの」と呼ばれる映画群があった。母と子の数奇な運命を催涙的に描き、一九五〇年代にブーム状態を呈した。それらで母親を演じたのが三益愛子で、十二年間に三十本以上だからスゴイ。松男は捜し求めていた母親お時とついに対面する。彼女が料理屋の女主人という設定も、相手を我が子と知りながら拒むという筋運びも、『瞼の母』と同じで、催涙効果を発揮する。最初、松男が名乗る前に、冷やでいいからと酒を所望し、お時が応じる。そのとき、彼女はコップに注いだ酒を運ぶかと思いきや、気持を鎮めるために自分で飲む。三益愛子の名演もあり、名場面になっている。

母恋いやくざ、公害、その被害をめぐる争い、その渦中の男同士の心、そして「母もの」。なんとも贅沢な任俠映画だといえよう。

菅原文太は六七年の『網走番外地　吹雪の斗争』から東映映画に出てきた。主に若山富三郎主演作品の助演だから、本格的な善い役はこれが最初ではないか。六九年二月公開の『現代やくざ　与太者の掟』で主演スターにのし上がり、たちまちシリーズ化される。そして七〇年『新兄弟仁義』、七一年『関東兄弟仁義　任俠』で、北島三郎の主演作品にゲスト出演する。

いかさま博奕

1968・9・3　京都　監・小沢茂弘　脚・村尾昭、高田宏治　撮・山岸長樹

『いかさま博奕』は鶴田浩二主演『博奕打ち』シリーズの第六作で、封切は一九六八年九月。六七年の三本、六八年の二本に続く作品であり、その本数から当時の東映任俠映画の隆盛ぶりがよくわかる。題名どおり、イカサマ勝負が物語のベースになる。対決する俳優は鶴田浩二と若山富三郎。任俠映画では通常、イカサマをするのは悪玉だが、ここでは善悪双方がイカサマの技を競うから面白い。

昭和初期の北陸の賭場。一匹狼の明石常次郎が、壺振りの男のイカサマを見破って勝ち、帰路、その男に襲われるが、難なくあしらう。と、賭場を仕切る組の連中が駆けつけ男を刺す。常次郎が冷酷さを詰《なじ》ると、殺されて当然だとの声が聞こえる。常次郎＝鶴田浩二と、非情な言葉を放った関根竜吉＝若山富三郎が睨み合う。映画は常次郎が賭場にくるシーンから始まり、竜吉も姿を見せるが、何者なのか判然としない。それでも、素通しの大きな丸眼鏡をかけた若山富三郎の無表情は怖い。その不気味な迫力が、睨み合いの瞬間、殺気として放たれるのであ

る。そして常次郎と竜吉は名乗り合う。

壺振りの男は博奕の借金を返そうと、娘を女郎に売ったカネで勝負に挑み、イカサマを見破られ殺された。常次郎はそれを知るや再び賭場に行き、娘の身請け金をイカサマ博奕で得ようとする。娘の父親の振る舞いをなぞるのである。が、常次郎のイカサマは相手の竜吉に通じず負ける。その夜、常次郎は賭場で知り合った長八という男に言う。竜吉がイカサマを使ったかどうか判らなかった、と。イカサマの手口に加え、それが見破られるかどうかのサスペンスが、この映画の魅力であろう。

舞台は大阪に移る。常次郎はイカサマ札を丹念に作り、大貫一家の賭場に乗り込む。胴師はその組に草鞋を脱いだ竜吉。常次郎は最初に勝ったあと、負けが続くが、以後は勝ち進む。物凄い緊迫感のなか、鶴田浩二と若山富三郎の押し殺した表情の微妙な変化が目に染みる。

ヒロインは中村玉緒。料亭を営む梅村りんの役で、親分大貫は色っぽい彼女と料亭を狙う。だが、大貫一家と争った常次郎を助けたのを機に彼女は彼に惚れる。そのことを知った大貫は嫉妬に狂う。しかも常次郎が救出した、殺された男の娘は大貫の女郎屋にいる。イカサマ勝負の豊かなサスペンスに、二人の女をめぐる男たちの闘いが重ね合わされるのである。

勝手に常次郎の舎弟になる長八を演じるのは遠藤辰雄。随所で笑いをそそるが、終盤、りんが窮地に立つや、長八が代わりに勝負を受ける。そして、イカサマ技を使い、見破った竜吉に手首を切り落とされたあと、殺される。そのときの竜吉の非情さが凄まじい。

常次郎はその直前、あの娘の解放を大貫に土下座までして懇願した。と、大貫は子分に、常次郎の両手の筋を切れと命じる。博奕打ちには致命傷だから、常次郎は抗う。と、傍にいた竜吉が常次郎の左目を斬る。だから、りんが窮地のとき、常次郎は病院にいた。そもそも大阪へ来て大貫の賭場で勝負をしたとき、常次郎は竜吉に、眼鏡を外してくれと頼み、イカサマ技で竜吉に圧勝した。眼鏡を外す、手の筋を切る、目を斬る、手首を切断する。すべてはイカサマ技と関連している。

常次郎は病院を抜け出し、最後の勝負に出る。左目は包帯のまま、竜吉と対決し、ランプを利用した相手のイカサマを見破り勝つ。その瞬間、竜吉がかすかに微笑むのが、凶悪な表情の連続だっただけに印象深い。闘いは、イカサマ博奕から一転、斬り合いへ突入する。

緋牡丹博徒

1968・9・14　京都　監・山下耕作　脚・鈴木則文　撮・古谷伸

藤純子主演の『緋牡丹博徒』は一九六八年九月、東映系の映画館に登場した。それは当時、画期的なことだった。東映は一九五一年の発足後、時代劇の王国として繁栄した。現代劇もつくられたが、主流は時代劇だった。どちらでも、少数の例外を除くと、主演は男性スターで、女優は相手役にすぎなかった。このあり方は、六〇年代に主流となった任俠映画の初期でも変わらず、藤純子は最初の数年間、鶴田浩二や高倉健の相手役を務めた。

『緋牡丹博徒』はそうした流れを一変させた。いわゆる女性映画でもメロドラマでもなく、主流の任俠映画で、若い女優が主役の座に躍り出たのである。まさに画期的な出来事ではないか。藤純子は東映映画が築き上げてきた男性王国に殴り込みをかけたわけで、悪辣な男どもをやっつける姿が喝采を浴びた。おりしも現実の世界には若者の造反の嵐が吹き荒れていた。このとき藤純子二十三歳。

明治初期の熊本・人吉。うら若い乙女矢野竜子が、博徒の父親の仇を討つため、女であることを自ら封じて博徒になる。固い意志の象徴が、右肩に彫った緋牡丹の刺青にほかならない。緋牡丹のお竜として仇を捜す旅のなか、横笛仕込みの小太刀で闘う。ときには簪も武器にし、ピストルも使う。本人にしてみれば、それが女であることを捨てた姿なのだろう。

だが、お竜は、旅で出会う何人もの男から、しょせん女なのだと言われる。お竜はそのたびに唇を嚙むのだが、そのときの藤純子の顔に注目しよう。怒りと口惜しさにまみれた表情が、じつに可愛い。ことに相手が岩国で知り合った一匹狼＝高倉健の場面で、それが際立つ。あるいは最初に小太刀で闘うシーン。夕焼けのもと、着物の裾を翻して跳び、相手に斬りつけるスローモーションは、みごとに美しい。それは女性ならではの美で、男には不可能だろう。そして刺青。たしかに女を封じた象徴にはちがいないが、お竜が片肌を脱ぐとき、緋牡丹の刺青は艶やかな色っぽさを放つ。

お竜は大阪で女親分＝清川虹子の世話になり、道後の親分＝若山富三郎と義兄弟の盃を交わすなか、父の仇と巡り合い闘う。その間、本人が女であることを否定すればするほど、女っぽく輝くのである。その逆説こそ、『緋牡丹博徒』のユニークな魅力であろう。

山下耕作監督は抒情的な画面づくりを得意とし、牡丹の花にそれが凝縮される。

牡丹の花は過剰なほど随所に出てくる。色が白から赤や黒に変わるうえに、意外な場所に緋牡丹が咲いている。千変万化する花がお竜の運命を彩るわけだが、父親や子分の死、恋しい男の死が牡丹とともにあるのが印象深い。明らかにそれは、博徒の世界に特有の掟と密接な関係があるにちがいない。掟には死の要素が付いて回るからである。映画は、お竜が渡世の旅の続行を告げる口上で終わる。冒頭の挨拶シーンと対になっているわけだが、今度は掟と死の関係を踏まえての出立なのである。

この映画では、回想シーンで描かれる娘時代の姿がじつに若やいで可憐に美しい。そんな乙女が自ら女であることを封じ、渡世の荒波を経たのち、新たな決意でふたたび旅へ向かう。その間、藤純子は二度、涙を見せる。どちらも高倉健とのシーンで、封じたはずの女心が湧き出すのである。ならば、これは、先述したことと違い、素晴らしい女性映画でありメロドラマではないか。『緋牡丹博徒』は感動的な逆説の映画なのである。

ごろつき

1968・10・12　東京　監・マキノ雅弘　脚・石松愛弘　撮・飯村雅彦

東映マークのあと、キックボクシングの試合中継のテレビ画面にクレジットが被さる。テレビを見て騒ぐ炭鉱夫のなかに主演の高倉健と菅原文太がいる。キックボクシングはタイのムエタイなどから一九六六年に考案された日本の格闘技で、テレビを中心に人気を呼んだ。『ごろつき』の封切は六八年十月。沢村忠などの人気選手が特別出演している。

高倉健の役は大場勇、菅原文太の役は山川一郎。ともに貧しい炭鉱夫で、テレビで見たキックボクシングの選手になろうと、九州から東京へ向かう。ジムを探して歩き回った勇と一郎は、カネがなくて空腹に襲われ、夜の繁華街の路地でしゃがみ込む。と、勇の鼻歌を聴いた初老の男が、おでんを食べさせてくれる。翌日、二人はキックボクシングのジムを訪ねる。

菅原文太が高倉健と共演するのは前年の『網走番外地　吹雪の斗争』に次いで二度目。勇を「あんちゃん」と呼ぶ姿が初々しい。ジムの会長役は大木実。その妹役が吉村実子で、六一年に今村昌平監督『豚と軍艦』でデビューして注目され、東映作品は『ごろつき』一本きりになった。このとき二十五歳。

貧しさが強調されるのが印象深い。そもそも二人がキックボクシングの選手をめざすのは、いい稼ぎになると思ったからである。勇はジムで雑用係に雇われるとき、給料の額をしつこく訊く。その姿も、金持ちの犬の散歩係になった一郎のギャラがいいので二人して喜ぶ姿も、切実さを可笑しさに包んで表現する。やがて二人は流しの歌手にもなるが、まずカネが儲かるかどうかを真面目な表情で訊く。勇には故郷に病身の母と幼い妹弟がいて、彼は喧嘩に強かったから、貧しい家族のためにキックボクシングに目をつけた。回想シーンがそんな思いを別の形で描き出す。スッポンの生き血が病人に効くと聞き、少年時代の彼はわざとスッポンに指を食いつかせた。

貧しさは当然ながら食べ物と直結する。おでんのシーンがそれを生々しく告げ、そのときの恩人との再会を縁に二人は流しの歌手になる。また、新聞配達の少年の死が物語の展開に大きな役割を果たすが、残された少年の貧しい母親が悲嘆に暮れる姿が強調される。監督はマキノ雅弘。この名匠による高倉健主演の任俠映画の多くは、貧しさと母恋いを描く。

高倉健の歌う主題歌「望郷子守唄」が母恋いの情を訴え、全篇の基調を形づくる。この歌は七二年に高倉健主演の同名映画になる。『ごろつき』で特筆すべきは高倉健が劇中、何度も歌う点であろう。おでんの場面で口ずさみ、ジムのリングで「炭坑節」を途中まで歌い、さらに流しのシーンではヒットソング「網走番外地」「唐獅子牡丹」を朗々と歌う。任俠映画としては異色の作品なのである。

封切時の宣伝資料を見ると、細部が随所で違う。スッポンも、おでんも、勇が恩人と一郎を殺した悪玉に殴り込むべく焼け跡から持ち出す日本刀も、資料には出てこない。マキノ監督が撮影時に付け加えたのである。この映画でセカンド助監督を務めた澤井信一郎によれば、ファースト助監督の伊藤俊也と共にマキノ監督の脚本改変を手伝ったという（東映監督シリーズDVD-BOX『マキノ雅弘・高倉健BOX』付録小冊子における山根貞男との解説対談）。

キックボクシングが話の中心だから、高倉健の主人公が練習に励む姿は出てくるが、彼が圧勝する肝心の試合シーンは一度しかない。しかも澤井信一郎の話では、マキノ監督は撮影に来ず、伊藤俊也が撮った。それでも全体としては、ちゃんとマキノ節が流れるのだから、映画とは不思議な生き物である。

人生劇場　飛車角と吉良常

1968・10・25　東京　監・内田吐夢　原・尾崎士郎「人生劇場　残俠篇」より　脚・棚田吾郎　撮・仲沢半次郎

『人生劇場　飛車角と吉良常』は東映の人気スターが共演する任俠映画で、一九六八年十月に封切られた。監督は巨匠内田吐夢。尾崎士郎の小説『人生劇場』を最初に映画化したのが、内田吐夢にほかならない。三六年のことで、『人生劇場　青春篇』という題名の示すように、青成瓢吉を主人公とする青春映画で、吉良常は登場するものの、飛車角は出てこない。

内田監督は三十二年の歳月を経て同じ原作を、純然たる任俠映画として撮ったのである。興味深いことに、鶴田浩二と高倉健が六三年の沢島忠監督『人生劇場　飛車角』と同じ飛車角と宮川を演じる。その映画から東映の任俠路線は始まるが、それに関与しなかった俊藤浩滋プロデューサーは、本格的な任俠映画ではないと考えていた。そこで、巨匠を口説き落とし、鶴田浩二と高倉健を同じ役に据えて、再映画化に挑んだのである。

六八年といえば、東映任俠映画が隆盛を極めた年で、鶴田浩二と高倉健はその二大スターだった。そして二人と三角関係に陥るヒロインおとよの役は藤純子。同年九月に『緋牡丹博徒』シリーズが始まり、人気絶頂にあった。

巻頭から主要人物がつぎつぎ登場するが、順序が面白い。吉良常の辰巳柳太郎、飄吉の松方弘樹、小金親分の若山富三郎、小金の子分宮川の高倉健の順となっている。そのあと、飛車角の鶴田浩二、おとよの藤純子が出てくるが、ともに後ろ姿で、少しして顔は見えてもアップにならない。肝心の男女を控え目に描くことによって、観客の思いを煽る演出法である。戦前から数々の名作傑作を撮ってきた巨匠だけに、手練手管に長けている。

大正末期から昭和初期にかけて、駆け落ちした一匹狼の飛車角と酌婦おとよの運命の転変を中心に、それに絡む人間群像とやくざ同士の争いを綴るなか、名シーンも多い。以下、いくつかを俳優名で記してみよう。

まず、鶴田浩二と小金一家の大木実が雨の橋の上で話すなか、遠くから川堤を走ってくる人力車が見え、拉致された藤純子が乗っているシーン。距離の伸縮が胸を揺さぶってくる。あるいは数年後、雨上がりの川堤で、高倉健と大木実と小金一家の山城新伍が小声で話すシーン。しゃがんだ男三人の深刻な表情が、そして、いまは獄中の飛車角の名前を最初は誰も口にしないことが、とても印象深い。さらには娼婦の藤純子が訪ねてきた辰巳柳太郎と話すシーン。客の宮川と惚れ合っている彼女は彼が飛車角の知り合いと聞いて驚き困惑し、男ができたのかと問われ、ええと答え、窓際に立つ。このとき藤純子は後ろ姿で、相手が去ったあと、泣く。顔を見せないことが効果を高めるのである。

最初に飛車角が小金一家に加勢する乱闘は、夜、雨の田圃でくりひろげられる。そのあと自首して入獄し、彼はおとよと別れる。橋上のシーンも含め、雨が画面を抒情で濡らす。

飛車角、おとよ、宮川の三角関係は、それぞれを苦悩の淵に落とし、終盤の殴り込みへと至る。まず宮川が敵陣へ斬り込み、惨殺される。直後に飛車角がやってくる。カラーの画面が白黒になり、夜の地面に筵《むしろ》に包まれた宮川らしい死体があるが、顔は見えない。飛車角の凄絶な闘いが白黒画面のなか、手持ちキャメラで描かれ、敵を葬った彼が筵に向かって宮川の名を叫ぶ。おとよが駆けつける。画面はカラーに戻り、宮川の無残な死に顔をうつしだす。

巨匠の手練手管は、やはり尋常のものではなく、ただ感嘆させられる。それを念押しするかのように、続くラストカットでは青と赤の靄が画面に立ちこめる。

緋牡丹博徒　一宿一飯

1968・11・22　京都　監・鈴木則文　脚・野上龍雄、鈴木則文　撮・古谷伸

『緋牡丹博徒　一宿一飯』はシリーズ第二作で、明治の中頃、緋牡丹のお竜が渡世修行の旅の途中、争いに巻き込まれる姿を描く。善玉悪玉の設定も、お竜がラストで闘いに立ち上がるの

も、一匹狼の助勢も、すべて型どおりに進む。東映任俠映画が練り上げてきたお馴染みのパターンだが、この映画は新鮮味を加えた。お竜の旅先を上州・富岡に設定したことである。

富岡は製糸業の盛んな町で、お竜が草鞋を脱ぐ一家は生糸の運搬業に携わる。それの利権を悪玉は狙うのだが、彼ら一味は製糸工場の女工を酷使している。悪玉はあの手この手で策謀をこらしたあげく、善玉の親分を殺すばかりか、親分の娘も襲う。凌辱シーンに注目しよう。彼女は工場の一角に積まれた純白の生糸の山で純潔を奪われる。

その直後、お竜＝藤純子が肩の刺青を見せ、凌辱された娘＝城野ゆきに女やくざの悲哀を説く、シリーズ屈指の名シーンが登場する。彼女は熊本弁で言う。「肌に墨は打てても、心にゃあ誰も墨を打つこつはでけんとです」。われわれ観客はそのとき、お竜そのひとと、目の前で泣く娘と、虐げられる女工たちとを、三重写しに見てしまう。

もう一点、興味深いアイデアが見られる。お竜と同じ女やくざ、弁天のおれんの登場である。演じるのは数々の日活アクション映画のバンプ（妖婦）役で知られる白木マリ。みごとな弁天の刺青を背中に彫っている。お竜と最初に対決する賭場のシーンでは、諸肌ぬぎになり、その妖艶さが胴師を務めるお竜の静謐さと好対照をなす。再度の対決シーンでも、着物がお竜は藍色、おれんが深紅と、強く対比される。しかもおれんは亭主持ちで、西村晃扮する夫との哀切な夫婦愛をくりひろげる。それを蹂躙するのが、純潔な娘を凌辱した悪玉の親分にほかならない。白木マリはいわば城野ゆきと同じ残酷な目に遭うのである。

ラスト近く、お竜はおれん夫婦を悪玉一味から匿い、鶴田浩二の演じる一匹狼風間周太郎の協力で夫婦を逃がしてやる。明らかにこの場合も、われわれ観客には、お竜が単なる渡世人という以上に、虐げられた女性の味方であるように見える。

中盤で、お竜が悪玉一味に襲われ危機に瀕したとき、風間周太郎が救い、ふたりは心を通わせる。やはりお馴染みのパターンではあるが、二人の場面で鶴田浩二を見る藤純子の表情が印象深い。たとえば雨の夜、お竜が石畳の小径で襲われるシーン。乱闘のあと、お竜の前に敵の代貸が立ちはだかるが、風間が現われ一味を追い払う。そして傘をお竜に渡して去る。そのとき、鶴田浩二の後ろ姿を見つめる藤純子のアップの表情が、情感に満ちて美しい。あるいはおれん夫婦を逃がした直後、お竜が風間から、あんたはドスよりお針のほうが似合うと言われたとき。そして、殴り込みの直前、お竜が風間から簪を髪に刺してもらったとき。いずれの場合も、鶴田浩二を見る藤純子の顔に情感が美しくゆらめく。そのとき、お竜がひとりの若い女として心を揺さぶられていることは間違いなかろう。

それでもお竜は、渡世人として敵陣に殴り込む。ただし、お竜も闘うものの、悪玉を倒すのは風間で、悪玉はあの生糸の山を血で染めて死に、風間も撃たれる。お竜は絶命した風間を掻き抱いて涙を流す。その姿には、虐げられた女性の味方として闘うと同時に、その自分が男に護られる身であったと知る者の哀しみが滲む。

新網走番外地

1968・12・28　東京　監・マキノ雅弘　原案・伊藤一　脚・村尾昭　撮・坪井誠

高倉健主演『新網走番外地』の公開は一九六八年十二月。『網走番外地』シリーズが六七年十二月の第十作で終った丸一年後になる。内容は一変して、高倉健の役名も橘真一から末広勝治になっている。東映はドル箱を終らせたくなくて、俊藤浩滋プロデューサーに「新」を託した。「任俠映画のドン」と呼ばれる俊藤プロデューサーだが、前シリーズは手がけていず、躊躇した。それでも引き受け、巨匠マキノ雅弘を監督に「新」シリーズを発進させた。

冒頭、高速道路や新幹線の走る現代の風景から一転、敗戦直後の闇市の賑わいをうつしだす。そこは東京の新橋。日本はアメリカの占領下で、米兵が我が物顔に振る舞っている。復員兵の末広勝治が乱暴な米兵と喧嘩し、占領軍の網走収容所に送り込まれる。刑務所と米軍収容所の違いはあれ、前シリーズを引き継ぎ、豪雪の網走を舞台に、雪原での労役、米兵囚人との喧嘩など、勝治の活躍をまず見せる。そして四か月後、彼は新橋に戻る。

冒頭の焼け跡でも網走の収容所でも、勝治の母への想いが描かれる点に注目しよう。マキノ監督の何本もの任俠映画で、高倉健は母恋いの情を演じている。その情ゆえに勝治は新橋に戻るのである。彼は新橋で母と妹の消息を尋ね歩き、その間、闇市をめぐる新興暴力団と華僑の争いに巻き込まれる。そして、弱い露天商に味方をして縦横無尽に闘う。

彼がすぐ腕力に訴え暴れるのが印象深い。縦横無尽に闘うとはいえ、最初から強くはない。キャバレーで特攻崩れの郡司勇に喧嘩を挑むや、たちまち殴り飛ばされる。しかも二度。網走でも、米兵と喧嘩になり、殴り飛ばされて、凍てついた地面を倒れたまま滑った。やはり二度。高倉健はこういう場面が巧い。豪快さが裏返り、コミカルな感じになる。街で映画のポスターを見て、そのギャングと同じツイードの上着を仕立て、得意げに闊歩する姿が、微笑ましい。キャバレーでいきなり阿波踊りを踊り出すシーンも、二枚目半ぶりを示す。

そんな高倉健を豪華キャストが取り巻く。相棒役の長門裕之はマキノ一家で、山本麟一と共に絶妙な雰囲気を醸し出す。松尾嘉代の演じる芸者をめぐって三角関係になる郡司勇役の三橋達也は、各社で主演を務めてきた俳優だから、貫禄はむろんアクションも素晴らしい。志村喬が一場面だけ顔を見せるのは、マキノ監督との長い縁ゆえであろう。

主な舞台となる闇市の広大なセットが、エキストラを動員した物凄い人波とともに目を奪う。猥雑な露天商の生活の場が猥雑な活気で沸き立ち、勝治はそれを護って闘うのである。猥雑さは庶民の生命力を体現するが、勝治の喧嘩っ早さも生のエネルギーの突出といえる。あるとき、それが形を変える。捜す母親が亡くなっていたと知り、その墓に詣《もうで》るシーンでの、しんみりした姿の純情なこと。妹や昔の恋人に巡り合うシーンにも、それは通じる。

猥雑と純情——これらをマキノ監督は表裏一体として描く。

ラストで勝治は、深夜ゆえ猥雑さをひそめた闇市のマーケットを通り抜けて、敵陣へ殴り込む。その道行きのために、大セットと昼間の人波が用意されたのかと感じ入る。

十二月二十八日封切の正月番組で、併映は鶴田浩二、藤純子、若山富三郎が共演する『博徒列伝』。高倉健も出ている。任俠映画の全盛期ならではの贅沢な二本立てである。

博徒列伝

1968・12・28　京都　監・小沢茂弘　脚・笠原和夫
撮・鈴木重平

『博徒列伝』は一九六八年十二月封切の正月映画で、惹句に「空前の大殺陣くりひろげる日本刀オールスターの圧巻！」とある。鶴田浩二、高倉健ら東映スターが勢揃いした作品で、併映は『新網走番外地』。高倉健の姿を二本見られるわけで、正月番組らしい。

六八年は東映任俠映画の絶頂期で、本数が多いなか、『博奕打ち　総長賭博』『人生劇場　飛車角と吉良常』などの名作が続出した。その間、人気シリーズを持つ鶴田浩二、高倉健に加え、新たに主演級スターが生まれた。三月『極道』の若山富三郎。九月『緋牡丹博徒』の藤純子。この映画には彼らのほか、六六年から始まった『兄弟仁義』の北島三郎も出ている。菅原文太も出演しているが、まだ脇役で、大木実演じる親分を支える代貸にすぎない。だが、直後の六九年二月『現代やくざ　与太者の掟』で主演の座に躍り出る。「日本刀オールスター」とは妙な言い方だが、当時の東映任俠映画の勢いを体現してはいる。

主演級スターが玉突き状につぎつぎ登場し、昭和初期の東京・芝浦埠頭を舞台に、大組織大木戸一家がもつ埠頭の利権をめぐる争いをくりひろげる。以下、俳優名で記そう。玉突きを始動させるのは暴れ者の天津敏と名和宏で、悪玉親分の河津清三郎がそれを利用し、大木戸傘下の組長の鶴田浩二と大木戸一家二代目の大木実の護る縄張りを狙う。

若山富三郎は悪玉側の殺し屋として登場するや、初対面の鶴田浩二と、無言のまま睨み合う。両人の険悪さが炸裂しそうになった瞬間、芸者の藤純子が姿を見せる。悪玉の子分が埠頭の人夫を痛めつけていると、北島三郎が登場して子分をやっつける。彼はやくざだが、稼いで女房を女郎屋から救い出そうと人夫になった。鶴田浩二が、彼にカネを作ってやろうと賭場へ行き、藤純子、若山富三郎と顔を合わせる。その帰り道、鶴田浩二に藤純子が言い寄るうち、高倉健が組長の一家との揉め事が起こる。子分を悪玉に殺された鶴田浩二が、二代目の大木実に河津清三郎と手を切るよう懇願し、破門になる。

つぎつぎ事件が起こり、人気スターが順繰りに登場するから、目が釘付けになってしまう。エンターテインメントの見本というべきか。脚本はベテラン笠原和夫。

諸人物の関係には共通点が見られる。大木実と鶴田浩二は兄弟分だったが、服役中の鶴田浩二が二代目の座を大木実に譲り、親分子分の関係に移行し、その結果、破門という事態に突入する。悪玉の河津清三郎は高倉健と兄弟分で、大木実と兄弟盃を交わすが、直後に決裂し、大木実は殺される。若山富三郎は鶴田浩二と敵対するが、終盤の瀕死状態のさなか、兄弟分になる。兄弟分の関係が網の目のように連なっている。北島三郎はそこに含まれないが、鶴田浩二を親分と呼ぶ。天津敏と名和宏は実の兄弟。脚本が綿密なのである。

そんななか、名場面がいくつもある。鶴田浩二と藤純子が出会うシーン。喧嘩芸者として有名な彼女が、彼のことを男やもめの喧嘩屋と言うや、彼が彼女に、喧嘩芸者と呼ばれて好い気になっていると行かず後家になると言い返す。彼女はここで彼に惚れる。あるいはさきほどの賭場のシーン。対決する鶴田浩二と若山富三郎、見守る藤純子、三人の顔のアップが緊迫感を醸す。若山富三郎が勝ち進むが、ちらりと彼女を見るや、勝ちを譲る。この心意気が任侠映画の醍醐味といえよう。藤純子の姿が緋牡丹のお竜そっくりなのもファンには嬉しい。

むろん心意気に無縁の悪玉は非道を重ね、鶴田浩二らが敵陣に殴り込む。ひと頃の東映オールスター時代劇のような喧嘩装束で。

緋牡丹博徒　花札勝負

1969・2・1　京都　監・加藤泰　原案・石本久吉
脚・鈴木則文、鳥居元宏　撮・古谷伸

『緋牡丹博徒　花札勝負』はシリーズ第三作で、明治の中頃、緋牡丹のお竜が渡世修行の旅をつづける途中、名古屋で若い男女の恋を実らせてやる姿を描く。慕い合う二人は、敵対するやくざ二組の親分の息子と娘だから、「明治のロミオとジュリエット」といえよう。

物語の主軸は二組の争いにあり、熱田神宮大祭の勧進賭博を代々仕切ってきた一家の利権を奪おうと、新興博徒が策謀をめぐらす。お竜＝藤純子はその古い一家に草鞋を脱ぎ、悪玉一家の客分となった流れ者花岡彰吾＝高倉健と敵対する。そこへ、お竜の名を騙る女博徒お時と、彼女の亭主であるバケ安の運命が絡む。お時の幼い娘も重要な役割を果たす。お時はその盲目の娘の目の手術費を得るため、お竜の名を使ったから、お竜とお時の関係は屈折せざるをえない。何人もの主要人物が絡み合う群像劇だが、緻密な構成と的確な画面づくりにより明快に描かれてゆく。勧進賭博をめぐる闘いという線路の上を、群像劇が快適に走るのである。

この映画は汽車で始まり汽車で終る。冒頭、お竜が疾走してくる蒸気機関車から幼い盲目の少女を間一髪で救う。それがニセお竜母娘との出会いになる。花岡彰吾とは小雨の降るガード下の道で出会い、彼が去ったあと、頭上に流れる蒸気と音が汽車の通過を告げる。そしてラスト、同じガード下の道に、汽車の蒸気と音が走る。

ガード下の道は、もう一度、途中に出てくる。今度は雨ではなく小雪が舞うなか、お竜と花岡が会話を交わし、出会いのとき、お竜が彼に傘を貸したのとは逆に、花岡が彼女に傘を貸す。そして、やはり走る蒸気と音が汽車の通過を告げる。どの場合も、汽車そのものは見えないが、ガード上の音と蒸気が汽車を存在させる。監督加藤泰の素晴らしい演出術である。傘の使い方にも同じものが感じられる。やりとりされる傘は、単なる小道具以上に、男女の心を表現するのである。ことに出会いのシーンで、お竜が傘を差し出し花岡が受け取る瞬間、傘の柄を握る両人の手が極端なアップになるとき、二人の無言の想いが画面に流れる。

加藤泰はつねに、自分が撮るのはすべて男と女の映画だと語っていた。事実『緋牡丹博徒花札勝負』はそういう映画であろう。ここでは、若いカップル、因縁の関係にありつつ心を通わすお竜と花岡、そしてお時＝沢淑子とバケ安＝汐路章の悲劇の夫婦と、三組の男女の愛と別れが描かれてゆく。しかもそこに、母ということが底流する。お時が盲目の娘の母親としての心情を示すのに加え、花岡がお竜に、初めて会ったときの傘の手の温もりに母を思い出したと言い、あの大写しの意味が際立つのである。

加藤泰の作品では、細かなカット展開とキャメラの長回しの組み合わせが強烈なリズムを刻む。お竜が若い男女を乗せた馬車を疾駆させ、花岡が騎馬で追うシーンでは、それが西部劇のような迫力を生む。この映画はダイナミックな愛の活劇なのである。

ところで、ラストの殴り込みのあと、花岡がこの始末は自分が背負うと告げて去ったあと、お竜が呆然と立ち竦んでいる姿が印象深い。それは少し前、手術で開眼した少女から、ずっと一緒にいてくれるかと問われ、お竜が絶句したときの表情に通じる。加藤泰はそんな藤純子の像により何を表現しているのか、とわれわれ観客の胸はざわめく。

現代やくざ　与太者の掟

1969・2・1　東京　監・降旗康男　脚・村尾昭
撮・星島一郎

菅原文太は一九六七年の『網走番外地　吹雪の斗争』のちょい役で東映作品に初めて出た。以後も脇役を続け、主役に抜擢されたのが『現代やくざ　与太者の掟』である。このとき三十五歳。六九年二月封切時の宣伝資料には「ホープ菅原文太第一回主演作品登場」と大書されている。「ホープ」とは古い言葉だが、初々しい輝きを放つ。

のちの菅原文太を知る者の目からすれば、さすがに演技はぎこちない。それでも、冒頭、刑務所から出て、ラフな格好でのし歩く野良犬のような姿には、独自の個性が感じられる。話の舞台は撮影当時の新宿西口で、再開発が進んだその後とは違い、粗野な趣があり、それと野良犬姿が似合う。主人公勝又五郎＝菅原文太は、その新宿で持ち前の俠気から組織暴力団とぶつかる。そして、山城新伍や小林稔侍、石橋蓮司の演じるチンピラに懇願され、愚連隊の頭となって、暴力団との闘いへ突き進む。そこから勝又の姿が一変する。背広上下にネクタイ、トレンチコートと、みごとに垢抜けしている。菅原文太がファッションモデル出身だったことを想起せずにいられない。東映スタッフは「ホープ」に花を持たせたのであろう。

冒頭、出所した勝又は、電車でスリに遭い新宿駅で困っているところを、見ず知らずの男に救われる。演じるのは待田京介。服装も言葉遣いも格好良く、のちの勝又の姿を先取りしているかに見える。その男は、しかし、勝又が敵対する暴力団の幹部福地だった。物語は勝又ら愚連隊が非道な暴力団に立ち向かう形で進むが、その渦中に、兄弟分になった勝又と福地の葛藤が織り込まれてゆく。勝又と福地が夕陽を背に話し合うシーンがある。福地は自分の属する組の悪行を承知しつつ、親分と自分の亡父が兄弟分だったことを語り、勝又に言う。組の敵に回らないでくれ、と。情感あふれるシーンだが、その美しさはすぐに踏み躙《にじ》られ、福地は兄弟分と親分の板挟みになり壮絶に死ぬ。

勝又がパチンコ屋で知り合う老刺青師も素晴らしい。演じるのは名優志村喬。貫禄を軽みで発揮しつつ、作品に重厚さを与える。そして藤純子。勝又が慕いつづける元恋人の役で、出番は少ないが鮮烈な印象をもたらす。友情出演とクレジットにあるから、まさしく「ホープ」を飾る花といえる。この映画の併映は『緋牡丹博徒　花札勝負』。なんと贅沢なことか。

主演級スターのゲスト出演が任俠映画の定番で、今回は若山富三郎がそれを務める。レストランのシーンに突然登場し、流しのギターに乗って、一曲、渋い声で歌い、すぐさま去る姿は格好良い。歌うのは五九年のフランク永井のヒット曲「夜霧に消えたチャコ」。彼の演じる五代は悪玉親分の兄弟分で、福地を息子同然に可愛がるとともに、勝又の俠気を買っている。それだけに福地の惨死に愕然とし、悪事の成功を喜ぶ悪玉の前で兄弟分の盃を踏み割り、凄絶な勢いで闘い抜いて殺される。

勝又は立ち上がる。道行きはトレンチコート姿で、そこに五代の歌声が静かに流れる。ふと見ると、道の向こう側の花屋に、忘れもしない元恋人が幼い娘と一緒にいる。彼は視線を外し、歌声をバックに夕焼けのなかを行く。

歌、花、夕焼け。主人公の愛惜する人物三人が、それらに託されてくっきり浮き立つのである。そのあと、殴り込みのシーンになるが、死闘は人気のない路上から夜の繁華街へ移り、通行人の見守るなかで終わる。まるで虚構と現実が交錯するような感じで。

昭和残俠伝　唐獅子仁義

1969・3・6　東京　監・マキノ雅弘　脚・山本英明、松本功　撮・坪井誠

『昭和残俠伝　唐獅子仁義』はシリーズ第五作で、一九六九年三月に封切られ、当時の宣伝資料では二年ぶりの新作という点が強調されている。前四作の封切は順に、六五年十月、六六年一月、六六年七月、六七年七月。たしかに第五作は久々の登場である。その間、むろん高倉健の主演作が途絶えたわけではない。『日本俠客伝』『網走番外地』の二大シリーズがあり、単発もの、オールスター作品、ゲスト出演と、大活躍をくりひろげていた。

第五作はそんな勢いのなかに登場したのである。舞台は昭和初期の石切り場で、北大谷駅という駅が出てくるから、明らかに大谷石の名産地、栃木県の宇都宮であろう。であれば、第二作『唐獅子牡丹』と同じ場所である。当時の資料や東映DVDのパッケージでは、木曽国有林をめぐる話になっている。撮影段階でロケ地が変更されたのだろう。

映画は花田秀次郎＝高倉健と風間重吉＝池部良が東京・浅草の路地で斬り合うシーンから始まり、血に濡れた白刃の輝きが印象深い。両人の対決はこのシリーズの定番だが、いきなり闘うのは珍しい。秀次郎は蔵前一家の子分で、重吉は敵対する雷門一家の客分。

そのとき重吉は左腕を斬られて失くす。というのは、重要人物の設定としてやはり珍しいが、それが以後の話の運びに巧みに関連してゆく。というのは、秀次郎は決闘のあと服役し、五年後、石切り場の町に流れてきて、刺客を追い払って、左手に傷を負い、ヒロインおるい＝藤純子に出会って手当をしてもらう。そのあと秀次郎は礼を言うため料亭で芸者のおるいに会い、重吉が彼女の夫と気づくが、自分の名前は告げずに手当の礼と重吉への謝罪を兼ねて財布を渡す。左の腕ないし手の傷が男女三人を繫ぐのである。ただし、おるいは相手が夫の腕を斬った男と知らない。この認識のズレが、つぎの場面で財布とともに効果を発揮する。

おるいが自室に戻ると、重吉がごろ寝をしており、カネが欲しいとこぼす。財布をめぐる会話が始まるが、彼女は秀次郎のことを気にしているから、二人のやりとりは、微妙に屈折した形のラブシーンのように感じられる。その印象は、少しあとの秀次郎と重吉の再会のシーンへ連なってゆき、やはり財布についての会話のあと、重吉が「のろけてすまなかったな」と言って去る。この映画はまるで風間重吉のラブストーリーではないか。池部良の放つ色気がそう感じさせる。

石切り場の利権争いが描かれるが、それをいわば「地」に、花田秀次郎、風間重吉、おるいの関係が「図」として浮かび上がる。これがこの映画の魅力だろう。利権争いの果てに、秀次郎と重吉がふたたび白刃を交える。場所はやはり路地で、駆けつけたおるいが割って入り、悪玉一味の銃弾に仆れる。いわば「図」が破壊されるわけで、秀次郎も重吉も悪辣な敵への怒りを爆発させる。最初、秀次郎はひとりで殴り込みに向かう。そこの画面に注目しよう。高倉健が右から左へ歩いてゆくのだが、サイズを大小変えた姿が連続的に描かれるなか、明らかに同一のカットが何度も出てくる。ただし、素早いので反復は目立たず、それどころか画面に流麗な流れを現出させる。マキノ雅弘監督作品のファンなら、ああ、あれか、と思い当たるだろう。この手法は戦前から使われ、独特の魅惑をもたらす。

そのあと、秀次郎と重吉の道行きになり、途中、高倉健が諸肌を脱ぐや、その背を彩る刺青にぴったり合わせ、流れていた主題歌も「唐獅子牡丹」という歌詞の部分になる。隅々まで入念な傑作である。

緋牡丹博徒　二代目襲名

1969・4・10　京都　監・小沢茂弘　原・火野葦平
脚・鈴木則文　撮・吉田貞次

『緋牡丹博徒　二代目襲名』は人気シリーズの第四作で、前三作とは何か様子が違い、ファンを戸惑わせる。まず、ヒロイン緋牡丹のお竜＝藤純子の守護神ともいえる熊虎親分が登場しない。当時、演じる若山富三郎が主役級になり、多忙を極めたからであろう。また、お馴染みの賭場のシーンがないため、お竜がやくざとして花札を捌《さば》き壺を振る鉄火の姿が見られない。さらに、今回は原作がある。シリーズ全八作中、れっきとした小説を原作としたものは、この第四作以外ない。小説は火野葦平の『女俠一代』。興味深いことに、一九五八年に同じ題名で映画化されたことがあり、主演はこの『二代目襲名』に出ている清川虹子で、鉄火肌の女親分を演じる。その勇ましい姿がお竜へと脚色されているのである。ただし小説はあくまで原案として使われ、クレジットには「『女俠一代』より」とある。

明治中期の九州・筑豊地帯を舞台に、鉄道敷設をめぐる二つの勢力の対立が描かれる。鉄道工事に従事する者と、鉄道の完成で失職する川人足。双方とも石炭の輸送に携わる労働者で、その一点では善玉悪玉の区別はできない。

お竜はそんな対立の真っ只中に飛び込む。弱者に味方するのが任俠映画の主人公で、普通なら職を奪われる川人足のほうに肩入れするが、お竜は鉄道敷設に全力を注ぐ。その捻れがユニークな面白さをくりひろげる。お竜は鉄道工事を指揮すると同時に、川人足を敵対から融和へと動かしてゆく。捻れをみごとに乗り越えるわけで、その節目ごとに何人もの男と心を通わせる。重傷で床に臥し死の間際に鉄道工事をお竜に託す老親分＝嵐寛寿郎、お竜に惚れて押しかけ子分になる流れ者＝長門裕之、鉄道工事に反対しつつお竜の真情に感じ入る川人足の元締＝石山健二郎、そして任俠心からお竜に味方する一匹狼＝高倉健。彼らとの交流のなか、お竜は何度も涙を流す。これほど彼女が泣くのもこのシリーズでは珍しい。

高倉健が中盤、いきなり後ろ姿で登場するのが印象深い。ゲストスターを目立たせる巧みな演出といえよう。彼の演じる矢代はやくざで、刑期を終えて故郷の筑豊へ帰ってきた。おそらく貧しさゆえに村を出てやくざになったにちがいない。ならば、鉄道工事の人夫とも川人足とも通じる点がある。そんな矢代とお竜のあいだに男と女の心情は流れない。代わりに矢代の妹の恋が描かれ、お竜が彼女に言う。女の幸せは好きな人と添い遂げることだ、と。誰もが驚くのは、それに続くシーンであろう。お竜と娘のしんみりした会話のあと、なんと、飯場で眠るお竜を二人の工事人夫が犯そうと襲いかかる。むろんお竜は二人を投げ飛ばすが、こんな場面はこのシリーズの後にも先にもない。

鉄道の開通式が派手に催されたあと、大阪堂万一家親分＝清川虹子を取り持ち役に、お竜の矢野組二代目襲名式がしめやかに行なわれる。もう映画も終り近くなので、要するに今回は、二代目襲名より鉄道工事の話が重点だということに思い当たる。乱暴にいえば、主人公は女やくざでなくてもいい。だから、普通なら最後はお竜が殴り込むはずなのに、今回は悪玉に果し状を突きつけて決闘に至る。

中盤に川人足の元締がお竜に年齢を訊き、彼女が二十三歳と答えるシーンがある。これも珍しい。このとき藤純子は実年齢二十三歳。若さにあらためて感嘆せずにいられない。

戦後最大の賭場

1969・4・19　京都　監・山下耕作　脚・村尾昭　撮・山岸長樹

『戦後最大の賭場』では、任侠映画の両雄、鶴田浩二と高倉健がそれぞれ博徒の一家を構える義兄弟を演じる。頻繁には見られない共演だけに、冒頭まもなくの和気藹々のシーンが印象深い。五木政治＝鶴田浩二の大阪の家に、本庄周三＝高倉健が神戸から訪ねてくる。本庄は先代の葬儀の礼に来たのだが、そこへ五木の妻＝小山明子も加わり、話題が本庄の結婚話になる。

直前の葬儀シーンの緊迫感と対照的に、和やかな会話が微笑ましい。鶴田浩二と異なり、高倉健が関西弁を話すのは珍しい。

だが、両人はまだ知らないが、競馬場で神戸方と大阪方の確執に火がついていた。問題は全国博徒の大同団結を図る大日本同志会の結成を前にした関西地区の理事の座をめぐるもので、争いが本格化するなか、板挟みになった五木は指をつめる。複雑な人間関係がそこに絡んでいる。俳優名で記そう。鶴田浩二は高倉健と義兄弟、同志会を牛耳る金子信雄は鶴田浩二の義父、神戸流山一家二代目の高倉健を退け理事を目指す安部徹は鶴田浩二の親分、安部徹の右腕である名和宏は鶴田浩二の兄弟分、高倉健の子分の山本麟一は鶴田浩二の異母弟。主人公の五木は人物関係図の中心にあり、板挟みになるのである。

鶴田浩二は親分の命令で、高倉健に理事を辞退してほしいと頼む。場所は神戸流山一家先代の墓の前。高倉健は断わり、きっぱり言う。わいはお前を見損のうた、と。そして、鶴田浩二が悄然と去ったあと、墓前の包みに盃があるのを見て思いに沈む。それが義兄弟の盃であることはいうまでもない。以後、盃が何度も出てくる。高倉健が山本麟一に親分子分の盃を返そうとする。事態を知った山本麟一は安部徹を襲って子分に斬られ、鶴田浩二のドスで自分の胸を刺して死ぬ。そのあと、高倉健は鶴田浩二と夜の公園で会い、理事に立候補することを告げ、兄弟分の盃を地面に叩きつけて割る。

本庄は投票で、理事に選ばれる。須磨の鉢伏山で再会した五木は彼のことを、以前とは異なり、周ちゃんと呼ぶ。だが、本庄は同志会の政治団体化に反対して理事の座を追われ、五木の義父である菊地理事長に見直しを懇願するや、惨殺される。神戸の屋敷に本庄の遺体が運び込まれる。大阪から駆けつけた五木は、報復に立ち上がりかける本庄の子分たちを制止し、遺体に、兄弟と呼びかける。その鶴田浩二の万感あふれる表情が胸に沁みる。

本庄の悲惨な死に衝撃を受けた五木は、五木組の看板を外し、裏に自分の俗名と享年を墨書する。明らかに墓碑で、死ぬ覚悟を示している。五木は子分一同に組の解散を告げ、親分子分の盃を夜の川に投じる。一同もやむなく倣う。五木は妻に離縁を告げるが、妻は拒み、看板の裏に記した自分の墓碑を示す。夫と実父の板挟みになった彼女の態度表明である。ほかに五木の異母弟の妻の、悲しみのなかでも毅然とした姿も鮮明に描かれる。

同志会の発会式に乗り込んだ五木は、満座の注視するなか、親分子分の盃を割り、親分を刺し殺す。次いで理事長も。渡世の親と人生上の義理の親を殺すのである。五木は廊下へよろめき出て、壁の鏡に映った自分の無残な姿に愕然となり、ドスを投げつける。割れた鏡の上部から血が滝のように流れ落ち、鏡を真っ赤に染める。

人間関係が縺れたあげく、惨劇に至る映画といえよう。封切は一九六九年四月。その構造は、脚本家は別だが、前年の同じ山下耕作監督による『博奕打ち　総長賭博』を連想させる。

日本侠客伝　花と龍

1969・5・31　東京　監・マキノ雅弘　原・火野葦平　脚・棚田吾郎　撮・飯村雅彦

『日本侠客伝　花と龍』はシリーズ第九作で、今回、初めて原作がある。火野葦平が両親をモデルに書いた小説『花と龍』は何度も映画化されてきたが、中身はこのシリーズにふさわしい。ちなみに火野葦平の本名は玉井勝則。

明治末期の北九州を舞台に、石炭沖仲仕の勢力争いが熱っぽく描かれ、そこに別の要素が絡む。玉井金五郎の立志伝、彼とマンの夫婦愛、そして女博徒お京を交えての三角関係。これだけ材料が揃えば面白くなって当然であろう。

金五郎は中国、マンはブラジルと、それぞれ別天地への想いを胸に秘めている。青春の夢と呼ぶべきそれを題名の「花」が示す。夫婦になる以前、沖仲仕のマンが負傷した同僚の金五郎を見舞いに行くシーン。彼女は路傍の菊に目を留め、彼の部屋の一角に活ける。彼女が去ったあと、彼は菊に気づく。金五郎役の高倉健のアップ、菊一輪のアップ、と画面が移るなか、明るかった外がいつの間にか暗くなっている。そして、夕焼けをバックに歩くマン役の星由里子が、シルエットで描かれる。時間経過の不思議さに、菊をめぐる男女の心の時間が表現されるのである。金五郎にとってはここで菊こそが「花」となる。

金五郎とマンの恋、金五郎とお京の賭場での出会いを描く前半があって、三年後、マンと結ばれ沖仲仕の頭になった彼はお京と再会する。そのシーンが印象深い。刺青師でもあるお京は挨拶もそこそこに片肌を脱いで肩の刺青を見せ、彼に昇り龍を彫りたいと言うのだが、彼女の肩を彩るのは緋牡丹ではないか。お京役は藤純子。この映画の封切は一九六九年五月で、藤純子主演『緋牡丹博徒』シリーズの第四作と第五作のあいだになる。まるで緋牡丹のお竜が越境してきたかのようにも思う。このとき金五郎は昇り龍にあしらう絵柄を、お京の言う玉ではなく、菊にしてくれと注文する。マンへの想いを込めて。

星由里子が美しく勝ち気のマンを、二谷英明が金五郎の親友でありながらマンへの思慕で心情を屈折させる新之助を、好演する。彼女は東宝の、彼は日活のスターで、ともに東映映画は初出演。当然、作品の空気が少し違い、そこが楽しめる。

マンが金五郎の部屋に菊を活けるシーンに戻るが、そのあと、彼が彼女に懐中ランプ（ライター）をやる。プレゼントの応酬といえよう。その直後、津川雅彦の演じる沖仲仕仲間が、マンに対する金五郎の想いを冷やかし、あ、赤くなったと喜ぶ。たしかに高倉健の顔は赤くなっており、無骨で不器用な男の純情を表現する。金五郎とマンが惚れ合っていることは仲間の連中には周知の事実だが、本人たちはそう思っていない。夜の港で金五郎が船を待ち、そこへ仲間に励まされてマンがやってくる。が、両人の会話はすんなり嚙み合わず、見ていて可笑しい。まさにそこが重要で、チグハグな問答が裏返しの愛の表現になっている。マキノ雅弘監督ならではの映画術といっていい。

かくして物語は三年後へ移り、すでに恋女房マンのいる金五郎の活躍が始まる。お京との再会、敵方についた新之助との対立、玉井組の結成、悪玉の非道。任俠映画らしい展開のなか、金五郎はついに立ち上がる。斬り込みの直前、彼はマンに言う。生きて帰ったら一緒にブラジルへ行こう、と。青春の夢は忘れていないのである。だから、死闘のあと、料亭の門の脇に飾られた豪華な菊にキャメラが近寄り、映画は終る。

マキノ監督はこのシリーズを第一作から撮ってきたが、次作以後の二本は監督が代わる。また、この第九作だけが京都撮影所ではなく東京撮影所で撮られた。

現代やくざ　与太者仁義

1969・5・31 東京　監・降旗康男　脚・村尾昭、長田紀生　撮・山沢義一

東京のスラム出身の勝又三兄弟が生まれ育った地で骨肉の争いに突入する。配役が長男浩一に池部良、次男五郎に菅原文太、末弟徹に田村正和。『現代やくざ　与太者仁義』の魅力はそんな珍しい三人の組み合わせによる。菅原文太主演のシリーズ第二作で、公開は一九六九年五月。第一作の封切が同年二月だから、出演者の顔ぶれに工夫が凝らされている。

五郎が四年ぶりに東京へ戻った直後、三人がスラムに集まる。といっても、徹と浩一は顔を合わせない。そこはスラムが最初に登場する場面で、その前に出てくる浩一の瀟洒なマンションとの対比のもと、貧窮のさまが印象深い。徹が恋人と一緒に潜んでいるスラムのボロ家を、五郎が訪れ、自分の仲間のところへ行けと言い、徹と恋人はボロ家を出る。入れ違いに浩一が来て、五郎と話す。徹と恋人がその隙に、浩一の乗ってきた車のタイヤの空気を抜く。騒ぎになり、五郎と浩一の手下が殴り合う。その間、スラムの子供たちが、素早く車のタイヤを外して持ち去ってしまう。子供の行為は、ボロ家やドブ泥の水溜り以上にも、スラムの実態を鮮烈に描き出している。

三兄弟の確執は、暴力団山崎組が入手した田坂産業の贈収賄証拠書類をめぐって起こる。五郎と仲間の黒田が山崎組の金庫から書類を盗む深夜のシーン。五郎が懐中電灯で照らし、黒田が金庫の錠に挑む。山崎組の下っ端である徹が、路上の車で待機している。浩一はマンションのベッドで妻に、五郎が戻ってきたことを話す。三つの場面が交互に描かれてサスペンスを生み、それが同時に三兄弟のあいだで高まる緊張感の表現にもなっている。

黒田は大人のおもちゃ屋を営んでおり、中丸忠雄が演じる。五七年のデビュー以来、東宝映画で活躍し、これが東映初出演。田村正和は六〇年のデビュー後、主に松竹映画に出て、やはり東映初出演。徹の恋人役の佐々木愛は、新劇の女優として知られる。東映時代劇に何度か出たが、東映任俠ものは六八年の『新網走番外地』に次いで二本目。浩一の妻を演じる水谷良重(のちの二代目水谷八重子)は新派など演劇の俳優で、各社の映画でも活躍し、東映では時代劇もあるが、任俠ものは今回が初めて。以後は活動の場を新派に限り、映画はこれが最後である。四俳優が、お馴染みの東映調に新鮮な風を吹き込んでいる。

多彩なキャストの顔ぶれを見ると、池部良が重しになっているのは明らかであろう。一匹狼の五郎や若い徹が突っ走るのに対し、浩一は山崎組幹部として苦渋に塗れる。そこには、五郎の元恋人を妻にしていることも加わる。五郎が盗み出した金庫の書類を徹と黒田に託したあと、山崎組に捕まり、リンチを受ける。浩一が血だらけの五郎に、徹と黒田の居所を吐けと迫って言う。このままだと犬死にだぞ、と。五郎が応じる。どうせ俺は野良犬だ、と。野良犬という言葉はスラムの場面に出てきた。浩一は五郎に投げつけた野良犬の一語を投げ返されるのである。苦渋は深まり、しかも忠誠を誓っていた組長に裏切られる。三兄弟は三者三様に退路を断たれ、敵との死闘へ転がり込む。

スラム出身の三兄弟の確執という設定は、六四年の深作欣二監督『狼と豚と人間』によく似ている。ただし、脚本家は違い、話の細部は異なる。六〇年代の映画量産時代には、過去の作品をヒントにしていようと偶然似ていようと、問題にならなかった。実際、任侠映画の多くは似ているではないか。ファンは文句を言うどころか、微妙な差異をこそ楽しんだのである。

日本女侠伝　侠客芸者

1969・7・31　京都　監・山下耕作　脚・野上龍雄　撮・鈴木重平

『日本女侠伝　侠客芸者』は藤純子の主演作で、一九六九年七月に封切られた。当時の宣伝資料には藤純子の「新シリーズ」とあるから、シリーズ化が決定していたのである。『緋牡丹博徒』シリーズのスタートは六八年九月。その第四作と第五作のあいだで「新シリーズ」が始まった。藤純子の人気の爆発ぶりがわかる。明らかにそれを踏まえて、『侠客芸者』の監督・共演は最初の『緋牡丹博徒』と同じ山下耕作・高倉健になっている。

藤純子が演じるのは鉄火肌の博多芸者で、艶やかに美しい。冒頭近く、彼女を中心に大勢の芸者衆が料亭で踊って登場する光景が、目を奪う。以下、随所で芸者衆は華麗に勢揃いする。

注目すべきは、勢いに乗った芸者衆が後半、ストを敢行することであろう。坑夫を虐待し悪辣な策謀を進める炭鉱主に、坑夫と同じ労働者たる芸者が一泡吹かせるのである。

舞台は明治末の石炭ブームに湧く九州・博多。炭鉱の制覇を企む悪玉とそれに抵抗する善玉との葛藤のなか、信次＝藤純子と小さな炭鉱主の島田清吉＝高倉健との恋が描かれる。

二人の出会いはすぐ口論になるが、原因は坑夫の貧しさと関係がある。そのあと、駆け落ちした坑夫と女郎を匿って再会する。つぎに会うのは、信次が坑夫の惨状を目撃した直後である。印象深いことに、いずれの場合も、炭鉱町の虐げられた者が関わっている。四度目は芸者衆がずらりと居並ぶ大宴会場。下戸の清吉が陸軍大臣の盃を辞退するや、信次が代わりに受けると言い、惚れてるのかと大臣に問われて、はい、惚れております、と清吉への愛を口にする。そして、悪玉によって大杯になみなみと注がれた酒を飲み干し、「田原坂《たばるざか》」を舞う。このあと、清吉に許婚がいることを知った信次は、彼のために悪玉と取り引きをして身を任せかける。と、清吉が現われ、信次の頬を引っ叩くや、俺が惚れた女だと悪玉に言って連れ去る。ふたつの場面が連動し、みごとなラブシーンを構成している。

ほとんどの人物が博多弁で話すが、信次も清吉も訛らない。身の上話を語り合うシーンに明らかなように、どちらも東京から博多へ流れてきた余所者なのである。それゆえか、両人にはどこか孤独の影が感じられる。俺の惚れた女だと言う場面のあと、二人は傘を手に雨の降る夜の川べりをゆっくりと歩きながら話す。相合傘ではなく、止まってはまた歩き出し、一度もアップにならず全身がうつしだされる。両人の心をしんみりと描く名場面といえよう。

悪玉の非道が極まり、清吉は闘いを決意する。彼は信次に、あのときは綺麗だったぜと言って背を向けたあと、独り呟く。どうせ死ぬなら桜の下よ、死なば屍《かばね》に花が散る……。これは信次の舞った熊本民謡「田原坂」の一節にほかならない。その場面で若山富三郎の演じる陸軍大臣が信次に、かつて東京で会ったときのことを思い出し、おいどんが頭を叩かれたのは親父と西郷どんと、おまはんだけだと言い、その言葉を踏まえ、信次は西郷隆盛軍と明治政府軍との激戦地を題材にした「田原坂」を舞った。それが清吉の闘いへと繋がるのである。

ラストの殴り込みは信次の踊りと交互に描かれる。演目は「鏡獅子」で、その様式的な荒々しさと、清吉の死闘が対照をなす。彼が彼女から託された拳銃は、追い詰められ自殺した老炭鉱主のもので、その炭鉱主の愛人だった芸者の恨みも籠もっている。だから清吉は、任俠映画では珍しいことに、すでに倒した悪玉に銃弾を撃ち込む。

新網走番外地　流人岬の血斗

1969・8・13　東京　監・降旗康男　原案・伊藤一
脚・村尾昭　撮・林七郎

網走刑務所における騒動→高倉健の主人公が出所→事件で活躍する→最後にまた網走へ。この物語展開は『網走番外地』シリーズの定型で、第十二作『新網走番外地　流人岬の血斗』もそれを踏まえている。中盤で描かれる事件が話の中心になるのだが、そこが面白い。

末広勝治＝高倉健は、網走刑務所から四国の造船所へ送られる。さきほど出所と記したが、この場合は違って、囚人のまま造船所で働くのである。その造船所では、囚人たちを受け入れ、一般の労働者とともに働かせ、更生と社会復帰に貢献しようとする。造船所が〝塀のない刑務所〟になるわけで、ヒューマンなあり方だが、中と外に問題が起きて、一大事件と化してゆく。まず、近隣の住人が囚人受け入れに抗議し、所内で盗難などのトラブルが発生する。さらに、別の造船業者が暴力団を使い、その会社を潰そうと企む。かくして勝治は仲間とともに、中のトラブルを収束させ、外から非道な策謀を凝らす暴力団と闘ってゆく。

造船所の偉容が凄い。本物のロケにより物語に生々しさをもたらす。高倉健たち俳優が、船体にペンキ塗りや溶接をするなど、労働作業に取り組むさまも、濃密な現実感を放つ。

闘いのなか、勝治が川地進＝大木実とドラマチックな関係を結ぶ。両人は最初、互いに虫が好かない奴だと思っていて、まもなくぶつかる。勝治が寮の浴場で演歌「兄弟仁義」をご機嫌でがなっていると、入ってきた川地が制止し、殴り合いになる。この展開がいい。彼らはその後、心を通わせ共闘するのだが、母への想いが友情を深める。川地には入院中の母親があり、その弱みを悪玉に利用される。母の死に目に会えなかった勝治は、そんな川地に共感を覚える。彼らが造船所の屋上で母への想いを語り合い、遥か遠くの海に夕陽が沈んでゆくシーンが、情感にあふれて素晴らしい。

男同士の友情と母恋いの情。その組み合わせが、殺伐な闘いのドラマに、しみじみとした趣を添えるのである。勝治と男の子の交情も、そこに加わる。子供の母親＝岩崎加根子との淡い恋も出てくるが、むしろ母恋いの代わりというべきか。

造船所の〝塀のない刑務所〟にはモデルが実在する。愛媛県今治の松山刑務所大井造船作業場といい、一九六〇年代に開設され、当時話題になった。六九年八月公開のこの映画は、それをヒントにしたのである。『網走番外地』シリーズに取り入れたのが面白い。志村喬の演じる社長の名は田島だが、当時の宣伝資料では坪島になっている。作業場を開設した来島ドック社長の名は坪内。描かれるのはフィクションだから、変更したのだろう。ただし、終盤に走るトラックには〝来島ドック〟という文字が見える。

このシリーズ第十二作は新シリーズの二本目で、監督が一本目のマキノ雅弘から降旗康男に変わったので、作品の雰囲気ががらりと違う。実在のモデルを踏まえた脚本のユニークさが、そこに大きく作用していることは間違いない。主題歌でお馴染みのハマナスの花が巧みに使われている。ラストでは、網走から持ち込まれ造船所の片隅に開花した小さなハマナスを、勝治が感慨深く見つめ、主題歌の高鳴りとともに一転、敵陣へ殴り込みに向かう。雰囲気は変われど、ちゃんと定型に収まるところが清々しい。

必殺博奕打ち

1969・9・6 京都 監・佐伯清 脚・棚田吾郎 撮・赤塚滋

鶴田浩二主演の『博奕打ち』シリーズは、一般的には馴染みのない博奕打ちの世界を描き、人気を呼んだ。第七作『必殺博奕打ち』にもさまざまな博徒が登場するが、その中心で二人の男が火花を散らす。一匹狼の保科金次郎＝鶴田浩二と、同じ流れ者ながらイカサマを使う井手庄七＝長門勇。そこにイカサマ師の村越留造＝信欽三が絡む。主人公の保科は真っ当な博奕打ちなので、三者三様の対比が際立つわけだが、それだけなら任俠映画として珍しくない。別の賭博、競馬が大きな役割を担い、特異な印象をもたらす。

時代は明示されないが、昭和初期だろう。九州小倉で二組のやくざが対立するなか、大阪の工場経営者が金策のため手本引き賭博と競馬に入れ込む。それに関わる二組の対立に火がつき、保科ら博奕打ちの闘いがくりひろげられる。手本引き賭博と競馬。片や密室内の勝負、片や野外の闘いで、静と動の対照を成す。それが独特のダイナミズムで画面を彩るのである。シリーズも七本目で、工夫が凝らされている。監督もシリーズ初のベテラン佐伯清。

保科が胴師として草鞋を脱いだ一家の親分と川で釣りをするシーン。手を休めた二人が川原の焚き火の傍で酒を酌み交わし、互いの亡き女房について話し合う。そして、保科が言う。あの女が似てるんですよ、と。大阪の工場経営者の妾のことで、保科がフェリーの中で最初に会った瞬間、表情を微妙に揺らしたのは、亡妻を思い出したからだと納得できる。善玉親分役の島田正吾の渋みが素晴らしい。保科は、そんな相手だから、会ったばかりの女への想いを淡々と語る。二人の「静」の演技がスゴイ。いっぽう悪玉一家の客分となった井手が快活さとユーモアを漂わせ、イカサマ師の屈託を感じさせない。「動」を体現して先の二人と好対照をなすのである。長門勇も工場経営者の妾のお照を演じる浜木綿子も、東映初出演。

保科が借金を苦にピストル自殺した旦那を想うお照に同情して、彼女の代わりに博奕の勝負を引き受けたことから、やくざ二組の争いは縺れる。博奕渡世ゆえに女房を死なせた保科は、お照への慕情を口にしないから、苦渋は何重にも深まる。そんな彼が終盤、旦那を亡くしたお照に、死んだ人のことは忘れて生きろと言い、自嘲の薄笑いを浮かべる。鶴田浩二の切ない表情が胸を刺す。

若山富三郎がもうひとりの博徒を演じるが、冒頭近くとラストにしか登場しない。封切時の宣伝資料を見ると、配役欄には大岡繁松との役名で記されているものの、筋書き欄にその人物は出てこない。奇妙である。想像するに、当初の脚本に大岡繁松は登場しないが、撮影段階で書き加えられたのであろう。この映画の封切は一九六九年九月。東映は任俠映画を一年間に二八本公開したが、そのうち若山富三郎は一七本に出ている。人気絶頂だから役を設け、しかし多忙ゆえ二度だけの出番になったに相違ない。

やくざ二組の抗争は手本引き賭博に収斂し、何度もの勝負のなか、イカサマの出現がサスペンスを高めてゆく。その間も以後も、悪玉の策謀で死者が出る。悪玉側の井手に手本引きで勝った保科は、善玉親分を殺されドスを握る。

最後の闘いに臨む保科に、先の資料では弟分役の山本麟一だけが同行するが、画面では違う。同行者には善玉親分の一の子分もおり、演じるのは林彰太郎。親分の遺体を前にした彼と保科との盃ごとも資料にはない。脇役俳優にとっては珍しい大役といえる。やはりシリーズ七本目の工夫を思わせる。終盤の保科と井手との一騎討ちも殴り込みの乱闘も、暗くて細部が判然としないが、それが逆に凄みを放つ点にも、描写の工夫がうかがえる。

緋牡丹博徒　鉄火場列伝

1969・10・1　京都　監・山下耕作　脚・笠原和夫、鈴木則文　撮・古谷伸

藤純子主演『緋牡丹博徒』シリーズは全八作で、毎回ゲストスターを含む群像劇を楽しめるが、第五作『鉄火場列伝』は際立っている。ゲストの鶴田浩二をはじめ、顔ぶれの多彩さはまさに「列伝」といえる。しかも、緋牡丹のお竜＝藤純子の前につぎつぎ登場する人物が、いずれも精神的な屈折を抱えている。俳優名とともに記そう。

舞台は明治中頃の徳島。特産品の藍を運ぶ川船頭たちの頭で、お竜に宿を貸すが、じつは元やくざの親分＝待田京介。斬った男の幼い娘に自分を父親と思い込ませたまま、ともに旅をする一匹狼＝鶴田浩二。お竜と敵対関係になりながら、先代親分だった待田京介を兄貴と呼ぶやくざの親分＝名和宏。相手が自分の親分の弟分と知りつつ刃向かう若者＝里見浩太郎。後半に登場する大阪の親分＝丹波哲郎も、悪玉を背後から操る大親分＝河津清三郎も、お竜と因縁がある。要するに、屈折していない人物は、ラストでお竜を助けにくる熊虎＝若山富三郎と、単

純悪玉＝天津敏くらいなのである。かくして異色の群像劇が展開される。

矢野一家を再興したお竜が、出所する子分を迎えに徳島へ来て、紛争に巻き込まれる。むしろ悪徳やくざをやっつけるわけで、筋立ては任侠映画の定型から外れない。

だが、紛争のあり方に注目しよう。藍の小作料値上げを問屋に求める農民が争議を起こし、藍の出荷が停滞しては、阿波踊りの三日間に開かれる大尽賭博に影響する。そこで、問屋の旦那衆は、大尽賭博を財源とするやくざをけしかけ、やくざが争議をつぶそうと極悪非道の振舞いに及ぶ。つまり核心は、労働争議と賭博開催の衝突なのである。お竜が巻き込まれるのは、単なるやくざ同士の争いではない。そして、ここが肝心な点だが、農民と博徒の対立を、堅気とやくざの相克といえば、主な人物の精神的な屈折とダブってくる。

俳優の名前で記せば、待田京介も鶴田浩二も、堅気とやくざのあいだで悩み、名和宏も大尽賭博の責任者として苦しんだあげく農民に味方する。悪玉の非道により、待田京介は重傷で済むが、まず里見浩太郎が、次いで名和宏が、そして鶴田浩二が殺される。まるで心の屈折に殉じるかのように死ぬのである。そうした男たちのあり方に対して、お竜には、女やくざであるという二重性が加わる。だからヒロインの哀しみは何重にも深い。

『緋牡丹博徒』シリーズ全八作のなか、人間関係の錯綜という点では間違いなく『鉄火場列伝』が突出してスゴイ。息詰まる勢いで悲劇が編み上げられる。というふうに書くと、堅苦しい映画みたいだが、そうではない。一匹狼と幼い娘の親愛ぶりや、その娘とお竜の触れ合いが、温もりをもたらす。そんな描写の細部が連ねられ、全篇に美しい抒情が流れるのである。なかでも、風景のロングショットが重要な役割を果たしている。

藤純子と待田京介が青々と繁る穂の波のなかを歩きながら話すシーン。彼女が幼い娘に「五木の子守唄」を歌ってやる姿のあと、鶴田浩二が夕暮れの橋の上で、すれ違う巡礼親子の姿を見つめるシーン。そしてラスト、藤純子が波打ち際を歩む姿を砂丘越しに捉えたシーン。いずれも人物それぞれの想いを風景のなかに描くが、ロングショットになっている点が素晴らしい。各人の心境を絶対視せず、風景のなかに相対化して、だからこそ逆に、想いを観客に強く訴えるのである。抒情派の名手、山下耕作監督の真骨頂がそこに見られる。

関東テキヤ一家

1969・11・8 京都 監・鈴木則文 脚・村尾昭 撮・山岸長樹

菅原文太は一九六七年から東映任俠映画で脇役を務め、六九年二月封切の『現代やくざ 与太者の掟』で主演の座に躍り出た。そしてたちまちシリーズ化される。『関東テキヤ一家』は同じ六九年十一月封切の主演作で、シリーズになる。当時は東映任侠映画の全盛期であり、スターは何人でも欲しかった。そこで菅原文太の二シリーズが製作され、鶴田浩二、高倉健、若山富三郎、藤純子に続くスターが誕生したのである。

この映画での菅原文太の役は浅草のテキヤの若い衆だが、冒頭、登場するなり怒鳴りまくるのが印象深い。別の一家の連中と揉めるや、すぐドスを抜く。血の気が多いわけで、裏返ると底抜けの純情になる。旅先で旧知の美しい娘と再会するシーンでは、うぶな少年のようにそわそわする。監督は鈴木則文。美女におたおたする菅原文太の姿は、のちに同じ監督と組んだ『トラック野郎』シリーズの主人公を思わせる。

国分勝＝菅原文太は、旅に出るに当たり、彼の短気を心配する親分＝嵐寛寿郎によってドスに封印をされる。そのシーンに注目しよう。親分はトラックが並ぶ一家の倉庫の前、車の行き交う路上で封印をする。ドスの封印は多くの任侠映画で描かれ、重要な意味を持つ。この映画では、その後、カッとなった国分がドスに手を掛け、封印に気づくシーンが、何度も出てきて、ドラマの中核をなす。それほど重要な封印の儀式が、白昼の路上でさりげなく行なわれるのである。もう一点、国分が旅先で同業の者に仁義を切るシーンが二度あるが、やはり路上で描かれる。任侠映画にしては重々しくない。

これは通常の任侠映画とは異なり、ドライな現代的センスの映画なのである。そのことは、菅原文太と兄弟分役の待田京介や南利明による旅先のてんやわんやを喜劇的に描く点にもいえる。それらが一体化し、菅原文太の独特の個性を輝かせる。

国分は旅先の群馬や福島でも、関東一円の縄張りの制覇を目論む悪玉の連中の策謀と闘いつづけ、ラスト、浅草で対決する。そんななか、彼の親分が、自分たちは商人で、やくざではないと説き、縄張りは露天商たちに任せようと言う。宣伝資料には時代設定が一九五五年とあるが、画面では明示されない。だが、街角の壁の日の丸を描いた右翼のポスターから、六〇年安保闘争の少し前とわかる。親分の考えは現代人の感覚を反映している。むしろそれが逆に悪玉を刺激する。縄張りを露天商に任せるということは、彼らの目論みを根底から崩すわけで、だからいっそう悪辣に暴力を振るう。そのあたりの展開は、任俠映画の多くが縄張り争いを定石とすることと思い合わせると、とても興味深い。

親友や仲間に続いて親分が殺され、国分はついにドスの封印を切る。夜、暗い室内を、ネオンであろうか窓外の赤い光がぼうと照らすなか、ドスを抜く姿が胸をうつ。そして殴り込みへ。雨に濡れながらの道行きがあり、菅原文太による主題歌が流れるのは、通常の任俠映画どおりだが、衣裳が着流しではなく、ダボシャツに腹巻きという点が一味違う。乱闘は料亭で始まり雨の駐車場で終る。

ラスト、国分は血だらけで金網塀にしがみつく。アップになった顔の目が獣のようにギラギラ光り、その手から血に染まったドスが地面に落ちて、溜まった雨水が赤くなる。そのざらざらした美学が、菅原文太によく似合う。

昭和残俠伝　人斬り唐獅子

1969・11・28 東京　監・山下耕作　脚・神波史男、長田紀生　撮・林七郎

『昭和残俠伝　人斬り唐獅子』はシリーズ第六作で、昭和初期の浅草を舞台に、玉の井遊廓をめぐるやくざ同士の争いを描く。主人公は高倉健の演じる一匹狼のやくざ花田秀次郎。

浅草は、高倉健が歌う主題歌にあるように、秀次郎の生まれ故郷にほかならない。シリーズ第一作も浅草の話だったが、戦後の設定で、別名の主人公は露天商帳元の一家に属し、やくざではない。以後、舞台が転々としたあと、第四作で浅草の話になり、主人公の名前は秀次郎だが、やはりやくざではなくて鳶の小頭。この第六作で、やくざ花田秀次郎が初めて浅草で活躍する。もう一点に注目しよう。このシリーズの魅力は高倉健と池部良の共演で、今回も息の合った演技を楽しめる。二人が兄弟分になるのは初めてである。しかも兄弟分であることが二人に苦悩を強いる。シリーズの場合、こういう工夫がいろいろ凝らされている。

俳優でいえば、片岡千恵蔵が作品に重みをもたらす。戦前からの大スターだから、姿を見せるだけで画面が引き締まる。対立するやくざ二組の手打ち式のシーン。片岡千恵蔵は仲介した大物親分の役で、式の進行を静かに見守るだけだが、眼光の鋭さたるや、尋常ではない。あるいは悪玉が政商と結託し国策協力団体の結成を目論むシーン。片岡千恵蔵は反対意見を穏やかに話すが、だからこそ、結成否定の勢いが冴える。玉の井の女たちを上海に売り飛ばして、何が国家の大義か、それに加担するくらいなら無頼の徒で結構だ、と。

大木実が演じる善玉親分の葬儀のシーンも印象深い。池部良は悪玉一家の代貸風間重吉の役で、葬儀に来て、自分に向けられた怒りの視線を意識しながら焼香する。無言で一瞬の隙も見せない目配りが、不気味な緊張感を生む。と、見守る片岡千恵蔵の姿が挿入される。こんな素敵なシーンはめったになかろう。名優二人が眼光の鋭さによる勝負を見せてくれる。

秀次郎は出所後、七年ぶりに浅草に戻り、兄弟分の重吉が代貸を務める組に草鞋を脱ぐ。そして、昔の恋人が善玉親分の後妻になっていると知りながら、渡世の掟に従ってその親分を斬る。土地をめぐる争いに、愛し合っていた男女の因縁が絡むのである。ヒロイン役は小山明子。秀次郎の脳裡に、白菊を持った芸者姿の彼女が浮かぶ場面から始まり、随所で彼女は菊の花とともに姿を見せる。監督は山下耕作。時代劇でも任俠映画でも、この監督は花で画面を彩る。ヒロインに関しては、菊に加えて着物が印象深い。彼女が着物を縫うシーンでも、やがてそれを秀次郎に着せかけるシーンでも、画面に白菊のアップが入る。

ラスト近く、悪玉一家への殴り込みを決心した秀次郎はその着物を脱ぎ、それを畳むヒロインに菊の想い出を言う。そして、盃を懐に入れたあと、長ドスを手にする。この盃は何なのかと思っていると、すぐわかる。秀次郎は敵陣へ向かう途中、待っていた重吉の面前で、兄弟分の盃を割ろうとする。重吉は破門されたことを告げ、斬り込みに同道する。

最後の乱闘では、秀次郎の唐獅子牡丹の刺青が映える。それは定石だが、中盤、腕を負傷した彼がヒロインに包帯をしてもらうシーンで、刺青が出てくる。菊、盃、そして刺青。これらが三種の神器になり、高倉健の魅力を盛り上げるのである。

渡世人列伝

1969・12・27 京都 監・小沢茂弘 原案・斯波道男 脚・鳥居元宏、志村正浩 撮・吉田貞次

『渡世人列伝』は一九六九年十二月二十七日封切の正月映画で、東映スターが勢揃いして競演をくりひろげる。こういう場合、脚本の段階から、各スターの役回りと見せ方に工夫が凝らされるが、ここでは登場順に注目しよう。池部良、鶴田浩二、藤純子、高倉健、若山富三郎。主

役は鶴田浩二だが、まず池部良が登場する。しかもいきなり殺しの場面で、その雨の夜の暗殺が物語の核心をなすのだから、スターの見せ方として成功している。

殺されたのは東京・浅草の三社一家の親分なので、縄張り争いが背後にあると誰にも想像がつくが、すぐにそこへは向かわない。刑期を終えて出所した代貸の稲垣長吉は親分の死を知るや、跡目を弟分に委ね、犯人捜しの旅に出る。縄張り争いの話が、ミステリー調のロードムービーとして展開されるのである。時代設定は明示されないが、大正末だろう。

犯人の目印は大蛇の刺青。長吉はまず、浅草の恋人から聞いた話で見当をつけ、郡山の一家に草鞋を脱いだところ、風呂場で渡世人佃銀次郎の背に大蛇の刺青を見る。決闘を迫るが、人違いと判り、同じ刺青の男のことを聞く。ここで鶴田浩二と高倉健が顔を合わせるわけで、脚本の巧みさは一目瞭然であろう。

長吉＝鶴田浩二は浅草で恋人の芸者＝藤純子にしばしの別れを告げ、旅先の郡山で銀次郎＝高倉健に出会い、彼の話から向かった山奥の硫黄鉱山で刑務所仲間＝若山富三郎と再会し、ついに大蛇の刺青をした男と巡り会う。それが仇の勇次＝池部良なのである。場所の移りとスターの出入りがうまく連動している。その間、勇次が三社一家の親分を暗殺したのは、恋人＝水野久美を身請けする金のため、一宿一飯の恩義からだったと判る。長吉は同時に、後ろで糸を引いた悪玉が誰かを知る。

舞台は郡山に戻り、同じ大蛇の刺青を背負った兄弟分、勇次と銀次郎を、長吉が再会させる。だが、勇次は重病で、それは兄弟分の死別のときになる。長吉は浅草に帰り、縄張りを狙って勇次の弱みに付け込んだ三社一家親分の兄弟分と闘う。

鶴田浩二と藤純子、池部良と水野久美。殺気の渦巻くドラマのなか、二組のカップルが濃密な情愛をくりひろげる。水野久美は東宝スターとして活躍したあと、フリーになり、東映任俠映画はこれが初出演。スターの競演を支える場所が印象深い。まず、浅草の仲見世通りなど繁華街のセット。鶴田浩二と高倉健が決闘寸前になるススキの原。そして後半、物語の山場をなす硫黄鉱山の殺伐とした風景。セットもロケ場所も、物語を盛り上げる。悪役俳優たちの姿も工夫が凝らされている。硫黄鉱山のシーンでは、浅草の悪玉の兄弟分であり顔半分がケロイドで片目の白濁した天津敏をはじめ、汐路章ら主立った子分が揃ってスキンヘッドで、異様さが目を惹く。映画のビジュアルな側面が強調され、奏効しているのである。東映スタッフの力量を示している。

終盤、長吉が浅草に帰り着く直前、彼が跡目を委ねた弟分が惨殺される。長吉は悪玉一家への殴り込みに向かい、姿を見せた銀次郎が同道する。任俠映画ファンなら、ここで若山富三郎も助っ人として登場するのかも、と思うが、出番は硫黄鉱山の場面だけに終る。小雪のなか、鶴田浩二と高倉健が番傘を並べて敵陣へ向かう。ここでも任俠映画ファンなら、『昭和残俠伝』

シリーズの高倉健と池部良を連想せずにいられない。この映画の併映は『新網走番外地　さいはての流れ者』。高倉健の二本立てとは豪華である。

新網走番外地　さいはての流れ者

1969・12・27　東京　監・佐伯清　原案・伊藤一　脚・村尾昭　撮・飯村雅彦

猛吹雪を突っ切って一台の馬橇が疾走する——そんな躍動感あふれる場面から『新網走番外地　さいはての流れ者』は始まる。最初、大ロングショットだから、馬橇を操る黒い人影が何者か判らないが、まもなく高倉健の姿が見えてくる。じつに巧い出だしで、ああやっぱり高倉健には雪が似合うと思わせ、一気に『網走番外地』の世界に誘い込む。

主人公の末広勝治は幼い男の子を連れている。亡友と思慕を寄せた女性との遺児で、病弱だが口は達者なのが可愛らしく、勝治との会話のシーンを見ていると、ああやっぱり高倉健には男の子が似合うとも思わせる。少年正一を演じる下沢広之はのちの真田広之。

勝治は訪れた港町で、漁業権をめぐる争いに巻き込まれる。その間、何かというと、俺は乞食ではない、俺の面子はどうなる、と意地を張る。口の達者なことは正一と好一対で、微笑ましい。そんな粋がりぶりも高倉健には似合い、このシリーズの魅力といえる。ところで今回、港町で網走仲間と再会するシーンに、網走刑務所の塀がちらりと出てくるだけで、内部の場面はない。普通のアクション映画だということか。

港町では、弱小の漁業会社日野組が、漁業権の独占を狙う元暴力団の田丸組の横暴で窮地に追い込まれる。物語はそんな善玉悪玉の葛藤のうちに進むが、その間、別の主題が浮かび上がる。母恋いの想いである。俳優名で記せば、田丸組に網子として酷使され、帰郷するカネのない南利明が母からの手紙に喜ぶ姿を見て、高倉健は馬橇競走の賞金を渡す。網走仲間ということ以上に、母恋いの想いが両人を繋ぐのである。高倉健は喧嘩で食堂を壊したあと、店主の星由里子に、母の形見の指輪を修理代として渡す。そのあと彼女は亡き子のことを言う。いわば彼の母恋いに促されて、母としての彼女の想いが浮かび上がるのである。

金銭の問題が具体的に出てくるのも印象深い。漁師の賃金は日野組が十八万で、田丸組が三十万というふうに。南利明は田丸組に十五万の借金があり、母危篤の電報を受けても動けない。金と、高倉健と日野組若社長の谷隼人の機転で十五万は捻出され、南利明は喜んで帰郷する。金銭の額が労働現場の生々しさを告げるとともに、母恋いにも結び付くのである。優れた映画の場合には、細部が面白味を放つ。

北海道の大雪原と怒濤のオホーツク海を舞台にクライマックスの場面が描かれる。

前半、十数人の男が広大な雪原で馬橇の速さを競う。人馬一体となって疾駆するさまは、映画ならではのダイナミズムを繰り広げる。そして後半、荒れ狂う海に出漁した日野組の漁船が田丸組の船に妨害されたあと、相手の遭難を知るや、乗員を救出する。馬橇競走にくらべると、大荒れの海の場面は迫力を欠くが、撮影が困難だったのであろう。それでも、男どもの勇壮さを充分に描き出す。そこには、馬橇競走で勝治に敗れて敵意をむきだすライバル役の山本麟一の好演が大きく作用している。単純な悪役ではない魅力を見せるのである。

だが、悪玉のボスは残忍なふるまいに出て、死者が続出し、勝治は敵陣に殴り込む。そのときには、むろん定番の長ドスを隠したトレンチコート姿になっている。彼が雪の降る橋にさしかかるショットでは、画面が少し雪で滲み、リアルな趣を放つ。

この映画は人気シリーズの第十三作で、一九六九年十二月二十七日に封切られた。併映はオールスターキャストの『渡世人列伝』。鶴田浩二、藤純子、池部良、若山富三郎に加え、高倉健も出ている。大ヒットしたことはいうまでもない。

日本女俠伝　真赤な度胸花

1970・1・9　京都　監・降旗康男　脚・笠原和夫　撮・古谷伸

藤純子の魅力を西部劇タッチで輝かせる――『日本女俠伝　真赤な度胸花』はそんな発想から生まれたのであろう。封切は一九七〇年一月。主演シリーズ『緋牡丹博徒』はすでに五本を数えて、藤純子の人気は上昇の一途を辿り、新シリーズ『日本女俠伝　俠客芸者』も好評を博した。そんななか、第二弾『真赤な度胸花』が登場したのである。

『緋牡丹博徒』のヒロインお竜は博奕打ちで、『俠客芸者』の主人公は水商売の女。やくざと堅気の違いはあれ、どちらもその筋の玄人《くろうと》である。それらと一線を画すべく『真赤な度胸花』の西部劇タッチが選ばれたに違いない。藤純子の役は殺された北海道の牧場主の遺児で、登場の時点では小学校教師になるつもりでいる。まさに堅気の若い女性であり、これまでとは一変した役柄を演じる。ゲスト出演は高倉健。『網走番外地』シリーズでもう西部劇調には熟練している。ヒロインを助ける役には最適といえよう。

冒頭、騎馬の三人が草原を疾走するシーンも、藤純子が馬車の乗客として登場するシーンも、北海道の大自然が素晴らしい。西部劇の気配がいきなり画面に充満し、以後、馬市を仕切る博労総代の地位をめぐる争いが描かれてゆく。牧場、大草原、馬の疾走、そして銃撃戦と、明治の終わり頃の北海道が西部劇の世界に様変わりするのである。

その間、藤純子の装いが転変するのが印象深い。登場したときは髪を結い上げた和服姿で、いかにも教師らしいが、殺された父の博労総代を継ぐ決心をして牧場主の会議に出てくるや、髪を下ろした現代的な洋装になっている。そのあと、若々しい着物姿を経て、ウエスタン調の扮装になり、二連発の短銃を操り悪玉一味と闘う。ヒロインを魅力的に見せる配慮といえよう。アップがそれを盛り上げる。たとえば先述した会議への登場シーン。あるいは酒場で荒くれ猟師にライフルを突きつけられるシーン。ともに目を瞠るほど美しい顔のアップで、粗暴な猟師ならずとも魅入られる。そんな藤純子の秀麗さが北海道の大自然のなかで輝く。

中頃で、悪玉一味の放火により逃げた馬たちを捜し、ヒロインが草原の泥に馬の脚を取られ動けないでいると、丘の上から騎馬の男が駆け下りてきて助ける。高倉健の登場シーンで、ダイナミックな勢いに満ちている。そのあと、ふたりは雨の夜を小さなテントで野宿し、彼が食糧の玉蜀黍《とうもろこし》を彼女に分けてやり、冷え込むや、自分のマントを貸してやる。両人とも相手が松尾雪であり風見五郎であるとは知らない。そして翌朝、草原で、彼がマントはやるよと言い、別れる直前に聞いた彼女の名前に、あっとなる。五郎は復讐のためにその地を訪れた。憎む相手とは雪の父親にほかならない。つまり、玉蜀黍とマントが仇敵同士の出会いを司るのである。

やがて五郎が厩舎で家族の悲惨な運命を雪に語るとき、飢えの辛さを強調する。雪は何も言えず、マントを置いて去る。

馬市支配を企む悪玉の策謀は残忍になり、雪たちは闘いに立ち上がり、父の死をめぐる誤解の解けた五郎も加勢する。西部劇的な銃撃戦がくりひろげられる。

闘いのあと、五郎は馬市の株券とマントを雪に渡して旅立つ。雪は牧場に留まるかと思いきや、小屋に吊るしてあった玉蜀黍を手に取るや、マントを着て、馬で五郎を追いかける。食べ物と防寒具。これら小道具が最後まで活用されるのである。そしてラストシーン。空撮による草原と近くの海の大風景のなか、豆粒のような二騎が疾駆してゆく。

血染の代紋

1970・1・31 東京 監・深作欣二 脚・深作欣二、内藤誠 撮・仲沢半次郎

一九六五年の横浜。暴力団取り締まりが一段と厳しさを増すなか、その動きに逆らうかのように若い組長郡司健策が誕生する。『血染の代紋』はその浜安組四代目襲名式から始まる。封切は七〇年一月。郡司役は菅原文太。

組長になったとたん、郡司は辛い立場に立たされる。本家筋の叔父貴にあたる組長に依頼され、コンビナート建設のため、生まれ育ったスラムの住民を追い出す仕事を強いられるのである。六五年といえば、前年の東海道新幹線開通や東京オリンピックが示すように、日本は高度成長の波に乗っていた。コンビナートはその勢いの象徴で、国有地を違法占拠する貧民窟は排除すべき邪魔者でしかない。

郡司とスラムの住人が揉める場に、ボクサー崩れの速水五郎が登場する。演じるのは梅宮辰夫。郡司の幼馴染みで、彼らが会話を交わす廃船の中には「おさらば豚の町」と落書きがあり、両人の名が記されている。「おさらば」した町で彼らは十八年ぶりに再会するわけだが、速水は敵に回ることを告げる。速水は後輩ボクサーの手術代のため、コンビナート建設の利権を狙う悪玉側につく。板挟みに苦しむ点では、彼も郡司と同じであろう。

監督は深作欣二。これまでもスラムを扱う映画を撮った。六四年の『狼と豚と人間』と六七年の『解散式』。戦後社会の変貌に対する違和感がスラムをめぐる劇に感じられる。

今回、スラム出身者がもうひとり登場する。浜安組組員の風間で、演じるのは待田京介。彼が郡司を兄貴と呼びながら、すぐ組長と言い直すのが、両人の関係を示す。風間も両親の住むスラムを撤去する仕事に就いて、板挟みに苦しむ。そのあげく悪玉一味に斬り込み捕まるや、舌を噛んで死ぬ。東映任俠映画でやくざがこんな形で自死するのは珍しい。

深作監督の作品だから、多くの任俠映画とは趣が違う。戦前の話にせず、現代社会の葛藤を仕組む。そんななか、昔気質のやくざが途中から登場する。刑務所から出所した浜安組元代貸の黒木で、演じるのは鶴田浩二。彼だけに昔の恋人との艶っぽいシーンが用意されている。そして、彼は昔ながらのやくざとして悪玉にドスを向け凶弾に倒れる。

ところで、物語のあり方からすれば、郡司が主人公で、速水がそれに次ぐと思われる。だがクレジットは、逆の順序になっている。梅宮辰夫はすでにトップスターだが、菅原文太はまだその域に達していないということか。

追い立てを喰ったスラムの住人たちは、バリケードを組んで籠城する。それでも、郡司ら浜安組とそれを後押しする腹黒い組の攻勢は止まない。食べ物や水に窮した住民は、筵旗を立て棒切れなどを持ち、浜安組の事務所に押しかける。まるで百姓一揆のように。郡司たちは意表をつかれ、事務所をバリケードで囲み、中に立て籠もる。だが、住民の怒りは凄まじく、事務所に放火して壊す。敵味方がバリケードで籠城するのが興味深い。

七〇年の封切当時、一年前の事件を思い出した観客が多いにちがいない。六九年一月の東大安田講堂の攻防戦である。全共闘によるバリケードと籠城は、大学側の導入した機動隊に粉砕された。この映画はフィクションだが現実を取り込んでおり、戦後の高度成長の完成を体現した大阪万博開催は七〇年三月のことである。

郡司は板挟みの結果、悪玉に裏切られ後輩を殺されてすべてを失い、速水もほぼ同じ思いに突き当たる。「おさらば」した町はもう姿を消した。あとは立ち上がるしかない。二人はドスを手にコンビナート建設の鍬入れ式に乗り込み、悪玉との死闘に突入する。

映画は式で始まり式で終る。片や時代に逆らい、片や時代を示し、対照が鮮烈である。

緋牡丹博徒　お竜参上

1970・3・5　京都　監・加藤泰　脚・加藤泰、鈴木則文　撮・赤塚滋

シリーズ第六作『緋牡丹博徒　お竜参上』は複数の話を重ねて描き出す。

緋牡丹のお竜＝藤純子がお君という少女を捜して東京・浅草を訪れ、六区の興行権をめぐる争いに巻き込まれる。これがメインプロットだが、人捜しと、やくざの闘いと、すでに二つの話を含んでいる。その展開の中、さらに三つの話が折り重なってゆく。まず、お君＝山岸映子と銀次＝長谷川明男という若い男女の悲恋。つぎに、人気の一座による芝居の主演女優の交替。そして、お竜と心を交わす一匹狼青山常次郎＝菅原文太とその妹の悲話も語られる。お竜はシリーズ第三作『花札勝負』で盲目の幼女を助け開眼手術を受けさせた。それがお君で、『お竜

参上』はその後日談になっている。そういえば『花札勝負』にも、若い男女の「ロミオとジュリエット」的な悲恋が描かれていた。

この映画はいくつもの物語が渾然一体となった複合体なのである。さらにいえば、若い男女の悲恋には、お竜と常次郎との関係が重なって感じられる。任俠映画の傑作には、そんな重層性の楽しさが充満している。

東映マークのあと、いきなり両手のアップになり、四本の女の手とわかった瞬間、ヒロイン藤純子の顔の大写しへと移る。題名が出る前だけに、女二人の両手と顔のアップは強烈に印象深い。『お竜参上』は女たちの手の映画として始まるのである。そのことはいったん途切れるが、やがて物語展開のなか、鮮烈に再登場する。

お竜が六区の興行を仕切る親分＝嵐寛寿郎の家で、捕まった掏摸の少女がお君だと気づくシーン。何人もの人物による群像劇が加藤泰監督一流の長回しで描かれるなか、お君がお竜の顔を恐る恐る触り、かつて手術後に触った記憶を探る両手のわななきが捉えられる。もう一度、手は出てくる。悪玉一味に刺された銀次が階段を転げ落ち、お君が絶叫とともに上から手を伸ばし、瀕死の彼も応じようとするシーン。手と手がついに触れ合わず、悲痛さを訴え出す。

お竜とお君の関係では、手は目の代わりである。それかあらぬか、人物同士の視線の交わりが強調される。たとえば冒頭の賭場のシーン。お竜と胴を務める常次郎との視線のやりとりが胸に迫る。この場合には目が手なのだといえよう。そしてラスト、橋の上でお竜と一匹狼が見つめ合い、それぞれの目の超アップが交互に描かれたあと、斬り込みに同道する。

東映任俠映画には名場面といわれるものが数多いが、その筆頭はおそらく『お竜参上』の中盤における雪の今戸橋のシーンであろう。

お竜が常次郎の帰郷を見送る。雪、橋、夜、男女の別れ。見えないけれど、下には流れる川。情感を盛り上げる材料が揃っている。しかも、お竜が手渡そうとしたみかんが雪の上に落ちて転がる。まさに一幅の美しい絵で、名シーンと呼ぶに値するが、常次郎の語ることの内容に注目しよう。故郷の川と山、両親の墓、そこへ妹を葬ってやりたい、と低い声が語ったあと、みかんが転がり、情感豊かな美しい絵が完成する。その印象は股旅時代劇を思わせもする。菅原文太の痩軀と旅姿のゆえであろうか。

そんな名場面を踏まえ、ラスト近く、同じ橋で殴り込みに向かうシーンが描かれる。お竜と常次郎の目の超アップには、雪の今戸橋が鮮烈に残響している。

関東テキヤ一家　喧嘩仁義《ごろめんつう》

1970・3・5　京都　監・鈴木則文　脚・村尾昭、志村正浩、鈴木則文　撮・増田敏雄

新幹線のトイレから鼻歌が聞こえ、明らかに菅原文太の声だが姿は見えない。と、新大阪駅の外で南利明が何者かに痛めつけられる場面になり、まずそこへ近づく草履、つぎに後ろ姿、そして殴られる顔と続き、やっと菅原文太の姿が見えたあと、タイトル『関東テキヤ一家　喧《ご》嘩《ろめ》仁《んつ》義《う》』が入る。ヒーローの登場に工夫が凝らされているわけで、観客は思わず身を乗り出す。しかもトイレでの鼻歌というのが面白い。この映画は『関東テキヤ一家』シリーズ第二作だが、第四作『喧嘩《ごろめん》火祭り』でも菅原文太は便所から登場する。

東京・浅草のテキヤの若い衆、国分勝＝菅原文太と弟分佐貫五郎＝南利明は大阪に着くなり、こうして悪玉一味とぶつかる。そして今宮十日戎《とおかえびす》をめぐるテキヤの争いに巻き込まれる。その間、ゲストスター梅宮辰夫が岡山のテキヤ一家の若衆として登場するが、まず靴がうつしだされる。国分が捜す昔の恋人の役は桜町弘子で、岡山の悪玉親分の妾として後半に姿を見せるが、和服姿の足元から登場する。同じ描写が律儀に反復されるわけで、見ていて楽しい。

菅原文太の右頬に傷があるのが目につく。第一作『関東テキヤ一家』のラストは凄絶な斬り

合いだが、国分は右頬に傷を受けていない。この第二作では、終盤、テキヤの掟を破った彼が指を詰めるのが印象深い。が、それも頬の傷も第三作以降に出てこない。シリーズとはそういうもので、細部の工夫が毎回異なるのである。

国分は大阪で兄弟分の結城＝葉山良二と再会し、やがて舞台は岡山市西大寺へ移る。その間、結城の実弟が問題を起こすが、弟の左目の失明がそこに関わっている。今回、テキヤの争いに兄弟の確執を重ね合わせた点が、物語上の工夫であろう。むろん弟の失明と国分の頬の傷に関係はない。後半の見ものは西大寺の裸祭りだが、その前に、岡山城に近い後楽園などの美しい風景が目を楽しませる。主人公の旅と各地の風物を重ねて描くのは、多くのシリーズ映画の定番になっている。『関東テキヤ一家』シリーズと同じ一九六九年に始まった松竹の渥美清主演『男はつらいよ』シリーズは、代表例であろう。同様のものを挙げれば、東宝では森繁久彌主演「駅前」シリーズが、日活では小林旭主演「渡り鳥」シリーズが、五〇年代末に始まり六〇年代にかけて絶大な人気を博した。

この映画における西大寺の裸祭りは圧巻で、数えきれないほどの褌姿の男たちが揉み合うさまは、奇祭と呼ばれるのに値する。しかも終盤、その真っ只中にクライマックスの暗殺シーンが仕組まれる。裸祭りを庭場とするテキヤ一家の親分＝長門勇が、褌姿の男たちの渦に巻き込まれるうち、縄張りを狙う悪玉一味に刺され、親分に謹慎を命じられていた子分が近づこうとあがく。親分も子分＝梅宮辰夫も、半裸の男たちの渦に揉まれ続ける。揉み合う褌姿の群衆はエキストラだろうが、それと俳優が渾然一体となったシーンで、現実と虚構を混ぜ合わせたように提示する。ドキュメンタリーとフィクションの融合ともいえよう。娯楽映画だから、その大胆不敵さに感嘆せずにいられない。

監督は鈴木則文。七〇年三月封切のこの第二作にも、同年五月の第三作『天王寺の決斗』にも、七〇年開催の大阪万博のことが出てくる。映画づくりを、つねに現実と関係させて考えているのであろう。鈴木監督は七五年から菅原文太と組んで『トラック野郎』シリーズを撮るが、毎回、主人公の旅と各地の現実の風物を重ねて描く。

博徒一家

1970・3・29　京都　監・小沢茂弘　脚・村尾昭　撮・吉田貞次

賭場のシーンから始まったかと思うや、そこに明治四十年の賭博禁止令を告げるナレーションが被さり、賭場に警官が乱入する。『博徒一家』のこの冒頭は興味深い。任侠映画は博奕渡世のやくざを描くが、賭博という土台が奪われるところから、物語が始まるのである。

東京の荒政組の親分が、土木事業を正業とすることを決意し、老齢ゆえに引退する。跡目は三羽烏の桜井、国枝、関根の誰になるかが、問題となる。荒政＝志村喬は、桜井＝高倉健が服役中ということを踏まえ、跡目を国枝＝大木実に継がせ、関根＝若山富三郎と桜井には、縄張り分けをする。兄弟分三人の関係が変わるわけで、しこりを残す。ことに関根は妹の加代＝藤純子と桜井を夫婦にする心算だから、親分の決定に不満を持つ。やがて桜井が出所する。一家の安泰を重んじる彼は、関根の激しい反対にもかかわらず、国枝の弟分になる。

もうこれだけでも何かが起こるのは予感できるが、一匹狼の橘＝鶴田浩二が加わり、東映オールスターが熱演を闘わせる。封切は一九七〇年三月。東映任俠映画の爛熟期である。

全篇、いくつもの建設工事が出てくるのが印象深い。冒頭で荒政親分が示すように、博奕を禁じられたやくざが、土建業に活路を開き、その結果、工事請負をめぐって争いが起こるのである。荒政組二代目の国枝は、彼なりに苦労するうち、工事の利権を狙う悪玉の奸計に陥る。その間、熱血漢の関根は桜井のことを思って強引に動く。その桜井はといえば、任俠道の筋目を通し、関根との衝突も避けない。大木実の優柔不断、若山富三郎の直情径行、高倉健の昔気質の剛直さ。俳優三人の個性と元三羽烏の性格がうまく重ねられている。

悪玉は三人を争わせようと策謀を凝らし、善玉側の内部がこじれる。と、桜井が言う。落とし前は自分がつける、と。一度ではなく二度も。そして、血を吐く思いで実行する。こんな役は高倉健だからこそ可能なのであろう。悪玉役は渡辺文雄。憎々しさは天下一品で、単に暴虐な人物ではなく、知的な悪党を好演する。

ひとつの組織、それを形づくり動かす人間の関係、個々の人物の信念。『博徒一家』はそれら三者の葛藤を描くのだが、組織と人間関係と信念の劇は、社会のあらゆる場面で見られよう。優れた任俠映画はそんなことを思わせる。

桜井が落とし前をつけるシーンに注目しよう。一度目。善玉側の子分が悪玉を襲ったあと、桜井は悪玉の前で詫びに指を詰める。二度目。関根が悪玉の襲撃に失敗したあと、のっぴきならなくなった桜井は関根を殺す覚悟をする。どちらも鮮烈なシーンで、後者は悲愴さで迫ってくる。注目したいのは、二度のシーンのどちらでも、桜井を一匹狼の橘が見送ることである。桜井が決定的な行動に出るや、いつも橘が見守っている。ゲストスター鶴田浩二を配慮した描き方で、へたをすれば、ご都合主義になるが、情感豊かな名シーンになっている。

ほかにも同じような描写が見られる。冒頭近くの回想シーンで、桜井が殴り込んだあと、警官に引かれてゆくとき、加代が彼に襦袢を着せ掛ける。そして終盤、小雪の舞う関根の墓の前で、桜井が加代に二重回しを着せ掛ける。韻を踏んでいるうえに、後者では、桜井を橘が待ち受け相合傘で敵陣に向かう。殴り込みの乱闘のなか、橘が敵の子分らとの闘いを引き受け、桜井が悪玉の首魁に迫る。冒頭近くの回想シーンと同じ二人が凄まじい一騎討ちをくりひろげるのである。やはり韻を踏んで。

新兄弟仁義

1970・4・10 東京 監・佐伯清 原・藤原審爾
「三代目実子分」より 脚・大和久守正 撮・星島一郎

北島三郎主演『兄弟仁義』シリーズは一九六六年以来、東映任俠映画の定番として、六八年の第七作まで毎年つくられたが、六九年は姿を消した。だが、七〇年四月、第八作『新兄弟仁義』が登場する。当時の宣伝資料では「二年ぶりに装いも新たに再び贈る」と記されたあと、「菅原文太、今井健二、北島三郎の新任俠トリオ」ということが強調されている。

注目すべきは「新任俠トリオ」の役柄であろう。過去七本では北島三郎を中心に義兄弟の三人が活躍した。それに対し今回の「トリオ」は実の三兄弟である。この違いは大きい。血肉を分けた三人は、菅原文太の長兄が新井竜太郎、今井健二の次兄が竜次、北島三郎の末弟が竜三。その名のとおり揃って竜の刺青をしており、仲間内では順に大竜、中竜、小竜と呼ばれている。「新井」なる姓も「新」を意識して選ばれたのに違いない。そのことは、シリーズ初の原作ものであり、監督にベテラン佐伯清が初めて選ばれた点にも通じている。

冒頭、夜の林でやくざ二組が闘い、三兄弟の組が勝って、大竜が罪を被って服役する。二年後、大竜が出所してきて、話が本格的に始まる。大正末期の東京。

大竜は迎えにきた中竜に、やくざの足を洗うと言って驚かせ、帰宅後、女房にも同じことを告げて喜ばせる。だが、その直前、彼の属する中野組の二代目親分は、大竜に跡目を譲り、実子は土建業に専念させると決める。実子を跡目に担いで組を牛耳るつもりだった幹部二人は実子を抱き込んで陰謀を企む。そんなことを知らぬ大竜は三代目の座を引き受けねばならなくなる。女房子供との堅気の暮らしを考えていた彼は、家族と渡世の狭間で苦しむ。大竜は悪玉との葛藤に巻き込まれるが、そのわりには菅原文太の出番は少ない。配役クレジットでは名前がゲストスターのように末尾に出てくる。

人情家の小竜が給料を満足にもらえない土木工事人夫たちに同情し、賭場のカネを渡す。人夫の雇い主は二代目親分の実子で、賭場は組のものだから、ただでは済まない。窮地に陥った小竜は、悪玉の罠に嵌まり幹部の子分を殺してしまう。その事件を発火点に悪玉の攻勢が激化し、惨劇が相次ぐ。やはり北島三郎が主役なのである。

安部徹と諸角啓二郎が幹部、中田博久が実子で、悪玉を演じるが、このトリオの出番は菅原文太より多いだろう。頻繁に登場し、憎たらしさを振り撒く。密談中、戦国時代の「三本の矢」の喩えを持ち出して、向こうが三兄弟ならこちらも三人だと言うのが可笑しい。

中竜役の今井健二は高倉健と同期の東映ニューフェイスで、二枚目候補だったが、悪役で個性を発揮するようになった。だから「新任俠トリオ」への抜擢は新鮮だが、悪玉に利用される役で、半分悪役といえよう。兄弟愛とやくざ渡世の狭間で苦しむ点は大竜に似ている。

三兄弟の話だが、揃って出てくるくだりは意外に少ない。冒頭の二年前の乱闘シーンのあと、出所した大竜が中竜、小竜とともに風呂に入り、背の刺青の話をするシーンが楽しい。そして終盤、悪玉一味に刺されて瀕死の中竜と、駆けつけた大竜、小竜が抱き合う姿が胸をうつ。そのあと、大竜が女房と話すシーン。キャメラは床に横たえられた中竜の遺体を捉え、そのまま進み、子供の寝姿をうつす。大竜夫婦は生と死を目の前にして語り合うのである。

大竜と小竜は敵陣に斬り込み死闘をくりひろげるが、二代目親分の実子だけは殺さない。この展開も「新」趣向なのだろうか。そう思ううち、満身創痍で瀕死の小竜が倒れかけた姿のストップモーションで映画は終る。主役は北島三郎だからか。

博奕打ち　流れ者

1970・4・18　京都　監・山下耕作　脚・鳥居元宏、志村正浩　撮・鈴木重平

明治後期の九州・小倉で、武装した五人の男が渡世上の義理からある一家へ殴り込みに向かう。『博奕打ち　流れ者』はそんな剣呑な場面から始まる。鶴田浩二主演『博奕打ち』シリーズの第八作で、封切は一九七〇年四月。五人は見ず知らずの流れ者同士で、成りゆきで連れ立った。だから結束はすぐ破れ、そのことがそれぞれの以後の運命に関わる。

俳優名で記そう。五人が敵陣を目指すうち、鶴田浩二が待田京介の若さを惜しんで、お前はくるなと追い払う。そのあと、天津敏がいつの間にか姿を消す。斬り込んだのは鶴田浩二、北村英三、水島道太郎の三人。待田京介もやってくるが、すでに乱闘は終っている。水島道太郎は傷を負うが、隠れていた天津敏に助けられ、いずこかへ去る。北村英三は瀕死の重傷で、鶴田浩二に別れた妻と娘へ渡すカネを託して絶命する。待田京介はそれを見守るうち、鶴田浩二にまた追い払われる。ここまでが導入部で、タイトルが入り、五年後、生き残った四人の運命の交錯が描かれてゆく。

舟木栄次郎＝鶴田浩二は小倉で死んだ仲間の妻と娘を捜し、金沢を経て東京へ流れてくる。

そして、あのときの二人の男と偶然再会する。酒に溺れて見る影もない市造＝水島道太郎と、いまや一家の親分となった熊谷＝天津敏。小倉で熊谷に助けられた市造はその飼い犬になっている。栄次郎は旧知の木場政一家に草鞋を脱いだが、熊谷は小倉で自分が斬り込みの直前に逃げたことを知っている彼の口を封じるため、木場政の利用を企む。不穏ななか、栄次郎は二人の女と関わりを持つ。ひとりは死んだ仲間の娘で、栄次郎は彼女の亭主の材木問屋を賽子《さいころ》の勝負で救う。そのとき、小倉のときの新吉＝待田京介が相手の代人を務める。

もうひとりは芸者小秀＝藤純子。栄次郎が船着き場で擦れ違ったとき、彼女の髪から櫛が落ちて割れた。その後、彼が泥酔した市造と揉めていると、小秀が俥で通りかかり、市造の妹と判る。市造を彼らの家で寝かせ、栄次郎が名乗りかけると、小秀が一瞬早く彼の名前を口にする。いつも兄から聞いていた、と。さらに付け加える。いつか訪ねてくると思っていて、思ったとおりの人だった、と。兄の言葉が育んだ想いと櫛の出会いが結びついたのである。

栄次郎は、悪辣な熊谷と恩義のある木場政のあいだで悩む。憎しみを募らせた熊谷は、客人の新吉に栄次郎殺しを命じる。それを聞いた市造が態度を一変して熊谷にドスを向け、新吉に刺される。新吉は熊谷に騙され、小倉で逃げたのは市造だと思い込んでいた。慕う栄次郎と対決して傷ついた新吉は、五年前の真相を聞き、彼から兄弟分と呼ばれつつ息絶える。

渡世人という言葉が随所に出てくる。渡世人の血、渡世人の筋、といったふうに。流れ者の旅は一宿一飯の約束事があって可能となる。渡世人の筋が生まれるわけで、この映画はそれを敵前逃亡をめぐる劇として描き出す。別の要素がそこに組み込まれている。栄次郎と小秀のメロドラマである。彼女は櫛が割れたとき、櫛は女の命だと言った。そして市造に、会う前から栄次郎に惚れていたと告白した。小秀に宿っているのは想念の愛にほかならない。

賽子と櫛。片や渡世人の世界を象徴し、片や女の想いを集約して示す。任侠映画として定番の博奕打ちの争いのなか、まるで無関係な二つのモノに託され、男と女の愛が浮かび上がってくる。監督は山下耕作。愛の想念を流麗に描くと、天下一品である。

関東テキヤ一家　天王寺の決斗

1970・5・1　京都　監・鈴木則文　脚・高田宏治　撮・赤塚滋

シリーズ第三作『関東テキヤ一家　天王寺の決斗』では、浅草のテキヤの若い衆が大阪で紛争に巻き込まれる。関西弁のなか、主演の菅原文太の東京言葉の歯切れ良さが印象深い。

紛争はテキヤ一家と暴力団のあいだで起こり、国分勝＝菅原文太はそれに巻き込まれるのだが、別の事情も絡む。老舗のテキヤ三輪会の帳元は代々女系で、それが人間関係をこじらせるのである。伝統を護りたい現在の帳元お六＝清川虹子。それに反撥して家出し愚連隊同然になった長男鉄也＝伊吹吾郎。跡目を継ぐ気のない娘夏子＝土田早苗。だが、国分に惚れ込んだお六は、夏子と結婚させ伝統を貫こうとする。国分が家族の感情の縺れに巻き込まれ、ジタバタが始まる。また彼は、三輪会の若い衆＝山城新伍と目の見えないその妹＝武原英子の悲しい運命に立ち会うことになる。善玉悪玉の闘い、伝統と人情の相克、親子と兄妹二組の姿。複数の要素が巧みにブレンドされ、独特の味わいを生む。

東京から始まり、途中、京都や祭で賑わう飛騨高山へも寄り道するが、主に描かれるのは大阪・四天王寺の露天商をめぐる闘いである。

そんななか、四天王寺の露天商の貧しい住まいが、そこに風俗ビル建設を計画する暴力団のブルドーザーに破壊されるシーン。遥か背後に「ＥＸＰＯ70」と記した看板が見える。大阪万博（日本万国博覧会一九七〇年三〜九月）の広告で、この映画は真っ最中の同年五月一日に封切られた。庶民の家の破壊を、大阪万博が高みから見ている図といえる。そのことは、盲目の少女が瓦礫で圧死することでより際立つ。さらに「ＳＥＸＰＯ70」なる胡散臭いキャバレーも登場し、そこで国分と鉄也が殴り合う背後には大阪万博のテーマソング「世界の国からこんにちは」が流れる。大阪万博で時代色を反映させ、面白おかしく皮肉っているわけで、作り手の不敵な批判精神が感じられる。

何人かの台詞に「神農道」という語が出てくる。テキヤ稼業の精神を象徴する言葉で、やくざなら任俠道になろう。「稼業人」という言葉も口にされる。この映画は、そのあたりを踏まえ、主人公たちがテキヤ稼業の精神を貫いて、邪魔者をつぎつぎ殺してゆく非道な暴力団一味と闘う姿を描く。すると、これは、善玉悪玉の区分は似ていても、やくざの闘いを描く任俠映画とは微妙に違うということか。どうもそうではない。というのは、三輪会の事務所の壁には「仁」「俠」「道」と一字ずつの額が掛かっており、「神農道」という字のないのが印象深い。この映画では神農道と任俠道は相通ずるのである。だから、最後に主人公が敵陣へ殴り込むとき、神農道から任俠道へと越境するわけではない。

露天商の住まいが破壊される少し前に、こんな場面がある。住人たちが一軒のぼろ屋に詰めかけ夫婦喧嘩を見物する。夫婦を演じるのは正司敏江・玲児。人気の漫才師で、得意ネタは夫婦喧嘩。早口の大阪弁をしゃべり体をぶつけ合う二人を、住人たちが土間に腰を下ろして見て笑い転げる。国分もそのなかに混じっている。このシーンはワンカットの長回しで、土間の人々があたかも舞台の漫才を楽しんでいるかのように描く。外ではまったく別世界のごとく家々を破壊するための測量が始まっている。最後に斬り込む国分の脳裡には、夫婦喧嘩に笑い転げる庶民の姿が浮かんでいたにちがいない。

シルクハットの大親分

1970・6・25　京都　監・鈴木則文　脚・高田宏治　撮・わし尾元也

若山富三郎の演じる熊坂虎吉、熊虎親分といえば、藤純子主演『緋牡丹博徒』シリーズの人気者で、任俠映画ファンなら知らぬ者はいない。これはその熊虎が主人公の映画で、こういうスピンオフの例は珍しい。封切は一九七〇年六月。『緋牡丹博徒』シリーズは六八年に始まり計八本あるが、その第六作と第七作のあいだにこれが登場した。

四国・道後の熊虎一家が、日露戦争における軍の仕事を終えて神戸に戻る。そして、陸軍による遼東半島の要塞工事をめぐり、大阪から九州へかけて、その仕事の横取りを企む悪玉勢と闘う。基本設定は任俠映画ではお馴染みの利権争いだが、描写の勢いが違う。笑いとアクションとお色気のシーンが交互に出没するのである。

その間、熊虎のほかにも『緋牡丹博徒』シリーズの主要人物が出てくる。熊虎の助っ人になるのは、清川虹子の演じる大阪の親分お神楽のおたか。そして、熊虎が危機一髪に追い込まれるや、兄弟分である緋牡丹のお竜が颯爽と姿を現わす。

熊虎の色気絡みの騒動が随所で笑いをそそり、春川ますみの演じる大阪の芸者蝶子とのくだりは、こんな展開になっている。熊虎が料亭で蝶子を軍人の魔手から救出↓彼女の家へ案内される↓入るのに躊躇↓部屋に上がる↓出された酒を飲むのにまた躊躇↓一杯だけと飲む↓小唄を歌う↓蝶子にしなだれかかられる↓箪笥などがガタピシ揺れる↓熊虎は蝶子が初体験と知って謝る↓お嫁さんにして、と真剣に言われて狼狽する。むくつけき男だが、純情なのである。

熊虎が夜の路上で悪玉一味に襲われ昏倒したところを、見知らぬ男に助けられる場面がある。彼は、伊吹吾郎の演じるその男がお竜の子分と知って喜んだあと、こう訊く。お竜に惚れているのでは、と。この唐突な問いは笑える。訊かれた男は、つと横を向く。と、いつの間にか傍らに緋牡丹の花が咲いている！

われわれ観客は、いつお竜が登場するかと思いつつ画面を追う。と、後半、熊虎に子分が女性客の来たことを告げる。お竜だと観客が思うより一瞬早く、熊虎が「お竜はんや！」と歓喜の声を挙げ、街の中を走りに走る。と、蝶子がいる。上出来の映画では、純情は人物から人物へと伝染するし、観客が主人公と想いを競い合いもする。

熊虎は終盤近く、また昏倒する。悪玉一味による大陸への人身売買から女たちを救うが、それは罠で、待ち受けた悪玉一味に驚くや、なぜか失神するのである。と、お竜が登場する。封切時の映画館では、拍手とともに「待ってました！」の声が掛かった。熊虎の病名は麻疹《はしか》。船の底で小便桶に沈んで隠れたが、それが原因なのかどうか。麻疹の幼女を助けるくだりが前にあるから可笑しい。そのあと、病床の熊虎が乃木大将の手紙を読んでくれと白いものを布団の中から出し、お竜が摑むと、それは褌やと言い、手紙を渡し直す。このとき、一瞬、斜め後ろ姿の藤純子が笑いを堪えるのが見える。

熊虎は二度も昏倒するが、悪玉との闘いでは猛烈に強い。ラスト、敵陣に殴り込み、お竜とともに斬り合うシーンでは、若山富三郎十八番のとんぼを鮮やかに切る。

監督はお竜の生みの親と称される鈴木則文。『緋牡丹博徒』シリーズの第一作から第七作まで脚本を書き、第二作『一宿一飯』では監督も務めた。今回の脚本は高田宏治。任俠映画のベテランで、シリーズ最終の第八作『仁義通します』の脚本も担当する。映画づくりを知り尽くした両人ならではの技が隅々に見られる。

遊俠列伝

1970・7・4　京都　監・小沢茂弘　脚・大和久守正　撮・山岸長樹

『遊俠列伝』は高倉健と藤純子の駆け落ちシーンから始まる。両スターが恋人役を演じる任俠映画は数多くあるが、いきなり駆け落ちの場面というのは珍しい。画面は二年後へ飛び、話が本格的に始まる。時代設定は昭和初期。二人は宿屋に逗留中らしく、赤ん坊がいる。主人公辰五郎＝高倉健は女房おゆき＝藤純子から受け取った薬缶《やかん》を手に出かけ、神社で仲間と円陣を組んで仁義を切り合う。辰五郎が流れ者のテキ屋であることが、ここで判る。彼らは駆け落ちしたあと、港町に流れ着いたのである。省略しつつ判らせる描写の運びが巧い。

おゆきが彼に手渡した薬缶に注目しよう。水が入っているのではない。神社の縁日で啖呵売りをする辰五郎は、薬缶の酒で喉を潤す。弁当を届けにきた彼女が、空になった薬缶の酒を買いに酒屋へ行く。その帰り道、喀血する。辰五郎は仲間と小料理屋で飲んだあと、宿に帰り、薬缶を口に運び、おゆきからそれはわたしの煎じ薬と聞くが、病気とは気づかず、酔った勢いで「おかあちゃん」と抱きつく。愛妻ぶりが薬缶という小道具を介して描かれるのである。高倉健の演技は、宿で赤ん坊をあやす姿とともに微笑ましさをそそる。

おゆきの病死後、辰五郎は遺骨を持って東京・浅草に帰ったあと、港町に戻る。そして、酒を断ち、テキ屋の仕事に励む。五年が経ち、赤ん坊は少年に成長する。落ち着いた暮らしの日々が続くなか、おゆきの兄熊太郎の出現で事態が一変する。

彼は辰五郎を殺すために追ってきた。演じるのは天津敏。悪役として名高いが、妹思いの兄の心情を熱っぽく体現する。愛する妹を奪った辰五郎を追ってテキ屋から身を落とし、やくざの親分を殺して自らも追われている。彼なりに辛い歳月を過ごしたのである。前半に、おゆきがテキ屋の兄熊太郎に弁当を届ける浅草の回想シーンがあり、兄の弟分の辰五郎と笑みを交わす。それを見て熊太郎は、自分が十六歳のときから育ててきた妹を堅気の男に嫁がせたいと辰五郎に言う。先述の薬缶とともに、弁当という小道具が活用されている。

ところで辰五郎の子供一郎役は誰なのか。赤ん坊ではなく、五年後の少年役のほうは途中で変わっていると思われる。最初は下沢広之、のちの真田広之にちがいないが、当時の宣伝資料には別の二人の子役名が記されている。嵐寛寿郎の演じる帳元の娘役も途中で変わるが、幼女のほうを演じる藤山直子はのちの藤山直美である。

この映画は一九七〇年七月に封切られた。東映任俠映画には六八年の『俠客列伝』『博徒列伝』、六九年の『渡世人列伝』があり、『遊俠列伝』はそれに続くかに見えるが、そうではない。前の三本はオールスターキャスト作品で、複数の人物を描く「列伝」の名にふさわしいのに対し、これは純然たる高倉健主演作である。しかも前半と後半では様相が異なる。前半は暴れん坊の愛妻譚で、後半、息子一郎への辰五郎の父親としての情が描かれ、そこに辰五郎に対する熊太郎の憎悪が絡む。任俠映画の勧善懲悪パターンとは一線を画しているのである。

お馴染みの縄張り争いは出てくる。辰五郎が世話になった帳元の縄張りを悪玉が狙い、熊太郎はその手先として帳元を殺す。一宿一飯の恩義のためで、熊太郎が単なる悪党ではないことを示す。旅から帰り恩人の死を知った辰五郎に、熊太郎が勝負を挑み、帳元を暗殺したことを告げる。悪玉一味の見守るなか、二人は闘うが、やってきた一郎を見て熊太郎が肉親としての情に打たれ、ドスを悪玉の一味に向けて殺される。辰五郎はそのあと、敵陣に殴り込む。恩人の仇を討つため、義兄の無念を背負って。やはり任俠映画の定型とは微妙に違っている。

日本女俠伝　鉄火芸者

1970・8・1　京都　監・山下耕作　脚・笠原和夫　撮・古谷伸

大正の中頃、東京・深川で、米不足に乗じて米の買い占めを図る悪玉一味と、主人公らが闘う。『日本女俠伝　鉄火芸者』の設定は、歴史上の事件を連想させる。一九一八年（大正七年）の米騒動がそれで、米価の暴騰から各地で暴動が起こった。脚本の笠原和夫は、一味違う任俠映画を狙ったのだろう。やくざが悪玉商人の手先として暴れるが、描かれる闘いは、やくざの縄張り争いではなく、あくまで商人対商人の闘いである。といっても、社会派の映画ではない。米をめぐる争いを背景にした藤純子と菅原文太によるメロドラマになっている。

芸者の小しず＝藤純子と小揚げ業者の勇吉＝菅原文太が藤棚の下を歩くシーン。後ろ姿で顔は見えないが、彼女は十年前に会った人のことを考えている。そして勇吉がかつてこの近くで板前の修行をしていたと話すのを聞き、彼こそがその人と知るや、いきなり走りだす。画面は回想シーンになり、十年前の板前姿の彼との出会いの光景が描かれる。そのとき、芸者修行の苦しさから入水しようとしたところを彼に制止され、深川不動のお守りをもらった。初恋の人を思い出したとして、なぜ彼女は走りだすのか。彼を置き去りにするわけで、妙ではないか。尋常のメロドラマとは違うのである。

小しずは男嫌いで知られ、パトロンの旦那はいるが、男女の関係にはない。十年前に出会った人を忘れられないからで、秘かに慕い続けてきて、彼と再会した。悪玉の妨害のなか、小しずが窮地に陥った米問屋の旦那＝曽我廼家明蝶を救うため、政界の長老＝伴淳三郎を訪れるシーン。迫る相手に、彼女は恋人の存在を告げ、嘘ではない証拠として簪で腕を刺す。心に秘めた思慕をそんな形で示すとは、どう見ても尋常ではない。袖から滴る赤い血は、彼女の恋心のあり方を告げている。意志としての恋、とでも呼ぶべきか。思慕の想念が深まったあげく、強固な意志になっている。

長老の手配で旦那の危機が回避されたあと、前と同じ藤棚の下を小しずと、板前を断念し、やくざになったあと、その旦那の世話で小揚げ業者になった勇吉が歩くシーン。やはり後ろ姿で始まり、彼女が勇吉との関係を旦那に話すと言う。と、彼は旦那を支えてあげてほしいと答えて去る。今度は彼女が置き去りにされるわけで、見ていて呆然となる。

ヒロインの片思いによるメロドラマ――こんな任俠映画は珍しい。

小しずと勇吉が一緒に出てくるシーンは多いし、何度も会話を交わすが、めったに視線を合わせない。それだけに、数少ない見つめ合うシーンが印象深い。最初の藤棚のシーンのあと、二人が夜の路上でやくざに絡まれるシーン。小しずが本気で闘いかける勇吉を体当たりで止めたとき、真正面から見つめ合う。そして続くシーンで、勇吉は初めて小しずが十年前の少女と納得する。ラスト近く、二人が川べりで会うシーン。小しずが悪玉に刺された旦那を見守る決意を告げ、賛成する勇吉に十年前にもらったお守りを返すとき、激しく見つめ合う。別離へ向けての両人の意志が交わるのである。

これは『日本女俠伝』シリーズの第三作で、封切は一九七〇年。藤純子は前年の第一作『俠客芸者』に続き、男勝りの芸者に扮するが、ピストルはもちろん刀も持たない。踊りに命を賭ける。終盤、その小しずの華麗な踊りを見守ったあと、勇吉は敵陣へ斬り込む。その背中を不動明王の刺青が彩り、闘いのさなか、あの深川不動のお守りが割れて落ちる。満身創痍の勇吉は、そのお守りに手を伸ばしつつ絶命する。

雨の夜、芸者姿の藤純子が傘を差してお座敷に向かう。それがラストシーンだが、その直前、紫陽花のアップが入る。ヒロインの想念をあらためて示すかのように。監督は山下耕作。

新網走番外地　大森林の決斗

1970・8・14　東京　監・降旗康男　原案・伊藤一
脚・村尾昭　撮・林七郎

　網走刑務所の門や塀、周辺の風景をバックに、題名、クレジットが出て、主題歌が流れる。お馴染みの冒頭だが、今回は工夫が凝らされ、意表をつく。その間に、ダンプカー運転手の末広勝治＝高倉健が入所するに至った経緯が、新入り仲間らの漫才タッチの語りで綴られるのである。高倉健主演のアクション映画が漫才調で始まるとは、驚くではないか。『新網走番外地大森林の決斗』はシリーズ第十四作。新鮮な工夫が必要とされたのであろう。

　新入りは五人だが、入室直前に勝治の姿が見えない。と、職員用便所から出てきて騒ぎになる。高倉健とトイレの組み合わせも意表をつき、少しあと、受刑者のボス的存在である悪玉とのトイレ内の格闘シーンもある。囚人たちの刑務所暮らしが始まり、やがてトラック二台に乗せられ労働現場へと向かう。寒川農場に着くと、森林に囲まれた大草原で、風景が素晴らしい。農作業ではなく、森林伐採作業に就く。雑居房と大風景。以後、対照的な空間が交互に舞台となり、独特の映画的時空を織り上げてゆく。

　高倉健はこのシリーズでは多くの場合、少々とっぽい主人公を演じる。今回も、冒頭の漫才調のくだりで、すぐカッとなる気質が早くも強調され、コミカルな感じを放つ。そのあと、伐採作業の途中で、悪玉ボスにおだてられるや、宍戸錠の演じるやくざ力石勇に突っ掛かり、軽くあしらわれてカッとなる。その単純さが可笑しい。

力石は病気の母の面倒を見てもらう約束で悪玉側につく。豪快な男の母恋い。このシリーズではお馴染みのもので、善玉悪玉の闘いに情緒を添える。若い囚人富士夫の実家の木材会社を悪玉一味が狙い、争いが巻き起こり、その渦中、富士夫と星由里子扮する姉くに子との心情もしんみり描かれる。両親のいない姉弟の面会シーンでは、勝治が亡き姉の思い出を語り、画面はいっそう情緒に濡れそぼつ。その間、囚人役の南利明や由利徹らが笑いを撒き散らす。対照的な感情をそそる要素が交互に出てくるのがミソで、そこに男たちの闘いが絡み、ヒーロー高倉健はそのいずれをも担うのである。

悪看守と組んだ悪玉一味は暴力をエスカレートさせ、くに子の守る会社の森林に放火する。炎の広がるなか、勝治は力石と死闘に突入するが、足を挫《くじ》いた相手を助ける。近くの妊婦が火の迫る小屋から救出されたあと、無事出産する。別種の出来事が重なり合うように描かれるのが印象深い。勝治は力石との闘いで腕を負傷する。くに子はそれに気づくや、自分のブラウスの片袖をむしり取り手当てをする。そのロマンチックなムードから一転、刑務所の雑居房に戻ったら、美人の片袖の奪い合いになりかけるのが笑いをそそる。

悪玉一味は命令に背いた力石を襲い、富士夫を罠に嵌《は》めて殺す。すべてを知った勝治は馬で夜の刑務所を抜け出す。むろん殴り込むわけだが、囚人服ではまずい。紺のTシャツと白い綿パンを民家で拝借し、駆けつけたヒロインに別れを告げるや、また馬を疾駆させるとき、どこで調達したのか、カーキ色のコートを着ている。そういうご都合主義は楽しい。

敵の事務所は町中にあり、刑務所や農場やその周辺とは異なる場所が出てきて、雰囲気が一変する。ところがそこは鉄道の引き込み線の近くで、夜の濃霧と蒸気機関車が吐き出す白い蒸気のため、周囲はよく見えない。勝治はそんな闇のなかで敵の首魁を倒すわけで、描写の工夫が最後まで凝らされている。

札つき博徒

1970・9・9 京都 監・小沢茂弘 脚・笠原和夫、志村正浩 撮・塚越堅二

『札つき博徒』は鶴田浩二主演の『博奕打ち』シリーズの第九作で、封切は一九七〇年九月。鶴田浩二には『博徒』シリーズもあるから、混同しかねない。だが、東映任俠映画の量産期には、誰もそんなことを気にかけなかった。

大正初期の九州・戸畑。現在も盛んな祭り、戸畑祇園大山笠をめぐる葛藤がくりひろげられる。祭りの主導権を握ろうと、やくざ二組が戸畑に勢力を伸ばす。直方の直政一家と門司の門司徳一家で、どちらの狙いも、祭りそのものではなく、祭りのときに花会を開いて儲けることにある。祭りには多額の資金が必要で、それを承知で主導権をめざすのだから、花会の利益は桁外れに大きい。二組は抗争するなか、カネの力で、暴力で、祭りの主催者に迫る。

一匹狼の柏木竜次＝鶴田浩二が戸畑に流れてきて、やくざ二組の争いに関わってゆく。彼は博徒だが、祭りが博徒に汚されるのが許せない。そこでどうするか。二組の抗争をいっそう煽り、共倒れさせようとする。

戸畑の祭りは伝統的に、堅気の青年たちの集まり、若衆組が主催してきた。博徒二組がその伝統を壊そうとするのだが、任俠映画のなかで若衆組というと博徒の組と混同しそうで、ややこしい。十三年前、やはり祭りが博徒に狙われたとき、若衆組組頭が相手を殺して騒ぎは収まった。親友の殺しの罪を被って服役したのが竜次で、刑務所を出て、一匹狼の博徒になった。彼も堅気の若衆組だったわけで、だからこそ、祭りを護ろうと闘う。

竜次はかつての組頭、いまは祭りの総代を務める池上三次郎＝大木実と再会し、助力を申し出る。だが三次郎は、十三年前の恩は忘れないが、祭りが終るまで近づかないでくれと厳しく言い渡す。病で目の見えない彼と竜次の苦渋の表情が胸をうつ。そのあと、三次郎といまの若衆組組頭＝待田京介が祭りの費用のことで揉めるシーン。傍に竜次もいるが、三次郎には見えない。組頭が総代に逆らうや、竜次が怒声と共に組頭を殴る。と、三次郎が、あなたはどこのどなただと問うて言う。やくざなら出ていってくれ。ここでも両人の苦渋ぶりが痛々しい。竜次は博徒でありながら博徒から祭りを護ろうとするわけで、苦渋は二重に深い。鶴田浩二はその表情をみごとに演じる。

脇役陣も素晴らしい。関西弁の小池朝雄と名古屋弁の山本麟一が、主人公に協力する流れ者コンビを演じてユーモアを醸す。工藤明子が門司徳一家の客分、火の鳥お仙を、天津敏が直政一家の客分で、十三年前に三次郎に殺された兄の復讐を企む人斬り鉄五郎を、それぞれ演じ、流れ者の悲哀を感じさせる。竜次とお仙の関係がメロドラマ寸前なのが面白い。彼は自分の母親について彼女に前後二度話すが、微妙に異なる。最初は、俺のおふくろはお前さんのような優しい人だったと言い、二度目は、俺のおふくろはお前さんのような流れ者の博奕打ちだったと語る。これではメロドラマは寸前まで行くが成立しない。

死者が続出し、竜次は敵陣に殴り込む。諸肌を脱いで刺青姿になることに注目しよう。やくざとして闘うのである。乱闘で瀕死の状態になり、微かな祭りの音に表情を和ませるが、その笑みはお仙が彼の腕のなかで死の寸前に浮かべた美しい微笑に似ている。

ある町に流れてきたヒーローが複数の悪党を煽り共倒れさせる設定は、珍しくはない。元祖はアメリカのダシール・ハメットのハードボイルド小説『赤い収穫』（一九二九年）で、多様に応用可能な骨格が多数の小説や映画を生んだが、任侠映画にもなったとは！

昭和残侠伝　死んで貰います

1970・9・22　東京　監・マキノ雅弘　脚・大和久守正　撮・林七郎

『昭和残侠伝　死んで貰います』は賭場のシーンから始まる。博奕で文無しになった花田秀次郎＝高倉健は帰り道で袋叩きに遭ったあと、芸者の卵の幾江＝藤純子と出会う。二人のやりとりが大きな銀杏の樹の下で、夜の小雨のもと、情緒たっぷりに描き出される。

殺伐なシーンから情に濡れたシーンへ。その移り行きが息を詰めて見守るほど素晴らしい。と、つぎの瞬間、ふたたび賭場の場面になり、イカサマを見抜いた秀次郎が壺振りの手をドスで刺す。男と女の出会いの情景が、また殺伐な修羅場へと転じるのである。この転変はスゴイ。その間三年の月日が経っているが、三年後という字幕など出てこない。しかも壺振り役が冒頭と同じ山本麟一であり、わずかに秀次郎の台詞が時の経過を告げるにすぎない。だが、彼の姿、みすぼらしい文無し男から颯爽とした渡世人への変貌が、過ぎた歳月をくっきりと示す。

導入部において、情景の激しい移り行きを二度にわたって描き、観客を巻き込む。マキノ雅弘監督の鮮やかな映画づくりといえよう。一九七〇年公開のこの映画は『昭和残俠伝』シリーズの第七作で、舞台は大正末期の東京。

あのあと服役して出獄した秀次郎は、深川の老舗料亭喜楽に別名の板前として勤める。彼はそこの長男だが、父と後妻のあいだに娘が生まれたあと、やくざになった。そして、いま、本名を名乗れないまま奉公し、深川一帯の制覇を狙う新興博徒と対立する。悪玉の横暴を耐えることと、身分を隠しつづけること。二重の我慢劇を強いられるのである。

そうしたなか、秀次郎は人気芸者となった幾江と料亭で再会する。彼女は初め相手を識別できないが、やがて気づく。その瞬間、両の手で顔を覆い全身で恥じらう姿が、じつに艶やかに美しい。その少しあと、料亭の一室で、彼女が迫る悪玉の親分から逃れ、くるりと身を翻して立つ姿も、艶《なまめ》かしい。ともにマキノ演出による華麗な動きにほかならない。二重の我慢劇の真っ只中に、恋愛劇が仕組まれるのである。

そこへ秀次郎と風間重吉＝池部良による男同士のドラマが重ねられる。重吉は元やくざで、秀次郎の父に拾われ喜楽の板前になっており、秀次郎が何者かを知っている。さらに、義理の関係とはいえ、母と息子の情愛劇が織り込まれる。義母＝荒木道子が新人板前のつくった卵焼きをひとくち食べるなり、「これよ、喜楽の味は」と感嘆する。聞いた重吉が厨房へ戻り、「秀さん、血だな」と秀次郎に囁く。味覚を介し、母子の関係と男同士の関係が連結されるわけで、深い感銘をもたらす。

池部良が重吉役を絶妙に演じ、高倉健との場面でそれが際立つ。たとえば悪党どもをカッとなって殴り倒した秀次郎を殴りつけ、あとで謝るシーン。相手を跡継ぎと見なしての立居振舞が胸をうつ。秀次郎はそんな重吉だから心底信頼し、後半、俺は足を洗えないと言い出す。料亭の一室のシーンで押し問答をする秀次郎と重吉の上半身が、あいだに坐った幾江を含め、二台のキャメラで両側から挟む形のツーキャメ方式で撮られ、二種類の映像になる。普通は切り返しで描くところだが、ツーキャメゆえ、滑らかに画面が進み、情感を盛り上げる。同じ手法は、冒頭の銀杏の根元におけるふたりの会話の場面などでも、効果的に使われている。

名匠マキノ雅弘が、独特の絵づくりで二重三重の関係の劇を流麗に描き、泣かせるのである。それかあらぬか、ラスト、主題歌のメロディが流れ、重吉が殴り込みに向かい、待ち受けた秀次郎が同行するのが印象深い。

シルクハットの大親分　ちょび髭の熊

1970・11・21　京都　監・鈴木則文　脚・高田宏治　撮・塚越堅二

『シルクハットの大親分　ちょび髭の熊』は四国道後の親分熊坂虎吉が主人公のシリーズの第二作で、舞台は明治末の静岡県熱海。道後と熱海という有名な温泉地を繋げた映画は珍しい。

冒頭、時代設定の字幕、スタッフ・キャストのクレジットのあと、馬車の暴走シーンになり、飛び出した男が馬車を止める。これが熊坂虎吉＝若山富三郎。馬車の上で悲鳴をあげていた令嬢が、礼を言い熊虎の顔を見るや、失神するのが可笑しい。そして題名が出る。この入り方が巧い。物語を題名より前から描き始める手法はよくあるが、ここでは、クレジットも題名より先に出る。だが、続く熊虎一家の宴会シーンを見れば、納得できよう。まさに乱痴気騒ぎで、令嬢失神にこの猥雑な光景を直結するのは無理だろう。そこで、題名の挿入が絶妙な効果を発揮する。宴会シーンは、熊虎と旅館の女将との笑えるセクシャルな場面へと続き、さらに岩風呂の女湯における刺青男どもの乱闘へと展開してゆく。こんなにエロチックな要素が満ちた任侠映画も珍しい。

熊虎が助けたのは小栗子爵の令嬢＝橘ますみで、小栗家の老家令がシルクハットの礼装で礼にくる。熊虎も題名どおり同じ格好で、両人は対面するや、同時にシルクハットを脱ぐ。本人たちが大真面目なだけに可笑しい。その延長線上で熊虎は小栗家のパーティに乗り込む。

子爵主催だから、西欧風の華麗さは鹿鳴館もかくやと思わせる。温泉旅館の宴会とはまったく違う。だが熊虎にしてみれば、乱痴気騒ぎも鹿鳴館風も選ぶところがない。そこがスゴイ。しかも、シルクハットの礼装が上流階級の集う舞踏会にぴったりで、笑ってしまう。熊虎はそのとき、天皇に献上する予定の自動車の運搬と警護を小栗子爵から依頼される。天皇と聞いて感動し、一も二もなく引き受けるが、自動車の日本における普及をめざす子爵と、それを妨害する悪玉との争いに巻き込まれてゆく。

問題の自動車がアメリカから着く。熊虎も子分たちも化け物相手のように怯え、試乗となるや、念仏を唱える。アメリカ人の運転で始まった試運転は、途中、エンジンの不調を点検しに下車したアメリカ人を置き去りに、熊虎がハンドルを握り、老家令だけを乗せて疾走する。その瞬間、無声映画風の早送りになって、ギャグ連発のドタバタ喜劇に一変する。初めて自動車なるものを見ての反応の誇張表現から、冒頭の馬車暴走シーンを引き継ぐドタバタ喜劇へ。この移り行きの映画的運動が素晴らしい。

熊虎の奮闘は、天皇への献上車にやくざが関わるのは問題だとの理由で、無に帰す。熊虎、今度は悔し涙に暮れる。そんな彼を令嬢が慰める。雨の降る橋のたもとでの両人を捉えたシーンは、まさしく任俠映画の抒情にあふれる。

小栗子爵の失脚を狙う悪玉一味は妨害を続ける。熊虎は獅子奮迅の乱闘のなか、河原で窮地に陥る。と、群れ咲く彼岸花の向こうから『緋牡丹博徒』シリーズのヒロインお竜＝藤純子が登場する。助けられた熊虎が言う。あんた、いつもええとこに出てきますなあ、と。この台詞は『緋牡丹博徒』シリーズにおける熊虎の登場シーンに対応するとともに、観客の想いを代弁している。

エロの要素、ドタバタ、高貴と差別、抒情、そしてお定まりの殴り込みのアクション。この映画の千変万化は啞然とするほどで、怪作とも快作とも決めがたい。藤純子主演の『緋牡丹博徒』シリーズから派生したこのシリーズは、この第二作で終った。監督は鈴木則文、脚本は高田宏治と、第一作と同じだが、作品のムードが大違いなのは最後だからか。

日本俠客伝　昇り龍

1970・12・3　京都　監・山下耕作　原・火野葦平
「花と龍」より　脚・笠原和夫　撮・吉田貞次

シリーズ第十作『日本俠客伝　昇り龍』が一九七〇年十二月に封切られたとき、任俠映画ファンは驚いた。前年五月公開の第九作『日本俠客伝　花と龍』と、原作も、主人公玉井金五郎とヒロインお京の配役も、同じではないか。首を傾げながら見てゆくと、原作の大胆な脚色にまた驚く。前作と違い、金五郎とお京の哀切なメロドラマを描く。舞台こそ同じ北九州だが、時代は明治末ではなく大正中期から昭和初期へと変わっている。

火野葦平の小説『花と龍』は一九五二〜五三年に『読売新聞』に連載され、何度も映画化された。映画会社のあとの人名は、監督および金五郎役・マン役・お京役の順。

①五四年『花と龍』二部作／東映／佐伯清／藤田進・山根寿子・島崎雪子②六二年『花と竜』／日活／舛田利雄／石原裕次郎・浅丘ルリ子・岩崎加根子③六五〜六六年『花と龍』二部作／東映／山下耕作／中村錦之助・佐久間良子・淡路恵子④六九年『日本俠客伝　花と龍』／東映／マキノ雅弘／高倉健・星由里子・藤純子⑤七〇年、今回の作品

③の山下監督は『将軍と呼ばれた男　映画監督山下耕作』（ワイズ出版）で、当時始まった任俠路線に逆らって企画されたと述べている。たしかに③は青春ロマンを謳う文芸映画である。そして今回、同じ山下監督が純然たる任俠映画として撮っている。

石炭仲仕の玉井組を率いる金五郎＝高倉健が刺青師でもある博徒お京＝藤純子と出会うところから始まる。金五郎には女房マン＝中村玉緒がいて、過去の映画では両人の出会いから結婚とその後が描かれたが、今回は省かれている。しかも彼はお京に未婚だと嘘をつく。

金五郎は仲間と旅行に来ていた温泉宿の賭場でお京と出会う。胴師を務めるお京と客の金五郎との、視線のやりとりが印象深い。表情からお京が彼に特別な関心を持ったことがよくわかる。その直後、襲われ傷ついた金五郎をお京が介抱し、彼の背中に昇り龍の刺青を彫るのだが、彼は龍の摑んでいる珠を菊の花にしてくれと頼む。

マンは金五郎不在の玉井組の荷役を指揮する。商売敵との衝突寸前に金五郎が戻ってきたので喜ぶが、敵との乱闘のなか、諸肌を脱いだ夫の背の刺青を見て驚く。乱闘のあと、警察から釈放された金五郎をマンが迎え、刺青は好かんと言う。お京が物陰から夫婦のその会話を聞き、そっと姿を消す。後日、マンが家の風呂場で金五郎の背中を流すうち、刺青の一角に彫り込まれた「京」の字に気づく。三角関係におけるそれぞれの想いを、刺青が彩るのである。

この作品では、金五郎が沖仲仕の組合の結成に尽力し、機械化時代の到来のなか、沖仲仕の転業資金獲得に奔走する。労働運動といってよかろう。それを下敷きにメロドラマを浮かび上がらせるのである。脚本は笠原和夫。出世譚の原作とは大きく異なる。そうしたなか、鶴田浩二が料亭や芝居小屋の主となった元博徒の俠気を、荒木道子が豪快な女親分の心意気を、片岡千恵蔵が清濁併せ吞む大親分の剛胆さを、それぞれ感銘深く演じる。贅沢な映画である。

金五郎が窮地に追い詰められたとき、お京は大物に助力を頼み込む。俳優名で記すなら、荒木道子には同じ女であることの情に訴え、片岡千恵蔵には女の心情を強調する。藤純子のその姿に誰しも緋牡丹のお竜を連想しよう。胸を病むお京は、そうやって恋しい男のために命を燃やし、彼の背の昇り龍から「京」の字を消し去って息絶える。自ら彫った刺青と女心の末路を重ねるのである。

新網走番外地　吹雪のはぐれ狼

1970・12・30　東京　監・降旗康男　原案・伊藤一
脚・村尾昭　撮・林七郎

高倉健の演じるヒーロー末広勝治が、なんと、命を救ってくれた神父と親分子分の盃を交わす。これにはびっくりする。『新網走番外地　吹雪のはぐれ狼』はシリーズ第十五作だが、こんな意表をつく基本設定は初めてである。

今回、勝治の来歴は語られない。封切当時の宣伝資料では、彼は九州のやくざで、組のために傷害事件を起こし、刑務所をたらい回しのあげく、網走刑務所に送り込まれたとあるが、映画では省かれている。説明は画面の勢いを弱めるからであろう。

映画は網走刑務所の食堂シーンから始まり、勝治は登場するや、殴り合いに突入する。そして、懲罰房、人斬り政＝若山富三郎との顔合わせ、豪雪の森林での伐採作業、悪玉の襲撃、瀕死の重傷と、小気味いいテンポで進む。その勢いこそが、勝治の魅力を一気に盛り上げるのである。と思ううち、獄中のリンチで瀕死状態になったところを救い出してくれた神父＝岡田眞澄と、出所するや、親子の盃を交わすのだから、驚いてしまう。

勝治が神父を、以後「親分」と呼ぶのが可笑しい。それを踏まえて、神父は礼拝堂でイエスのことを自分の親分だと説明する。勝治は聞いて納得するが、マリアの処女懐胎は信じない。自分をブラザーと神父が呼ぶのを、ブラジャーと聞き違えるくだりも笑いを誘う。高倉健といえば、豪快なイメージだが、それと裏腹の、兄《あん》ちゃん的個性が活かされているのである。シリーズ十五本目の今回、一段と若返って暴れん坊を好演する。

教会で働くことになった勝治は、神父服を与えられ、右の頬を打たれれば左の頬を差し出せと教わるが、悪玉の暴虐にカッとなって腕力を振るい、出て行けと言われる。つまり破門である。彼は許しを請うが、聞き入れられず、雪の大地に坐り込む。夜、降りしきる雪のもと、凍りついてしまう。そのあとがケッサクで、坐ったままの高倉健を礼拝堂へ運び込んで解凍するなんて、空前絶後の珍光景であろう。

勝治は反省する。つぎに悪玉から殴られたとき、思わず手を出しかけるが、屋根の十字架を見上げ、右の頬を差し出す。神妙な表情の滑稽なこと。悪玉一味は彼を縛って雪の中を馬で引きずり回すが、彼は耐え、その勇敢さに反抗的な少年たちが感動する。

少年たちは教会の施設に住む問題児で、なかに有望なボクサー大関＝谷隼人がいる。悪玉一味は彼の恋人を人質にして、彼に新人王決定戦で八百長をしろと迫る。試合の当日。リングで大関の闘いが始まる。その間、勝治が悪玉の事務所に乗り込み、大関の恋人を返してくれと懇願する。試合が進み、リング上の闘いは白熱する。事務所では勝治が悪玉一味の暴行に耐えたあげく、反攻に出る。大関は恋人のことを思いつつ、苦戦を強いられる。ふたつの殴り合いが、交互に描き出され、画面を熱くする。それまでは、つねにユーモアが中心になっていただけに、勝治と大関の苦闘ぶりが際立つ。

試合は大関の勝利で終るが、その瞬間、悪玉一味は非情冷酷さを発揮する。大関も神父も殺され、勝治は堪忍袋の緒を切り、殴り込みに立ち上がる。トレンチコート姿で礼拝堂に入ってくる。右手に脱いだ神父服を、左手に長ドスを持っている。祭壇の前に跪《ひざまず》き、亡き親分に涙声で話しかけ、首の十字架を外し、懐の物を置いて言う。逆縁ながら盃を返させてもらいます。こんなふうに始まる道行きのシーンも空前絶後であろう。

転換期　一九七一年〜一九七四年

「現代やくざ　人斬り与太」1972年公開©東映

映画タイトルの下の、数字は公開年月日、東京は東京撮影所、京都は京都撮影所、監は監督、原は原作、脚は脚本、撮は撮影を示します。

博徒外人部隊

1971・1・12　東京　監・深作欣二　脚・神波史男、松田寛夫、深作欣二　撮・仲沢半次郎

横浜のやくざが十年の刑期を終えて出所すると、横浜は一変し、組は消滅していた。任俠映画ではよく見られる基本設定で、『博徒外人部隊』の物語もそれを踏まえて始まる。だが、導入部だけで、あとは違う方向へ進む。

主人公の郡司＝鶴田浩二は横浜の元浜村組代貸で、彼と元仲間ら六人が、浜村組の廃屋に集まる。俳優名で記せば、小池朝雄、室田日出男、曽根晴美、渡瀬恒彦、由利徹。そこへ、かつて浜村組と敵対した組の幹部工藤＝安藤昇が転がり込む。計七人の男が今度どう生きてゆくかを語り合い、郡司が言う。俺たちがかつて暴れ回った横浜と同じような場所が、日本にある、沖縄だ、と。全員が賛同し、新しい縄張りを求めて沖縄へ向かう。任俠映画の多くは土地をめぐる争いを描くが、ここでは横浜を見捨てるのである。

この映画は一九七一年一月十二日に封切られた。沖縄ロケは七〇年であろう。日米政府による沖縄返還協定調印は七一年六月。沖縄の本土復帰は七二年五月。大部分は、アメリカの統治下にあった沖縄で撮られた。東映任俠映画群のなかでも異彩を放つ映画なのである。

冒頭から随所に郡司のナレーションが入るのが印象深い。彼が敵対する組に殴り込んだ入獄の経緯や、横浜の二つの組が大組織に操られていたことなどが語られ、それに関する出来事や諸人物の映像がストップモーションやスチールショットで、短く挿入される。説明の役割と同時に、画面をリズミカルにする効果もある。監督は深作欣二。二年後の『仁義なき戦い』でも同じ手法を使って、画面を切れ味よくすることは、衆知のとおりである。

沖縄に着いた郡司らは、縄張り獲得の下見をしようと那覇の街を歩き回る。当然、アメリカ人の姿が多い。その光景は明らかに隠し撮りしたもので、ドキュメンタリーを思わせる。そのあとホテルの部屋で、沖縄の暴力勢力図を検討するとき、各グループを記した札を地図の上に並べるのも、ドキュメンタリー的手法といえる。虚構の物語を生々しい記録映像のように描くのは、深作監督が得意な手法で、『仁義なき戦い』に引き継がれている。こうして郡司らは、那覇を仕切る二組織、およびコザ勢力と繋がる愚連隊、これら三者を相手に闘う。そして、縄張りを暴力的に獲得するが、その間、仲間はつぎつぎ死へのめり込んでゆく。

一種の群像劇で、郡司ら七人の個性が鮮やかに描き分けられている。元は郡司のライバルだった役の安藤昇は、むしろゲストスター扱いというべきか。郡司が何度か危機に陥りかけるや、思いがけない形で助ける役を好演する。コザのボス与那原＝若山富三郎も素晴らしい。隻腕で、琉球拳法なのだろう、激烈な空手術を爆発させる迫力は、尋常ではない。ヤマトンチュー（本土の日本人〉を憎む彼は、郡司らと敵対するなか、相手について言う。いい根性をしている、と。そんな彼を郡司も心の通じる男だと感じている。この映画は、正確には暴力団抗争劇と呼ぶべきかもしれない。だが、郡司と仲間の連帯感や、工藤や与那原が熱い想いをそそるから、これはやはり任侠映画なのである。

終盤、郡司らの前に思わぬ敵が出現する。かつて横浜を奪った大暴力団が、沖縄にやってきて、縄張りを渡せと告げる。結局のところ、沖縄は新天地などではなかったのである。この痛いほどの苦さが、この映画の核心であろう。郡司らはもう退けない。無理心中のような死闘が埠頭でくりひろげられ、郡司や工藤らはざらざらしたコンクリートの地面に倒れて動かなくなる。その姿にあの痛い苦さが感じられる。

女渡世人

1971・1・23　京都　監・小沢茂弘　脚・本田達男
撮・古谷伸

『女渡世人』は藤純子の新シリーズの第一作で、一九七一年一月に封切られた。当時、すでに主演シリーズは『緋牡丹博徒』と『日本女侠伝』があったから、新シリーズ誕生は彼女の人気の絶大さを証明している。演じる役は妻恋いお駒。若い女やくざで、幼い頃に生き別れした母親を捜し、渡世の旅を続けている。この設定は、男の主人公を女に変更してあるが、何度も映画化されてきた長谷川伸の戯曲『瞼の母』がヒントに違いない。

お駒は旅の途中、日光街道の宿場町、今市で、流れ者筑波常治＝鶴田浩二に窮地を救われる。お駒は常治から懇願され、彼の連れている幼い娘お夏を信州へ送り届ける。やくざが幼女をその子の祖父母の営む旅籠へと届ける。この設定も、やはり主人公の性別こそ変えてあるが、長谷川伸の戯曲『関の彌太ッぺ』と同じである。この映画のプロデューサー俊藤浩滋は、長谷川伸の熱烈ファンであることを公言している。

お駒は信州の鹿教井《かけい》温泉へ幼い娘を連れていき、ついに母親と巡り会うが、町の支配を企む悪徳やくざと闘うはめになる。時代は明記されないが、大正末期であろう。

お駒は「瞼の母」とまず温泉街の橋の上で擦れ違うが、ちらりと目を合わせるにすぎない。そのあと、湯殿でふたたび視線を交わす。その場面が素晴らしい。母親お滝を演じるのは木暮実千代。湯殿に入ってきたお滝が、先客の脱いだ着物の上に置かれたお守りにハッとなり、戸の小窓から中を覗く。湯舟のお駒は気配に気づいて振り返る。目と目を合わすや、お滝は湯殿から走り去る。この場面で重要なのは、お守りに加えて、お滝が小窓から覗いた瞬間、その右腕の痣が露呈することであろう。われわれ観客はお駒の回想シーンで、お守りも痣も目にしている。だから、お滝こそ母親だとお駒より先に知るのである。

やがてお駒はお滝が母親にちがいないと知り、会いにゆくが、悪玉親分の妾であるお滝は、娘に被害が及ぶのを恐れ、人違いだと冷たく追い払う。観客は、涙ながらに訴えるお駒にも、心ならずも拒むお滝にも、感情移入せずにはいられない。それがこのくだりを名場面にしている。そういえば、木暮実千代は東映時代劇『瞼の母』（六二）で生母の役を演じている。主演は中村錦之助、監督は加藤泰。やはり観客の涙腺を刺激する傑作である。

お駒が幼いお夏を信州まで送り届けたのは、常治への恩返しだが、母親のいないお夏に自分の境遇を重ねたからでもある。お夏は老舗温泉宿の主の孫なので、悪玉に誘拐され、その子とお駒の関係を知っているお滝が救い出そうとして親分にリンチされる。生母が娘お駒のために暴力を甘受するわけで、お駒は満身創痍のお滝と、やっと母娘として抱き合う。だが、その直後にお滝は親分一味に殺される。おりしもお夏の身を案じた常治が鹿教井を訪れ、祖父母と遊ぶ娘の姿を垣根越しに見る。中村錦之助主演・山下耕作監督の東映時代劇『関の彌太ッぺ』（六三）にも同じような名場面がある。

そのあと、お駒と常治は、まず炎上する旅籠内で、そして殴り込んだ先で、悪玉一味と闘う。ヒロインとゲストスターの見せ場が二度もつくられているわけで、その念入りぶりはスゴイ。しかも殴り込みのシーンはえんえんと長く、藤純子はピストルと長ドス、鶴田浩二は匕首と、それぞれ武器が違う。ところで、道行きのシーンでは藤純子の主題歌が流れるが、この曲は『緋牡丹博徒』ほどには知られていない。

博奕打ち　いのち札

1971・2・13　京都　監・山下耕作　脚・笠原和夫　撮・吉田貞次

東京のやくざが旅先の直江津で旅芸人の女と愛し合って再会を約束したあと、組のために闘い懲役に服して出所すると、女は親分の妻になっていた。『博奕打ち　いのち札』は鶴田浩二主演『博奕打ち』シリーズの第十作で、そんな男女の悲劇を描く。封切は一九七一年二月。東映任俠映画のなかでも、これほど濃密なメロドラマは珍しい。時代設定は昭和の初期。

むろん単なるメロドラマではない。相川清次郎＝鶴田浩二と静江＝安田道代は岩井組の元若衆頭と親分の妻として再会するが、組は埋め立て工事の利権をめぐって愚連隊との争いの渦中にある。しかも上部組織の関東桜田組が絡むので、争いは複雑を極める。一門内部の葛藤という構図は、シリーズ第四作『博奕打ち　総長賭博』（六八）を想起させよう。監督の山下耕作、脚本の笠原和夫は二作品に共通する。

清次郎が出所後、いまは姐さんである静江と初めて二人きりになるシーン。殺された親分の位牌の前に坐る彼女を見つめた彼は、ひと呼吸のあと、背後に坐る。あるいは、苦悩のあげく家出した彼女を彼が追ってきて、帰ってくれと諭す思い出の直江津の海辺における再会シーン。一緒に逃げてと迫る彼女に、彼が、自分の意見を聞いてくれないのなら、ここで死んでくれと、背を向ける。苦渋の表情が目を瞠《みは》らせる。安田道代は大映スターだったが、大映が七一年十二月に倒産する前に離れた。任俠映画の出演は大映時代に何本もあるが、東映ではこれのみ。現在の名は大楠道代。

冒頭まもなく、清次郎と静江が直江津の海辺で愛を誓うシーンでは、彼女の角巻きの赤い色が目に染みる。そして運命の再会後、同じ直江津の先述のシーンでも、角巻きの赤が印象深い。赤は彼女の情熱を示すのか。安田道代は切れ長の目が特徴的で、それが随所で活かされる。静江は清次郎と、他人に説明できない形で再会するわけで、彼を見つめる彼女の目の鋭さが心の内を語る。清次郎が亡き親分への仁義ゆえに指を詰めるシーンでは、静江は驚愕の目を見開く。だが、やがて彼女は彼の生き方を了解する。愛を断念し、本気で姐さんとして岩井組を率いるのだが、それで悲劇が終りになりはしない。

もう一人、珍しい俳優が出ている。天本英世で、黒ずくめの殺し屋を無気味に好演する。六〇年代の東宝ギャング映画の名脇役として知られるが、デビュー直後、松竹映画『二十四の瞳』（五四）ではヒロイン高峰秀子の夫役を演じた。

赤い角巻きと並んで、旅芸人時代の静江の手拭いも印象深い。最初に出てくるのは、岩井組の親分が出所する清次郎の荷物を改めるシーンで、静江の芸名入りの手拭いを見つける。だが、親分はそのことを口にしない。まもなく彼は殺し屋に襲われ、静江が絶命した親分の懐の手拭いに気づく。清次郎が組に戻ったのは葬儀の日で、先述した位牌の前に坐った静江が、清次郎に後ろ手で手拭いをそっと差し出す。親分は両人の関係を気づきながら口にしなかった。清次郎と静江の苦渋は、そのことを手拭いにより知ることで二重に深まるのである。

手拭いはもう一度出てくる。清次郎が組の半纏と盃を姐さんの静江に返し、指を詰めたあと、組を去る。追いかけて静江が、血塗れた清次郎の左手をあの手拭いでくるんでやり、胸にそっと抱く。因縁の手拭いが愛の終りを告げている。

ラスト、清次郎は、組に乗り込んできた悪玉たちを葬る。そこは賭場の大広間で、彼が流れ弾に当たって瀕死の静江を抱きかかえ、群がる連中と闘う瞬間、盆茣蓙の周りは血の池に一変する。超現実的な描写は公開当時、話題になった。興味深いことに『笠原和夫傑作選』第一巻（国書刊行会）所収の脚本に、血の池はまったく書かれていない。あの赤い角巻きも。

関東テキヤ一家　喧嘩《ごろめん》火祭り

1971・2・13　京都　監・鈴木則文　脚・鈴木則文、志村正浩　撮・わし尾元也

『関東テキヤ一家　喧嘩《ごろめん》火祭り』では、東京・浅草のテキヤの若い衆、国分勝＝菅原文太の登場シーンが意表をつく。彼の姿は冒頭から出てくるが、クレジットタイトルの前後で、すべて断片にすぎない。そのあと、物語が始まるや、画面に現われるのはトラックを運転する弟分＝南利明の姿で、彼がレストランの女便所に入る。と、横の男便所から国分が出てくる。これがヒーローの本格的な登場シーンなのである。

シリーズ第四作だからこその遊び心といえよう。ライバル役に配した梅宮辰夫の登場させ方にも、同じものが感じられる。トランプカードを巧みに操る手のアップのあと、彼の姿が画面に現われ、「ハートの卓」と名乗る。この気障っぽさはいかにも梅宮辰夫にふさわしい。明らかにそこには、公開当時の彼の人気シリーズが色濃く反映している。『不良番長』シリーズや『伊勢佐木町ブルース』などヒット曲を題名にした『夜の歌謡シリーズ』である。二枚目で、いい女と見れば、気障っぽく口説く。軽薄だが、どこか憎めず、だから女にもてる。それらにおける梅宮辰夫のイメージは、この映画にも通じる。

最初、国分は調子のいいハートの卓を毛嫌いする。卓は悪玉の用心棒だから、当然ではある。そんな両者がぶつかり、大きな吊り橋の上で殴り合う。接近描写から大ロングへ、さらに大俯瞰へと、キャメラワークが凄い。やがて卓の落とした現金書留から、国分は卓が亡き兄弟分の妹へ仕送りしていることを知る。ダイナミックな格闘から温もりの和解へ。全篇の見せ場になっている。と、続くカットが、雨の路上の新聞をうつしだす。三島由紀夫割腹自殺を報じる大見出し。これは何なのかと意表をつかれる。三島事件は一九七〇年十一月二十五日のことで、この映画は七一年二月に封切られた。撮影は事件直後になされたに違いなく、そのカットには時代性が刻印されている。

途中、街頭に張られた映画ポスターが出てくる。アラン・ドロン主演の『あの胸にもういちど』（六八）だが、これは何なのか。そのフランス映画のヒロインは全裸に黒革のバイクスーツを着て登場するが、この映画にもバイク娘が出てくる。フランス映画風の遊び心が随所に見られる映画なのである。監督は鈴木則文。

埼玉県の秩父を舞台に、夜祭りにおける露天商の利権をめぐる争いが描かれる。悪玉に狙われるヒロインは露天商に商品を卸す帳元代行の静枝＝野川由美子で、その登場シーンも興味深い。喪服の彼女が、亡父の法事の参列者に謝辞を述べたあと、一家の解散を告げる。黒い着物姿の美しさに目を瞠らせておいて、解散話とは、この映画は意表をつくことが多い。

争いのなか、悪玉一味の暴虐ぶりは拡大し、静枝は銃弾を浴びる。おりしも祭りの花火が夜空に華を咲かせる。蒲団に寝かされた瀕死状態の彼女が、花火を見せて、と呟き、国分に抱き起こされるが、花火が見えない、と目に涙を浮かべて言う。その瞬間、花火が無音になる。彼女は、花火を見せて、と呟きつつ絶命する。この二人のシーンは、橋上の格闘シーンと並び、見せ場になっている。男同士から男と女への移行もいい。

当然、国分は悪玉のあまりの非道に怒った卓とともに敵陣へ殴り込む。その闘う姿と夜祭りの光景の交錯は、定型とはいえ、ダイナミックな感興に満ちる。そして一転、白い雪とトランプカードの組み合わせで卓の死を悼む。ちょっと気障っぽいが素晴らしい。

日本やくざ伝　総長への道

1971・3・6　京都　監・マキノ雅弘　原・藤原審爾　脚・高田宏治　撮・赤塚滋

『日本やくざ伝　総長への道』の主演は高倉健だが、周りに豪華キャストを配し、大きな博徒組織の総長の跡目をめぐる闘いを描く。公開は一九七一年三月。当時の宣伝資料を見ると、六八年の名作『博奕打ち　総長賭博』を意識して製作されたと思われる。

跡目争いに男と女の話が深刻に絡む点が、新しい工夫といえよう。昭和初期の高崎。主人公の高倉健が突然姿を消した男女を追って、浜松へ、大阪へ、京都へと旅をし、それに連れて主要キャストが登場する。高崎では若山富三郎、野川由美子、大木実、近衛十四郎に、悪役の天津敏。浜松では鶴田浩二、松方弘樹。大阪では嵐寛寿郎、木暮実千代に、悪役の遠藤辰雄。まさにオールスターで、つぎつぎ登場するから目が離せない。各スターの見せ場がちゃんと用意されているうえに、悪役は悪役なりに個性を発揮する。その肌理《きめ》細かな作り方に、東映任俠映画の歴史の厚みを見ることができる。

監督は名匠マキノ雅弘。よく知られるように、数多くの任俠映画で、やくざの非情な闘いに哀切なメロドラマを描き込んできた。男と女の心情が高まるシーンになるや、ファンにはお馴染みの独特の撮り方をする。話す男女を挟むように置いた二台のキャメラで一気に撮り、編集時に二本のフィルムを交互に繫いでゆく手法である。

たとえば冒頭近くの小料理屋のシーン。前田一家の代貸不動竜太郎＝高倉健が女将お若＝野川由美子に、服役中の兄弟分大松＝若山富三郎の彼女への恋情を告げるが、彼女は竜太郎に対する想いを話す。両人の姿が交互にうつしだされるが、別々に撮ったものではなくツーキャメ方式の映像なので、カット展開が滑らかに進む。それが男女の心の揺れを流動的に描くのである。あるいは終盤、竜太郎が悪玉の罠にはまって駆け落ちして女郎になったお若を大阪で見つけ、再会するシーン。鏡台に映る彼女の表情も含め、やはりツーキャメ方式が奏功し、メロドラマの名場面をくりひろげる。そのあと、出所した大松が病に倒れたお若と再会するシーンも、同じ撮り方による。以上に触れた三シーンすべてにお若が出てくるわけで、メロドラマの部分を背負う野川由美子が素晴らしい。

竜太郎について浜松の親分河合＝鶴田浩二が「男のなかの男だ」と言う。「男」はむしろ「俠」と書くべきだろうが、画面では、そう言われる竜太郎も、言う河合も、同じように堂々たる「俠」に見える。また、大松が荒くれ男の熱情を全身から噴出させ、やくざに憧れる造酒《つくりざか》屋《や》の若旦那＝松方弘樹はとっぽい男の純情をユーモラスに見せる。スターの演技合戦が楽しめる映画だが、遠藤辰雄の熱演も見逃せない。鬼瓦みたいな顔で残忍さを発揮するいっぽう、目にかけている河合を溺愛する一面も見せる。

高崎で始まった跡目争いは大阪で頂点に達し、竜太郎は大松と共に、悪玉連中を倒す。お定まりのラストだが、流血の多さが印象深い。竜太郎が悪玉をしつこく刺すのも、瀕死の大松に肩を貸して去る血みどろの姿も、過剰に陰惨で、マキノ監督としては珍しい。

オールスター作品とはいえ、藤純子は出ていない。『緋牡丹博徒』『日本女俠伝』の二シリーズに次いで、この年一月に『女渡世人』シリーズが始まったからであろう。藤純子は翌七二年三月の『関東緋桜一家』で引退し、それがマキノ監督の最後の作品となる。

日本女侠伝　血斗乱れ花

1971・4・3　京都　監・山下耕作　脚・野上龍雄　撮・山岸長樹

大阪の商家の若い妻が、本業をそっちのけに石炭掘りに命を賭ける夫に苦労しながら、夫の死後、遺志を継ぐ。演じるのは藤純子。こういう役は珍しい。

明治中期の物語で、冒頭近く、平野てい＝藤純子が大阪から北九州の夫を訪れ、その土まみれの褌姿に呆れる。当然、夫を説諭するだろうと思いきや、愛妻に夢を熱っぽく語る夫の姿を、ほほえみつつ見守る。その直後、夫は落盤事故で死に、彼女は遺志を引き継ぐことを宣言する。夫を荼毘《だび》に付すシーンで、炎の向こうに揺らぐ彼女の悲しみの表情が、あの微笑との連動のもと、ひときわ美しく映える。

夫藤吉を演じるのは津川雅彦。愚直な男の情熱を好演し、妻ていの心を動かすだけの説得力を示す。そして、彼から彼女へ伝わった情熱が、川船頭を束ねる幸次＝高倉健と、その父親で引退した老坑夫銀蔵＝水島道太郎をつぎつぎ動かし、物語が本格的に始まる。ていは石炭掘りに邁進し、妨害が入るが、色と欲で迫る悪徳実業家に対し、きっぱりと言う。わてはおなごやない、商人《あきんど》だす、と。『日本女俠伝　血斗乱れ花』はシリーズ第四作。ヒロインは女であることを捨てて闘うのだが、商人の「女俠」というのは珍しい。

茶毘の炎はのちにまた印象深く出てくる。炭鉱が危機に陥ったとき、ていが、音を上げた番頭役の平吉を叱り飛ばす。彼は勢いに圧倒され、彼女が亡夫に似てきたと言って立ち去る。と、ていの物思う顔のアップに、意志の強さを象徴するかのように炎が被さり揺らめく。

平吉役の山本麟一が好い。善玉も悪玉もうまい俳優で、ここでは藤吉を支え、ていを支える役を情感たっぷりに演じる。それだけに、ていへの慕情を、幸次との仲を取り持つことで示そうとする姿が、哀切感をそそる。水島道太郎も渋い貫禄を示して素晴らしい。また、天津敏がいつもの憎々しい悪役から一転、悪玉と善玉の板挟みになって悩む川船頭の頭領を微細に演じる。大木実も善玉悪玉両方のできる俳優だが、ここでは、野心満々の実業家を太々《ふてぶて》しく好演する。東映任俠映画はこれら助演の名手たちがいて成り立っている。

藤純子の大阪弁と高倉健の九州弁。そのアンサンブルが独特の魅力となり、全篇を貫流する。いうまでもなくそこでは、両人それぞれの出身地が効果を発揮している。

幸次は、ていが亡夫の夢に命を燃やす姿に打たれ、陰になり日向になり力を貸す。そんな彼がラスト近く、とうとう力尽きて茫然自失の彼女に言う。あんたはわしが惚れちょる人ですけん、夢ば壊さんでください、と。高倉健がずばり愛の告白をするのは珍しく、さらりとした印象なのは九州弁だからであろう。しかも幸次は夢という語に、藤吉や悪玉に殺された父銀蔵の想いを込めている。単なる求愛の言葉ではない。だから彼は、悪玉のところへ行くのを止める彼女に嘘をついて敵陣に殴り込む。嘘をつく高倉健も珍しい。

冒頭、大阪・船場の商家のシーンから始まり、川べりに咲く彼岸花をうつしたあと、タイトルになる。幸次の登場シーンでも、悪党に突き飛ばされて倒れたところを彼に助けられるているのそばに、真赤な彼岸花が咲いている。さらにラストは、石炭を積んだ汽車が鉄橋を渡るのを見たあと、川べりの彼岸花に目を移し、草むらにしゃがむ彼女の上半身で終る。

赤い彼岸花の点在と、燃え上がる炎の揺らめき――ふたつの真紅が鮮烈な印象をもたらす。山下耕作監督ならではの演出である。

現代やくざ　盃返します

1971・4・3　東京　監・佐伯清　原・村上和彦「昭和極道史　逆縁の盃」より　脚・大和久守正　撮・星島一郎

菅原文太主演『現代やくざ』シリーズは一九六九年二月の『与太者の掟』から始まり、同年五月の第二作『与太者仁義』のあと、七一年四月に第三作『盃返します』が封切られた。ところが七〇年十二月に菅原文太主演『新宿《じゅく》の与太者』があり、役名が第一作、第二作と同じ勝又五郎。だが、題名に「現代やくざ」はない。シリーズ映画ではこの種の混乱がしばしば起こる。だから困るが、ここは東映の方針どおり『現代やくざ　盃返します』を第四作と見なそう。

今回、菅原文太の役名は関山辰次。六八年から七〇年にかけての関西が舞台で、伊丹空港拡張の土地をめぐる博徒三組の対立のなか、辰次は組長の命令のもと、土地の権利を確保しつつある組の親分を襲う。残る二組が利権独占を狙い、辰次は先兵として闘うのである。

博徒が空港拡張の土地をめぐり争う。もう博奕では食えない時代の話だから、当然ではあろう。だが、生一本のやくざである辰次には納得しがたい。心の葛藤が始まる。そこに、幼馴染みの女との関係が絡み、殺気に満ちた利権争いにメロドラマが縺れ込んでゆく。

辰次は組長に何度も言う。親分のおっしゃることなら何でもやります、と。小池朝雄が憎々しく演じる組長が、そんな子分を好きなように利用する。が、辰次の心は忠誠と組長の悪どさに対する疑いで揺れる。

飲み屋を営む芳子＝野川由美子はそんな辰次と心で結びついている。幼馴染みの頃が回想で出てくるが、菅原文太と野川由美子が若々しく好演して、青春の甘やかさ一杯の姿が心の絆をひしひしと感じさせる。だから、芳子は辰次に自分の気持をストレートにぶつける。その歯切れのいい口調が素晴らしい。辰次が襲った組長はむしろ善玉で、彼は傷つけただけだが逮捕される。芳子が辰次と刑務所で面会するシーンでは、彼女があの組長がその後、死亡し、組が解散したことを告げ、彼の愚かさをぼろくそに詰り《なじ》喧嘩になる。

二年後、出所した辰次が組長のもとで関山組の看板を上げたのを祝うシーンでは、芳子が膳に彼の好きなししゃもを用意する。やがて辰次が解散した組の元子分に襲われ怪我をして飲み屋に来て、芳子は甲斐甲斐しく手当てをする。横には蒲団があり、新展開になるかと思いきや、また口喧嘩が始まる。

任俠映画では、やくざの闘いにメロドラマが絡む場合が多い。これもその例だが、やくざの話と男女の情愛とに等しく力点が置かれ、どちらが「主」か「従」か見分けがたい。

途中に「EXPO70」の広告が出てくる。大阪万博といえば、戦後日本の高度成長の頂点を示す催しである。そんな時代と古典的なやくざ辰次とは、明らかにズレている、女一匹、飲み屋を営む芳子は、その点に苛立つのである。

もうひとり任俠道を貫くやくざ柴田五郎＝松方弘樹が登場する。辰次が組長の言いなりになりつつ内心忸怩たる思いで悩むのに対し、小さな組を構える柴田は利権争いに振り回されず、信じた道を真っ直ぐに進む。両人は好一対ないし表裏一体といえ、善玉悪玉の対立する話を膨らませてゆく。芳子はそんな極道の世界とは無関係で、外部からの批判者の役割を担うのである。そこが面白い。

終盤、辰次は組長の命令どおりに動かず破門され、ついに迷妄から醒める。芳子の飲み屋を訪れ、もう疲れたと言い、ここの板前にしてくれと頼む。芳子は彼にしがみつき、ようやく情愛を交わす。普通ならハッピーエンドだが、そこで終わらないのが任俠映画である。やくざ渡世からの引退を告げた柴田が、その夜、殺される。辰次は悪玉を許せないという以上に、迷妄を信じていた自分に決着をつけるために殴り込む。最後の芳子の呟き「辰っちゃんの阿呆」は、そんな恋人に向けられている。

日本俠客伝　刃《ドス》

1971・4・28　京都　監・小沢茂弘　脚・笠原和夫
撮・吉田貞次

『日本俠客伝　刃《ドス》』はシリーズ第十一作で、一九七一年四月に封切られた。主演の高倉健が初め荒くれ男、後半は粋な渡世人と、まるで違う二面を見せる。その対照性が面白く、これが高倉健の人気を炸裂させたシリーズの最終作であるのを思うと、より感銘深い。このシリーズの監督は、六四年の第一作から六九年の第九作まで名匠マキノ雅弘が務め、七〇年の第十作で山下耕作に代わり、今回は小沢茂弘。任俠映画のベテランたちが腕を競ったのである。

高倉健は周知のように九州出身で、今回、それが活きている。主人公は九州・博多で鉄砲松と呼ばれた暴れ者の松吉。明治中頃の話で、彼が金沢に流れ着くところから始まり、馬車会社の馭者になって彼が悪玉一味を相手に活躍する。その間、博多弁であろう、訛《なま》りのある言葉を話すのが、人間味を感じさせる。松吉は金沢で空腹の彼に食事などをくれた武家屋敷の美しい娘の情けに感涙し、以後、彼女をひたすら慕う。九州、鉄砲松、高貴なヒロインへの慕情。明らかにこの設定は何度も映画化された『無法松の一生』を思わせる。そんな松吉が、金沢から姿を消して、四年後、颯爽たる渡世人の姿と言葉遣いで再登場する。

高倉健が方言を話す暴れん坊と東京言葉の渡世人の二面を見せるのに合わせ、この映画は随所で対位法というべき手法を採っている。

冒頭、郵便馬車の前に弊衣蓬髪の松吉が登場するとき、初めは破れ笠で顔が見えない。彼はホームレスで、このときの縁で馬車会社の馭者となる。話が進み、松吉が金沢を去った後、歳月が経ち、また馬車が出てくる。ただし郵便馬車ではなく荷馬車で、うらぶれた服装の馭者は顔が見えないが、やがて松吉の元馭者仲間だと判る。似たような描写を重ねて、四年間ということを印象的に提示するのである。いきなり顔を見せない。この点は渡世人となった松吉が最初に出てくる賭場の場面にもあって、まず悪玉の子分たちを撥ね飛ばす腕だけが見えた後、顔が判る。すこぶる効果的な描写といえよう。

池部良がゲスト出演し、国政選挙をめぐる政治家の争いのなか、渡世の掟ゆえに悪玉側につく一刀流の達人を好演する。任俠映画ファンなら『昭和残俠伝』シリーズの高倉健と池部良を連想する。役は元武士のやくざ。それに対し、渡辺文雄の演じる悪玉は元やくざで、いまは政府寄りの政治結社の頭目。両人のあり方が対照的で、物語を面白くしている。

主人公の松吉がなぜ九州から金沢へ流れてきたのか、最初は判然としないが、のちに母親が金沢の芸者だったと判る。松吉は、没落した武家の娘でいまは芸者の芳恵＝十朱幸代に母の面影を重ねている。任俠映画でお馴染みの母恋いの主題である。彼の彼女への慕情は、出会いのとき、これをおカネの足しにして、ともらった婚礼用の打ち掛けに凝縮して表現される。その花嫁衣裳がラストで殴り込み装束になるとは、誰にも予想できないだろう。松吉は終盤、悪玉一味に斬られ瀕死の馬車会社社長から、頭取と記した半纏《はんてん》をもらう。以後、彼はそれを身に着けるものの、殴り込む直前に脱ぐ。

打ち掛けと半纏。ふたつの衣裳が重要な小道具になるわけで、ここにも対位法がくっきり見える。脚本は笠原和夫。やくざの縄張り争いにせず、政治状況に絡む善玉悪玉の闘いを仕組んだことも含め、才腕を存分に発揮している。

敵陣に斬り込んだ松吉に、誰もが予想するように、一刀流の達人が加勢する。そして高倉健と池部良の血みどろの姿に、十朱幸代の「松吉さーん！」と叫ぶ声を被せて、映画は終る。その哀切な叫び声は、中盤で松吉が姿を消したときにも流れていた。

暴力団再武装

1971・5・8　東京　監・佐藤純弥　脚・村尾昭　撮・飯村雅彦

『暴力団再武装』は関東東部の巨大臨海工業地帯開発の利権をめぐる暴力団抗争を描く。お馴染みの物語のようだが、内実は大きく違う。封切は一九七一年五月。

地元には小さな組がある。そこへ関東一の勢力を誇る菊名会が進出し、先兵が暴れ回る。警察の介入。工事現場の労働者の抵抗と反逆。争いが複雑化するわけで、それ自体は珍しくないが、その間、労働者の存在が前面化する点が特異さを放つ。さらに事態の進展とともに、菊名会内部の勢力争いが表面化するから、面白くならないわけがない。

先兵の指揮は菊名会幹部で若竹組の組長若竹勇＝鶴田浩二。スーツにネクタイ姿で、菜っ葉服の労働者たちと好対照をなして印象深い。彼はそんな姿のまま、ムチャ竹と呼ばれるのにふさわしく乱暴かつ非情に行動する。たとえば地元の組の刺客に襲われるシーン。相手のドスを奪うや、一瞬のためらいもなく刺し殺す姿が目を奪う。あるいは夜の繁華街で昔の女を見かけるシーン。子分にうながされて目にはするが、すぐ言う。放っておけ、俺のほうから捨てたんだ、と。混戦状態の争いのなか、こんな主人公がどう進んでゆくのか。

菊名会の目的はいかに儲けるかで、労働者の搾取が強まる。窮迫した彼らは船の甲板で昼メシを食べながら組合結成の話をする。中心的存在の石堂＝若山富三郎は一蹴するが、相棒の小府方＝小池朝雄は執着する。そのあとの展開に注目しよう。

荷役作業中、労働者が材木の下敷きになって脚を負傷する。若竹は治療費を要求されて答える。怪我と弁当は手前持ちだ、と。いかにも非情な彼らしい。そのとき、船倉の火事が知らされ、若竹は駆けつけて積み荷の下敷きになる。と、石堂と小府方が救い出す。若竹が石堂の顔を凝視し、目と目を合わせるアップが印象深い。一瞬、任俠映画の世界が現出するのである。非情な男がその日を境に一変する。拒んだ治療費を渡し、労働者たちに喜ばれる。港に出るや、歓迎の挨拶を受ける。当然、菊名会への上納金は以前よりさらに少なくなり、兄貴分の神崎＝丹波哲郎から責められる。若竹は苦境に追い込まれ、石堂らにストライキを唆《そそのか》したあげく、会長から謹慎を命じられる。会長役の近衛十四郎は戦前からの剣戟スターで、怖いほどの貫禄を示すが、これが最後の映画になった。

地元の組を殲滅した菊名会の前に、労働者が立ち塞がる。若竹は両者の板挟みになるわけだが、それはつまり、どちらの側にも立てないという意味にほかならない。そのことを象徴的に示すシーンがある。労働者は組合を結成するものの、組合長を殺され、ストライキに突入する。埠頭でスクラムを組む石堂ら。前に並んだ警察官。スト中止を命じる刑事＝渡辺文雄。取り巻く神崎と子分たち。諸勢力のどこにも、若竹の姿は見当たらないのである。

そのあと、港湾事業担当となっていた神崎が石堂をリンチし、助けに来た若竹に言う。俺たちはやくざだ、何を綺麗ごと言ってんだ、と。若竹自身、当初はまさに綺麗ごとを排してきた。だが、もう後戻りはできない。しかも自らの子分はむろん石堂と小府方を殺され、自分は破門を言い渡された。では、どうするか。

若竹は港の造成地へ向かいネクタイを外し、菊名会の連中と闘い、神崎と会長を刺し殺す。このとき、作業中の労働者たちが死闘する男たちに石ころを投げるが、相手を区別していない。と、若竹は投石を浴びつつ、凄絶に立ち腹を切る。刺される直前、会長は、てめえは任俠道の屑だと罵倒した。立ち腹は彼なりの仁義の通し方なのだろう。

緋牡丹博徒　お命戴きます

1971・6・1　京都　監・加藤泰　脚・大和久守正、鈴木則文、加藤泰　撮・わし尾元也

水面を滑ってきた舟から人が降り立つ。小雨のなか、菅笠をかざし蓑《みの》を羽織っていて、顔は見えない。と、数人の男が斬りかかる。菅笠が切り裂かれ、女の片目が露出する。女は緋牡丹のお竜＝藤純子で、アップになった目が美しい。

シリーズ第七作『緋牡丹博徒　お命戴きます』は、そんな印象深いシーンから始まる。最初、菅笠と蓑で姿を隠しているだけに、片目が鮮烈な印象をもたらす。しかも東映マークの直後で、まだ題名は出てこず、主題歌も流れず、メロディだけが微かに奏でられる。そんな静謐さを切り裂き、暴漢が襲うのである。以後、お竜は明治中期の群馬で争いに巻き込まれてゆく。その経過はひとまず措いて、終盤、彼女がついに闘いを決意するシーンに目を向けよう。堤に屈んでいたお竜がすっくと立ち上がる。と、その顔がアップになるのだが、ここでも片目が美しく際立つ。そして、寺のシーンになり、殴り込んで闘ううち、お竜は左の上腕に刃を受け、切られた着物の穴から緋牡丹の刺青が露出する。まるで片目のように。加藤泰監督ならではの流麗な画面づくりが冴え渡っている。

この映画では、ゲスト出演の鶴田浩二がしゃがんで土を舐めるシーンも格別に印象深い。場所は田圃へ水を引く用水路の堤で、その場所は計三回出てくる。

やくざの親分結城＝鶴田浩二が堤に屈み、お竜に、軍部の兵器工場である鉛製錬所のもたらす公害で農作物を枯らされた農民の苦しみを語る。そして、土を手にして舐め、農民は毒された土でもこうするのだと説く。お竜は結城の思いを知る。これが最初で、つぎに、お竜が闘いを決意する先述のシーンに堤が出てくる。農民への補償金を出すよう鉛製錬所に要求する結城が、軍部と結託した悪徳やくざに殺されたあと、お竜は、同じ堤で同じように土を舐め、結城の深い思いをあらためて受け止めるのである。そして三度目はラスト。寺における結城の葬儀に乗り込んだお竜は、乱闘を経て、逃げた悪玉親分を追い、堤で斬り倒す。このとき、お竜は喪服姿で、乱闘で髪が崩れ、女夜叉のようになっているのだが、その姿を結城の幼い息子に目撃されてしまう。同じ用水路の堤は単に三度も出てくるのではない。物語の展開のなか、それぞれが大きな節目になっている。

加藤泰は独特のローアングルで知られるが、キャメラの長回しでも個性を発揮する。ここでも長回しの手法が何度か効果的に用いられる。それが一段と際立つのは暗殺された結城の家のシーンで、お竜が馬で駆けつけたあと、屋内の情景が長いワンカットで撮られている。

シネスコの大画面の左端に、寝棺ではない棺桶があり、その前の位牌のところにお竜が坐る。彼女の位置はほぼ中央で、結城の妹、子分たち、農民たちが、それを取り囲む。その構図のなか、お竜が結城の妹に手を伸ばし慰めるとき、両人が白っぽい着物なので、女同士の心の通い合いが印象深い。やがて子分たちが怒声を挙げて闘いに立ち上がり、お竜や結城の妹が押しとどめ騒然となる。お竜が、大事なのはそこにいるお百姓衆のことではないかと叱咤し、全員がふたたび腰を下ろす。長回しのなか、さまざまな思いがダイナミックに渦巻くのである。お竜はそんな心の叫びを担って闘いに向かう。

加藤泰の長回しの何たるかを示す名シーンといえよう。

懲役太郎　まむしの兄弟

1971・6・1　京都　監・中島貞夫　脚・高田宏治　撮・赤塚滋

一九七一年六月封切の『懲役太郎　まむしの兄弟』は新シリーズの第一作で、『現代やくざ』『関東テキヤ一家』に続く菅原文太の三番目のシリーズになる。ただし、単独主演だった前の二シリーズと違い、今回は川地民夫と共演する。

映画はゴロ政＝菅原文太が出所し、不死身の勝＝川地民夫に迎えられるシーンから始まり、神戸での彼らの活躍を描く。愚連隊の二人はその間、暴力団幹部のつける金バッジは要らないという強固な信条を堅持する。どこの組にも所属しない一匹狼ならぬ二匹狼として暴れ回るのである。それにしても両人の暴れ方は尋常ではなく、何かというと、すぐ殴り合いに突入する。まさに直情径行で、あまりにも度外れているため、見ていて呆れ返るとともに笑ってしまう。

黒のダボシャツ上下に女物の下駄というスタイルも、ユーモア度を高める。監督は中島貞夫。ここでこての正統的任俠映画にしないでおこうとの姿勢が、随所に感じられる。

ゴロ政・勝のコンビは、二組の暴力団が抗争する神戸で暴れ回るのだが、当然、どちらにも加担しない。彼らは唯一、身寄りのない貧しい娘とその弟妹に思い入れをする。飢えに対する敏感さにもとづいて。ここがこの映画の核心であろう。

佐藤友美がヒロインとして登場する。ゴロ政はすぐ惚れるだろうと予想されるが、そうはならない。彼女が警官と判明するや、貧しい娘に向かい、語気鋭く言う。こいつらから餌もろたらあかん、と。その激しさは飢えの感覚から発している。貧しい娘も、そんなゴロ政に好感を持つ。彼が預けたピストルを取りに来たとき、娘は言う。お兄さん、死んだらいやや、と。ゴロ政は虚を衝かれ、呆然となる。その表情が素晴らしい。

ゴロ政がもう一度、同じような表情をするシーンがある。喧嘩を挑んでやっつけられた大組織の幹部早崎＝安藤昇、つまり金バッジを襲おうと、勝とともに温泉宿の湯殿に侵入するシーンがそれで、相手の背を彩る昇り龍の刺青を見るや、みごとさに啞然とし、戦意を失う。直情径行なだけに不意討ちに弱いわけで、ユーモアを醸し出す。しかも相手の刺青に圧倒され、すぐ自分も彫ろうと決意するのが可笑しい。金バッジは嫌うが、刺青には憧れるのである。

ゴロ政と勝は終盤、非道を重ねた組に殴り込む。任俠映画の定石どおりだが、その描写に注目しよう。トラックごと突っ込むのに始まり、ダイナマイト、ピストル、ドスと、武器が多彩なうえに、場所もビルの中→非常階段→雨の路上と、どんどん転変する。

まさに乱戦で、カッコいい闘いとはいえない。しかも憧れの刺青を入れた早崎が先に殴り込んでいて、敵の首魁と相討ちで死ぬ。その最期を目にして、ゴロ政が言う。こんな死に方もあったんやな、と。溜め息をつく表情がやはり素晴らしい。ゴロ政も勝も、刺青に憧れはしても、早崎と同じ死に方はできないのである。闘いのあと、二人が歩き去るとき、背中の刺青が雨で流れ落ちる。その光景に彼らのアンチヒーローぶりが際立つ。

川地民夫は日活映画で活躍してきたが、東映作品に初出演した。日活は低迷の末、この七一年秋、ロマンポルノ路線に転じる。そこに象徴されているように、当時、日本映画は変わり目を迎えつつあった。『まむしの兄弟』は東映任俠映画の一本だが、単にその流れをなぞってはいない。正調任俠映画のパロディの趣があり、それが独特の魅力をなす。変わり目の兆候をそこにも見ることができる。

ごろつき無宿

1971・6・25 東京 監・降旗康男 脚・伊藤俊也、澤井信一郎 撮・林七郎

九州・筑豊の炭坑で落盤事故があり、それで父親を亡くした若い坑夫が新しい暮らしを求めて東京へと向かう。これが『ごろつき無宿』の導入部で、封切は一九七一年六月。同じ高倉健の主演、似た題名、そして炭坑夫が東京で新生活を始めるという設定と、明らかに六八年十月封切の『ごろつき』を引き継ぐ。主人公は大場勇から武田勇へ姓だけ変わった。故郷に残した母親を想うのも同じで、母恋いの情を同じ主題歌「望郷子守唄」が担う。東京で勇が母親の手紙を読むシーンには、そのメロディが流れ、せつせつと訴えてくる。

勇は工場拡張の作業員になるが、工場が漁民に立ち退きを迫って彼らの暮らしを奪うと知って衝撃を受ける。自分が張った有刺鉄線による住民の事故死を機に、拡張工事を請け負う暴力団と敵対する。彼は事故死した人の幼い息子と知り合う。少年の廃品集めのリヤカーを隠れて押すくだりが微笑ましい。高倉健には少年との交情が似合い、『ごろつき』でも新聞配達の少年との関係が描かれた。そんな勇の人柄がテキ屋の親方に惚れ込まれ、彼は新しい職に就く。テキ屋になった勇は、街頭での叩き売りの口上、啖呵バイの訓練に励む。大真面目で強張《こわば》っ

た勇と教える剽軽な先輩＝南利明の組み合わせは、漫才のように可笑しい。ことに顔が怖くてダメと言われた勇の表情の変化が楽しい。

その間、テキ屋の縄張りも狙う暴力団は非道を重ねる。勇は闘いたいが、親方との約束で喧嘩は出来ず、落ち込む。少年がバナナの叩き売りの口上を朗々と語り、彼を奮起させる。少年との心の通い合いが、テキ屋稼業の真髄ときっちり結びつくのである。

元テキ屋の漁業組合長が、漁業補償と土地立ち退きをめぐり工場側と交渉する。演じるのは山本麟一。悪役で知られるが、今回は熱血漢の役で、一途で喧嘩っ早い主人公と意気投合する。やくざを描く任俠映画なら、さしずめ兄弟分といったところだろう。ヒロイン役は奈美悦子。東映初出演で、このとき二十歳。勇と一緒の汽車で九州から上京して工場に勤め、バレーボールの選手として練習中、彼と何度も顔を合わせる。その潑溂たる姿が、途中で消える。工場排水で健康を害したのである。漁業問題も含め、社会性が細かく織り込まれている。

汽車のデッキで勇がヒロインにやる握り飯、いろんな人物の気持を暖かく繫ぐテキ屋の商品の綿菓子、テキ屋の家族や仲間が感涙とともに食べる勇の母親手作りの餡餅。さまざまな食べ物が随所に登場し、画面に豊かな感情を流して盛り上げる。勇も漁師たちも、少年もヒロインも、みんな貧しい。だからこそ、食べ物の出てくるシーンが感動的なのである。また、勇は、父を亡くした少年とその母の姿に自分自身を重ねている。

テキ屋の親方役は志村喬。懐の深さを軽みで示し、素敵な父親を思わせる。『ごろつき』では石山健二郎が同じような役を演じた。そういえば、貧しさ、食べ物、母恋いも含めて、『ごろつき』との共通点が多すぎる。理由は脚本を見れば一目瞭然だろう。書いたのは『ごろつき』でチーフとセカンドの助監督だった伊藤俊也と澤井信一郎。『ごろつき』のマキノ雅弘監督を尊敬する両人が、細部に工夫を凝らしオマージュを捧げたのである。

任俠映画では、主人公が忍耐のあげく堪忍袋の緒を切り、敵陣へ殴り込む。この映画も大筋の骨格がそうなっており、悪玉にテキ屋の親方も漁業組合長も殺された勇が決起するが、細部に別の類似点が仕組まれている。それが独特の魅力を放つ。

女渡世人　おたの申します

1971・7・31　京都　監・山下耕作　脚・笠原和夫
撮・山岸長樹

藤純子主演『女渡世人　おたの申します』は一九七一年七月に封切られた。同年一月の『女渡世人』に次ぐシリーズ第二作だが、主人公は別人で、流れ者の女やくざという共通点があるにすぎない。

ヒロインは上州小政こと太田まさ子。大阪・南田一家の客人として胴師を務めるなか、賭場で暴れた良吉という男が殺される。彼女が殺したわけではないが、責任を感じ、良吉の借金を取り立てに、彼の故郷、岡山県の宇野へ旅立つ。一家に一宿一飯の恩義がある渡世人として。この葛藤が悲劇へと至る。時代設定は明示されないが、前作と同じ大正だろう。

小政は良吉の実家である船宿を訪れるが、息子想いの両親に事情のすべてを話せないまま、歓待を受ける。父親が息子の借金三百円の抵当とした船宿の権利証書が、遊廓用の土地が欲しい悪徳やくざの手に渡り、争いが巻き起こる。父親役は島田正吾、母親役は三益愛子。ともに名優で、情感にあふれた演技により、小政の心情を揺さぶり、葛藤を深めてゆく。

この作品は一種の母もの映画でもある。そこを強調するため、かつて母もの映画で一世を風靡した三益愛子が、配役されたのにちがいない。そういえば、第一作『女渡世人』は『瞼の母』の話だった。今回は母親おしのが盲目という設定が効果的で、小政は会うたび、その慈愛に心惑うが、相手には見えず、しかし観客には微妙な表情の動きが見える。小政は幼い頃に自分を捨てた母への慕情を募らせ、おしのを良吉に代わって四国の金毘羅詣でに連れてゆく。そのあげく、本当は良吉の嫁だろうと言われる。事態の思わぬ進展に、小政の苦しみは増す。

冒頭からまもなく、宇野へ渡る船で、小政は旅回りの床屋音羽清次郎＝菅原文太と知り合う。珍しいことにゲストスターがやくざの役ではない。単なる床屋でないことは初めから察せられるが。清次郎は船上で小政に小さな鈴をプレゼントする。金毘羅様のお守りで、両人の心の通い合いを随所で体現する。そして終盤、鈴は哀しい形で置き去りにされる。

小政が渡世人としての立場を何度も口にするのが、印象深い。だが渡世人として筋を通せば通すほど、事態は悪化する。これほど主人公を雁字搦《がんじがら》めの域に追い込む任侠映画はめったになかろう。悪徳一家は、漁師の女房たちが内職に励む長屋へ放火する。小政が火中に飛び込み、赤ん坊を救い出すが、女房たちに引ったくられる。最初に会ったとき、親愛の情で迎えてくれた女たちの共同性からも弾き飛ばされるのである。しかも宇野に来た南田一家の親分が兄弟分の悪玉に味方して敵に回り、小政を責める。追い込まれた彼女は、敵の前で指をつめる。任侠映画スター藤純子としては初めての演技ではないか。

清次郎はやはり元やくざで、捜し歩いた弟の仇を討ち、することがなくなったと小政に言う。そして、船宿の主たちが惨殺されて覚悟を決めた小政に、一緒に死なせてくださいと頼む。見つめ合う目と目。その両人の足元に、あの鈴が取り残される。

カットが変わると、もう凄絶な殴り込みになっている。任俠映画の定番の道行きシーンはない。明らかにそれはヒロインのあり方と関連がある。小政は渡世人の筋を通そうと苦闘した末に、一宿一飯の恩義というやくざの掟を破り、突き抜けてしまうのである。この作品は任俠映画の定型を踏みながら破っている。監督は山下耕作、脚本は笠原和夫。同じコンビによる『博

突打ち　総長賭博』（六八）を思わせる。

新網走番外地　嵐呼ぶ知床岬

1971・8・13　東京　監・降旗康男　原案・伊藤一
脚・村尾昭　撮・星島一郎

『新網走番外地　嵐呼ぶ知床岬』は新シリーズ第六作で、北海道の緑の大草原を舞台に、優秀なダービー馬をめぐる闘いを描く。高倉健はこのシリーズの何本かで、鮮やかな手綱捌きによる乗馬姿を見せてきた。今回もそれを予想すると、どうも様子が違う。

末広勝治＝高倉健は網走刑務所を出たあと、ひょんなことから道南・静内の牧場で働く。馬の世話は初めてで、乗ろうとしても、すぐ振り落とされる。何度挑戦しても、落馬の連続になる。その高倉健の姿はユーモラスだが、乗馬が巧いから可能な演技であろう。

最初、勝治は静内駅前の食堂で喧嘩をするうち、ビール瓶で殴られ昏倒し、加納牧場に運び込まれ、目覚める。牧童頭から親分を紹介すると言われた彼は、加納牧場の社長に会うや、仁義を切り、皆を呆れさせる。次いで、加納の妻にも仁義を切りかけ、彼女が亡き母と瓜二つなので驚く。そして続く食事の場面では、服役中に母と面会して涙ぐむ回想シーンが挿入される。

素っ頓狂な仁義から母恋いの純情へ。この移りが高倉健ならではの主人公像を描き出す。母恋いは、たったひとりの肉親である妹への想いに繋がる。加納牧場のダービー馬を手に入れたい熊谷牧場の三兄弟との葛藤が激しくなるなか、勝治は東京における妹の結婚式に駆けつける。もちろん涙滂沱になる。注目すべきはその帰路で、汽車に乗った彼を悪玉一味が襲い、闘いの場は客車から無蓋貨車に移る。屋根のない貨車の上で彼は数人を相手に闘うのだが、疾走中だから迫力満点で、どうやって撮影したのだろうと感嘆せずにいられない。彼は敵がピストルを手にするのを見るや、無蓋貨車から飛び降りる。

勝治は冒頭、静内駅で汽車に置き去りにされ、牧場で馬に乗れず、妹の結婚式からの帰路、東京から乗った飛行機は怖くて降り、そして貨車から飛び降りと、乗り物に縁がない。勝治の動きをどう面白く見せるかに工夫が凝らされているのである。貨車から飛び降りた彼は、歩きに歩き、傷だらけで馬の背に謬りつき、牧場に着くや、またしても落馬し、牧場主の息子に土産を渡したあと、またもや昏倒する。念入りの工夫による反復が楽しい。

高倉健と男の子との組み合わせはこのシリーズの定番で、今回は牧場主の息子が大きな役割を果たす。乗馬に上達した勝治が少年と馬で草原を疾走する場面が素晴らしい。牧場主が三橋達也、その妻と回想の母親が野添ひとみ、牧童頭が藤田進と、共演者にベテランが並ぶ。さらに勝治を親分の仇と狙うやくざ五代政雄の役に安藤昇。豪華な配役が高倉健を守り立てる。五代は熊谷牧場の客人となり、加納牧場との争いを知る。そんな彼が加納牧場で仇の勝治と少年が戯れる姿を目にする。そこへ牧童頭が来て、やくざだった自分の話をし、仇討ちの虚しさを言う。五代は無言で歩み去る。夕焼けのなかをしょんぼり歩く後ろ姿が印象深い。

悪玉三兄弟を演じるのは、山本麟一、今井健二、谷隼人。ことに長兄次兄が残虐で、末弟が兄たちのあまりの非道に逆らうや、次兄が撃ち殺す。悪役が残忍であればあるほど、ヒーローが引き立つという仕掛けである。長兄と次兄の服装が派手で、その仕掛けを強調する。

勝治は、重要人物を次々殺され、牧場主の妻や少年が制止するなか、死闘に向かう。このシリーズのファンなら誰しも期待するような、鮮やかな手綱捌きによる颯爽たる乗馬姿で。

関東兄弟仁義　仁俠

1971・9・7　京都　監・斎藤武市　脚・高田宏治　撮・赤塚滋

『関東兄弟仁義　仁俠』は北島三郎主演『兄弟仁義』シリーズの第九作で、一九七一年九月に封切られた。『仁俠』というズバリの題名がなかなか興味深い。

一匹狼の博徒二人が物語の中心になる。矢倉清吉＝北島三郎と山根勇三＝待田京介。両人とも博奕打ちの世界では流れ者の胴師として知られている。東京・深川の東雲一家の縄張りを分家の一味が狙い、策謀を凝らす。賭場で勝負を司る胴師であることから、清吉と勇三はその軋轢の渦に巻き込まれる。そうした展開のなか、二人の博奕打ちとしてのあり方が対比的に描かれる。時代は明示されないが、大正中頃らしい。

冒頭、東雲一家の賭場で胴師を務める勇三がイカサマをする。清吉はそれを見破りながら、何か事情があると察して見逃すが、到底許せない。胴師の腕を見込まれ悪玉からスカウトされても応じず、真っ直ぐに突き進む清吉と、いつも暗く沈んだ表情の勇三。対照的な二人はまもなくぶつかり、その人間的な葛藤が縄張り争いと重なってゆく。任俠映画の賭場のシーンにイカサマはよく出てくるが、張り手によるもので、胴師がイカサマをやるのは珍しい。

勇三は三年前、ある賭場でイカサマをする男とトラブルになり殺してしまった。勇三も真っ直ぐな博奕打ちだったのである。だが、殺した男に妻子があり、女房お桂＝桜町弘子が悪玉の支配する苦界に身を沈めたことから勇三の運命が一変する。彼はお桂の身請金を稼ぐためにイカサマを始めた。縄張り争いの渦中、仇同士の男女の哀切な関係がくりひろげられる。

清吉はそんな事情を知らないまま、お桂とその幼い息子と親しくなる。そして、勇三によるお桂の足抜きが失敗したあと、清吉は勇三の事情を知り、母子を救うために悪玉との取引に応じる。条件は悪玉一家の子分になること。悪玉の狙いは清吉の博奕の腕で、縄張り争いに絡む勝負でのイカサマを命じる。清吉は自分なりの信念と、何よりも嫌っていた盃による親分子分の関係との狭間で苦しみ、脂汗を浮かべて勝負に挑む。当初、清吉は勇三のことを許せないと思うが、結局は二人とも博奕打ちとしての手腕を、薄幸な母子のために振るう。そこにいつもイカサマが関与するのが、この映画の面白さの核心といえよう。

『兄弟仁義』シリーズでは、題名どおり主人公と兄弟分になる人物が登場するが、今回、清吉と勇三はそういう関係ではない。あえていえば、清吉と心を通じ合っている東雲一家の代貸駒井平蔵＝伊吹吾郎がそれに当たるか。だが、兄弟と呼び合うわけでも盃を交わすわけでもない。もうひとりの一匹狼の博徒、関東一の勝負師といわれる高崎太一郎＝菅原文太が、それに当たると見るべきか。明らかにゲストスター扱いで、出番は少ないが、物語の展開が熱くなるや、必ず現われて、重要な役割を果たす。

終盤、勇三に続いて平蔵が殺されたあと、清吉と太一郎は無言で目を合わせ、雷雨のなか、相合傘での道行きを経て、敵陣に殴り込む。むろん道行きには北島三郎の熱唱「兄弟仁義」が流れる。擬似的なものではあれ、やはり菅原文太が兄弟分の役なのか。

このシリーズは六六年に始まったが、今回で終る。東映任俠映画の勢いの衰えもあろうが、北島三郎が所属していた新栄プロから独立したことも、原因と考えられる。『兄弟仁義』シリーズのプロデューサーとして名を連ねる西川幸男は、新栄プロの社長で、以後、映画製作に関わっていない。『仁俠』という題名にはそんな区切り目の反映が感じられる。

まむしの兄弟　お礼参り

1971・10・1　京都　監・本田達男　原案・斯波道男　脚・高田宏治、鳥居元宏　撮・赤塚滋

菅原文太と川地民夫がコンビを組む『懲役太郎　まむしの兄弟』の登場は一九七一年六月。シリーズ化され、同年十月、第二作『まむしの兄弟　お礼参り』が封切られた。この迅速さに当時の東映任俠映画の勢いを盛り上げようとする製作陣の考えがうかがえよう。第二作の監督は本田達男。これがデビュー作で、五七年に東映に入社した後、京都撮影所で主に加藤泰の助監督を務めてきた。

舞台が獄中、神戸、洲本と移るなか、ゴロ政＝菅原文太と不死身の勝＝川地民夫のまむしコンビの活躍を描く。きっかけは政が獄中で若い囚人の執念に共感したことで、その若者は脱獄して父親の仇を討つつもりだが、果たせない。政が面会に来た若者の美しい姉に惚れたこともある。政のコミカルな一面の強調が、最初から設定されているのである。

姉弟の父親は瀬戸内温泉のテキ屋の親方で、温泉地の私物化を企む暴力団に殺された。出所

した政と勝はその悪玉一味と闘う。瀬戸内温泉は実在せず、洲本という地名が台詞や看板に出てくるから、淡路島の洲本温泉のことであろう。

まむしコンビは第一作から黒のダボシャツ上下が定番で、この映画でも最初はそうだが、洲本に着くや、政だけは白のダボシャツ姿になる。訳はすぐ判る。刑務所の面会室で一目惚れした藤島あき＝工藤明子に会うため、テキ屋スタイルに変えたのである。藤島組を訪れ、対応する彼女に向かい、政がテキ屋の仁義を颯爽と切り、横で黒いダボシャツ姿の勝が拍手するシーンは可笑しい。以後、政と勝は白黒コンビとして暴れる。暴力団に一泡吹かせようと、湯元に重油を流し込むくだりでは、シャワーや浴場の底から黒い液体が出てくる。両人はヒロインに味方して重油作戦を敢行したのだが、温泉宿などに迷惑をかけ、あきから詰《なじ》られ、ごろつき呼ばわりされる。政は落ち込む。そして、悪玉一味に襲われた彼女を救うシーンでは、黒のダボシャツ上下に戻っている。

黒→白→黒。この転変は政の心の転変によるが、恋情に燃えたときの白は重油の黒で際立つ。政はヒロインあきへの想いを挫かれるわけだが、そのかわりにか、母恋いの情を募らせる。少々おとなげないとはいえ、政の心の飢えを鮮やかに示す。そんな政だからこそ、あきが頼りにする金《きん》スジやくざ、大阪の組の幹部である二階堂＝安藤昇に、激しい敵対心を燃やすわけで、今度は心の白が真っ赤に染まるのである。

安藤昇の迫力には、出演作品を見るたびに感嘆させられる。政が二階堂に真っ向から勝負を挑むシーン。政が二階堂を殴るが相手にされず、来んかい金スジ、と叫ぶ。と、二階堂がゆっくりと振り向く。その無言のまま静かに見つめるアップの凄さ。政はたじたじとなり凝然とするしかない。二階堂はそのあと悪玉一味に襲撃されるのだが、その場面は二重に凄い。まず連中と乱闘する彼の動きの素早さ。もう一点は、そこが近くに海水浴客もいる浜辺ののどかな一郭であること。こんな白昼の修羅場は任俠映画では珍しい。

まむしコンビは、金スジの死のあと、敵陣に向かう。定番の殴り込みだが、道行きの途中、夜の商店に飾ってあった日本刀を盗んでゆく。彼らはそうやって虫けらの根性を炸裂させる。

この映画は若山富三郎主演『悪親分対代貸』と二本立てで封切られた。それにも菅原文太が出ており、二本とも高田宏治が脚本に参加している。東映任俠映画の最隆盛期には、俳優も脚本家もフル回転だったといえよう。『お礼参り』のクレジットに原案斯波道男とあるのは、二本を手がけた俊藤浩滋プロデューサーの別名である。

博徒斬り込み隊

1971・10・14 東京　監・佐藤純弥　脚・石松愛弘、佐藤純弥　撮・飯村雅彦

『博徒斬り込み隊』は鶴田浩二が主演する暴力団抗争劇で、封切は一九七一年十月。主人公が七年の刑を終えて出所すると、東京・新宿の組はすでになく、彼は全国制覇をめざす大組織に立ち向かう。この基本設定はお馴染みのものではあるが、作品の空気は違い、全篇に流れる殺伐さが尋常ではない。

元淡野組の幹部相羽雄作＝鶴田浩二は出所後、新宿で大日本菊名会傘下の陣野組に襲われ、相羽の昔を知って慕う若者が巻き添えになり殺される。相羽は彼の遺骨を届けに東北の温泉地飯坂へ行き、菊名会系の岩井組と地元の浅川興業との争いに巻き込まれる。

岩井組の鉄砲玉に扮するのが渡瀬恒彦で、殺気の塊となって暴れ回るさまが凄まじい。前年にデビューして、立て続けに東映映画に出演するなか、鶴田浩二や高倉健など錚々たるスターに負けじと独自の個性を磨いてきた成果であろう。殺されるのを覚悟で暴れる鉄砲玉の壮烈さが、この映画全体の殺伐さをまず生々しく示す。彼は当然、無残に殺され、盛大な葬式のあと、岩井組に大日本菊名会東北支部の看板が掲げられる。

鉄砲玉は浅川興業の賭場で組長を襲ったとき、そこにいた相羽に取り押さえられ、浅川興業の組員に殺された。相羽は心ならずも菊名会の東北進出の発端に関わったわけだが、大組織である敵の出方を熟知してもいる。そこで、浅川興業の組長および組員に菊名会がどう出てくるかを説く。事態はその予測どおりに進み、客分の相羽は敬われる。

敵の動きを読み取り、作戦を練る。そうするのは相羽だけではない。菊名会大幹部の陣野組組長＝渡辺文雄は相羽の作戦を読み、飯坂署の矢野刑事＝若山富三郎は両者の動きを読み取る。警察庁で全国の暴力団壊滅を指揮する榊警視正＝丹波哲郎も。暴力団抗争劇ゆえ、画面には血みどろの暴力沙汰が断続するが、それ以上にも、諸人物の知的な策略の読み取り合戦が描かれるのである。矢野が暴力の連鎖を止めようと陣野を捕らえたところ、飯坂署に来た榊が矢野に、すぐ陣野を釈放しろと命じる。矢野が不服な表情で、騒ぎを起こしたいのですかと問う。と、榊はすかさず明快に、そうだ、と言い放つ。誰もが相手の策略を読み、物語が転がってゆくが、榊は読み取り合戦において誰よりも抜きん出ている。菊名会と地元暴力団すべての共倒れを狙って、すべてを俯瞰的に見ているというべきか。

この映画では、相羽は非情に徹し、普通ならありそうな女絡みのエピソードはない。全篇が不穏な気配に覆われて殺伐とする。ヒロイン格のクラブホステス＝工藤明子も、その相手役の浅川興業幹部＝地井武男も、無数のチンピラ同様に殺されてしまう。これほど主だった人物の死体が続出する映画は、あまりなかろう。

菊名会があの手この手で攻めるなか、浅川興業組長＝山本麟一は相羽の指図を拒み、敵の策略に嵌まって殺される。先を読む能力に欠ける以上、当然の成りゆきだが、その後の展開が興味深い。浅川の葬式をどの組が仕切るか。読み取り合戦に続き、葬式の主導権争いが始まり、遺体の奪い合いになるのだから、殺伐さも極まり、諸勢力がぶつかって死体の山を築く。いやはや、とんでもない映画である。主だった人物が相手を人殺しと罵るシーンが、随所に出てきて、事実そのとおりなので、観客は感情移入しようにも出来ない。

この映画の併映は中島貞夫監督の『セックスドキュメント　性倒錯の世界』。東映任俠映画が大きな曲り角に至ったことを、生々しく感じさせる二本立てである。

昭和残俠伝　吼えろ唐獅子

1971・10・27　東京　監・佐伯清　脚・村尾昭　撮・星島一郎

『昭和残俠伝　吼えろ唐獅子』はシリーズ第八作で、名コンビの高倉健と池部良に加え、鶴田浩二が初めてこのシリーズにゲスト出演している。ビッグスターが三人も揃うのだから、恐いものなしといえる。八本目という点に着目すれば、鶴田浩二の出演はマンネリ化に抗する梃入れと見るべきかもしれない。

一匹狼のやくざ花田秀次郎＝高倉健が、駆け落ちした男女を、草鞋を脱いだ組への一宿一飯の恩義ゆえに前橋から金沢まで組員三人とともに追いかけ、さらなる争いに巻き込まれる。注目すべきことに、その間、やくざ渡世のしきたりが何度も強調して描かれる。旅の途中、秀次郎たち四人が追分の一家に草鞋を脱ぐシーン。まず順番に仁義を切る姿、そのあと、秀次郎が作法どおりに食事をするさま、そして、案内された賭場へ入るとき、丁の目が出たら入室する作法を守る秀次郎の姿。綿密な描写が厳格な約束事を告げる。こんなことは、このシリーズでは珍しい。明らかに八作目ということで、やくざ渡世の描き方を基本的に踏み固め直しているのである。秀次郎の左顎に傷痕があるのも初めてのことで、表情の陰影を深めている。

昭和初期の話で、秀次郎は、駆け落ちした黒田組の子分風間文三＝松方弘樹に、スジを通せと何度も言う。文三とおみの＝光川環世は恋人同士だったが、親分が彼女を力ずくで妾にしたばかりか、邪魔な文三に敵対する組の組長を討たせて殺そうとした。その経緯を知ったあとも、秀次郎は文三に、スジを通せとくりかえし強く意見する。

むろんスジとは、やくざ渡世の掟のことにほかならない。それを強調する秀次郎だからこそ、先述のように渡世の作法を守った。そして、秀次郎は文三にスジを通せと言うとき、そこに、自分がかつて断念した恋を重ねている。文三が恋人時代を回想するシーンでは、彼とおみのが夜店の並ぶ道を楽しげに歩く。中盤過ぎ、秀次郎が回想する恋人との別れのシーンも、祭りの夜店の並ぶ路地になっている。対照性は明らかであろう。さらに、文三がスジを通しておみのを「姐さん」と呼ぶように、秀次郎もやがて再会した加代＝松原智恵子が善玉親分の女房になっているのを知り、彼女を「姐さん」と呼ぶ。やくざ渡世の掟を、引き裂かれた恋の哀切さのなかに描くわけで、任俠映画の基底に目を向け直しているのである。

高倉健、池部良、鶴田浩二。大スター三人の出会いが印象深く描かれる。

風間重吉＝池部良は陶芸家として登場し、彼の弟文三を追ってきた秀次郎と対面する。乱暴な他の追手たちと違い、礼儀正しく挨拶する秀次郎。その姿に、元やくざの重吉の心は一瞬にして共鳴する。秀次郎らが文三とおみのを匿う一家へ行く。親分は留守で、女房が応じる。その声に、外にいた秀次郎が驚き、昔の恋人加代の姿を凝視する。文三が姿を見せて騒ぎになる。と、乱暴な追手の背を摑む手とともに、親分三洲政治＝鶴田浩二が登場する。秀次郎が土間に入って略式の仁義を切り、政治が丁寧に応じる。加代はそんな男たちの姿を愕然と見守る。秀次郎、重吉、政治の出会いの場面に、スジを通す彼らの生き方が浮かび上がるのである。だからこそ、三人は、スジを蹂躙する悪玉の所業に怒りを爆発させる。

殴り込みに向かう重吉に、秀次郎がご一緒させて頂きますよと言う。シリーズのこれまでとは逆のあり方で、新鮮さを放つ。高倉健と池部良が乱闘を演じるなか、鶴田浩二も駆けつける。豪華な顔ぶれだけに、流血の修羅場の哀しさがいつもとは違う。

日本女侠伝　激斗ひめゆり岬

1971・11・19　京都　監・小沢茂弘　脚・笠原和夫　撮・吉田貞次

『日本女侠伝　激斗ひめゆり岬』はモノクロのニュース映像から始まる。艦砲射撃、米軍の沖縄上陸、それに続く猛攻撃……。この冒頭に、当時の東映任侠映画ファンは目を瞠った。さながら社会派の映画ではないか、と。

藤純子主演『日本女侠伝』シリーズは、いつも物語に工夫が凝らされている。今回はアメリカ占領下の沖縄が舞台。沖縄返還協定締結が一九七一年六月で、翌年五月に発効し沖縄は日本に戻った。この映画は七一年十一月に封切られたから、その間に撮影されたことになる。藤純子の役は小さな運送会社の社長で、沖縄を食い物にする暴力団と闘う。沖縄戦の犠牲になった両親の遺志を、そんな形で継ぐのである。日焼けメーク、カーキ色の上下と帽子、トラックを運転する姿が、闘志を際立たせる。

ヒロイン与那嶺ゆり＝藤純子は、通称ひめゆり部隊、沖縄戦で活躍した女学生看護隊の一員だった。米軍の沖縄上陸は四五年四月。すると、この映画の時代設定は四〇年代末から五〇年代にかけての頃か。ちなみに藤純子は四五年十二月に生まれた。

沖縄には、戦禍の犠牲者が多数いて、占領下の貧しい暮らしを耐え忍んでいる。また、戦争の残留物ともいうべき砲弾類があり、それを九州の暴力団は金儲けの具にしようと非道に行動する。ゆりと仲間たちはそんな暴力団と闘い、遺留弾薬などを貧しい人々の役に立てようとするから、物語は単純な勧善懲悪のパターンを超え、沖縄戦の傷痕をめぐる葛藤を描く。任俠映画としては特異といえよう。アメリカ占領軍のＭＰが出てくることも含め、やはり一種の社会派映画なのである。脚本は笠原和夫。

ゆりは、ある男性の面影を胸底に秘めている。沖縄戦の土壇場でひめゆり部隊員として死を決意したとき、死ぬなと強く言った軍人で、いま、悪玉一味との闘いのさなか、その中上鉄＝菅原文太と再会する。彼は東京の暴力団員で、警察に追われ、昔の恩人のいる沖縄へやってきたが、恩人は悪玉に殺された。

この映画は『日本女俠伝』シリーズの第五作だが、第三作『鉄火芸者』に似た設定が見られる。ヒロインが幼い頃、自殺を決意したとき、見ず知らずの男が、死ぬなと言った。人気芸者になった彼女は、その男の面影を胸に刻みつけている。演じるのが菅原文太で、脚本は笠原和夫。同じような設定が、違う物語のなかに出てくる。そこが楽しめるのも、東映任俠映画が連続性を持つからであろう。

ゆりと中上の出会いは、彼女が思い出の腕時計を取り出し見つめたあと、回想で描かれる。沖縄戦末期の暗い洞窟で、兵士たちの玉砕に続き、手榴弾で自決しかけた彼女に、若い軍人が声をかける。シルエットで顔は見えない。彼が腕時計を彼女にくれ、マッチを点けるが、顔の左半分は包帯に包まれ、やはり顔は判別できない。彼は死ぬなと言って出てゆく。

洞窟内、腕時計、マッチ。この三要素に注目しよう。ゆりと中上は、悪玉一味との闘いが煮詰まったとき、暗い洞窟内で、マッチの火、さらにライターの炎、そして腕時計でたがいを確認し合うのである。場所や小道具が物語に活かされている。すぐれた映画では細部にこそ作品の魅力が宿るということの見本であろう。

そのあと、お定まりの殴り込みになるが、ゆりと中上がそれぞれトラックを走らせるのだから、道行きのシーンとしては異色といわねばならない。おまけに夜のサトウキビ畑における乱闘とは、任俠映画でも特筆に値する。隅々まで工夫を凝らした映画なのである。

現代やくざ　血桜三兄弟

1971・11・19　京都　監・中島貞夫　脚・野上龍雄　撮・増田敏雄

『現代やくざ　血桜三兄弟』はシリーズ第四作で、一九七一年十一月に封切られた。撮影所が前三作の東京から京都に変わり、監督も初めて中島貞夫になった。シリーズの新展開を意図した変更であろう。

強面《こわもて》の男＝小池朝雄が岐阜に乗り込むところから始まる。夜の街を我が物顔で歩き回る彼は、飲みに入った店などでわざわざ誠心会の川島譲次だと名乗る。関西の大暴力組織の名を出すことで、波瀾を起こす狙いである。果たして地元の広道会の組員邦夫＝伊吹吾郎とその弟分宏＝渡瀬恒彦が、挑発に乗っていきり立つ。川島は不気味な迫力で邦夫や宏を圧倒する。邦夫の兄武＝菅原文太は一匹狼で、スナックバーを営み、争いには関わらない。この四人の個性の対比が、画面を豊かに彩る。

武は傍観者でいるが、恋人を奪われたと知り、バーで川島とぶつかる。手を懐に入れた川島と、傍のビール瓶を割って構えた武。長い無言の睨み合いは、緊迫感にあふれ、名場面になっている。菅原文太は主役だが出番は少ない。それも当然で、併映の『日本女侠伝　激斗ひめゆり岬』で藤純子の相手役を演じている。

川島は誠心会の鉄砲玉で、岐阜で暴れ、傷つけられたり殺されたりしたら、誠心会は広道会を攻撃できる。川島の持つ大金は命と引き換えのものであろう。武はそんな組織の残酷さを、邦夫に何度も説く。だが、ノミ屋担当の若い宏は敵の策謀に嵌《は》まり、川島が渡した競馬の掛金三百万円を呑む。八百長でそれが八千万円に化けたから、只では済まない。宏のノミ行為のとき、武の店のバーテンで、風采が上がらずモグラと呼ばれる信男＝荒木一郎も関わる。ダメ男ぶりが印象的で、五人目の重要人物となる。

川島は広道会の賭場を荒らすなど、さらに横暴に振る舞う。関東の組織の応援を取り付けた広道会は、誠心会との決戦を覚悟し、川島暗殺を大金で武に依頼する。武には黒い過去があり、病で半年の命と判っている。それとは別に、邦夫と宏は、もはや川島を殺すしかないと立ち上がる。ライフルを持った武、ドスを手にした邦夫と宏。この二組がそれぞれ川島のいるマンションへ向かう。任俠映画でお馴染みの道行きに似たシーンが描かれるのである。普通なら、このあと乱闘になるわけだが、何者かが先に川島を殺し、二組は空振りに終る。この種の映画としてはユニークである。

川島殺しはモグラだった。好きな花売り娘を川島に奪われ、組員にしてもらいたいこともあって包丁で刺殺した。その直後、そうとは知らない宏が公園で会ったモグラに言う。川島をやった人は男の中の男、高倉健さんや、と。任侠映画のパロディになるところが可笑しい。と、モグラが、俺がやったと言う。宏は信じず笑い、モグラも一緒に笑う。渡瀬恒彦と荒木一郎の好演で、ここも出色のシーンになっている。

鉄砲玉の暗殺で事態はどう進んだか。広道会は、関東勢が応援を中止したと知るや、誠心会と手を結ぶ。それが組織なのである。しかも広道会は邦夫と宏の抹殺を図る。武、邦夫、宏としては、もう殴り込むしかない。モグラも加わるが、途中、立ち小便をし、置き去りにされる。三人が悪玉の集まったキャバレーでくりひろげる乱闘は、火炎瓶を投げつけ、異様な様相を呈する。モグラは脱落したが、作品全体の雰囲気からして、中心人物といってよかろう。何度か流れ彼が歌いもする歌「マリリン・モンロー・ノー・リターン」がそう感じさせる。

中島監督は七三年、この作品を引き継いで、仲間の独立プロで『鉄砲玉の美学』を撮る。主演は渡瀬恒彦。ヒロインは杉本美樹。小池朝雄も出演。荒木一郎は出演に加え、音楽監修も務める。脚本は野上龍雄。むろん傑作である。

関東テキヤ一家　浅草《えんこ》の代紋

1971・12・17　京都　監・原田隆司　脚・鳥居元宏　撮・鈴木重平

『関東テキヤ一家　浅草《えんこ》の代紋』はシリーズ第五作で、一九七一年十二月に封切られた。今回は、菅原文太の演じる主人公国分勝が東京・浅草を舞台に活躍する。

国分はもともと浅草のテキヤ菊水一家の若衆だが、過去四作においては地方の高市《たかまち》などで痛快な活躍を見せた。このシリーズは東映京都撮影所の作品だから、主に西日本でロケされたのであろう。それが今回は、彼が三年ぶりに浅草へ帰ってくるところから始まる。雷門、仲見世、浅草寺、伝法院通り、隅田川の水上バスなど、お馴染みの風物が出てくる。やっと大々的にロケされたのである。もう一点、豪華な配役が目を惹く。菅原文太の周りに、安藤昇、松方弘樹と、人気スターが配されている。これまでの四本では、主演級スターは第二作と第四作に梅宮辰夫が出ていたくらいだから、今回は賑やかなのである。五本目になったので、ロケ地も配役も一新したということか。

浅草の酉《とり》の市は菊水一家の重要な稼ぎ場所で、その利権を向島のテキヤ一家が狙う。しかも愚連隊を裏から唆すのだから、やり方が卑劣きわまりない。国分勝はそんな悪玉一味を相手に闘う。普通にいえば縄張り争いなのだが、善玉側の考えは少し違う。単なる利権争いではなく、題名のとおり、古くからの伝統がある代紋を護る闘いなのである。その点が任俠映画としては珍しい。酉の市では、いまも縁起物の熊手が名物になっている。テキヤにとって命というべきネタ。その熊手を悪玉一味が放火して焼き払ったうえに新しい品を独占し、菊水一家の国分らは熊手の確保に奔走する。代紋とは抽象的なものだが、それを熊手という具体的なモノの形において描き出すわけである。

このシリーズはコミカルな要素が売り物だが、今回は子分役の南利明が受け持つぐらいに留まる。菅原文太が真面目な役柄を貫くのは、代紋を護る闘いだからであろうか。それにしても、安藤昇が珈琲店の親父で妻子と暮らす家庭人の姿を演じるのは、かなり珍しい。役は国分の元兄貴分で、かつて菊水一家三代目の罪を被って破門された。三代目に扮する高橋昌也は新劇の名優で、映画出演も多いが、任俠映画はこれ一本である。代紋の重みを、微妙なニュアンスの表情で見せてくれる。

悪玉一味の狙いはあくまで酉の市の利権であり、代紋など眼中にない。そこで、つぎつぎ善玉が彼らの卑劣さの犠牲になる。俳優名で記せば、安藤昇も、敵から寝返った露店荒らしの松方弘樹も、高橋昌也も。三人それぞれに印象深く描かれるが、ことに安藤昇の姿は熱く胸に迫る。瀕死の状態で菊水一家の戸口まで辿り着きながら、敷居内に入ることを拒んだあと絶命するのである。それが彼なりの代紋を護る闘いの決着ということか。

国分は死闘に向かい、夜明けで人影のない仲見世を行く姿が寂しい。そして、乱闘のなか、白いダボシャツを斬られ、背の菊散らしの刺青が血に塗《まみ》れるが、路上で悪玉の首魁を倒す。アップになった血だらけの上半身が、代紋を護る闘いの何たるかを告げる。

配役もロケ地も一新したが、この第五作で『関東テキヤ一家』シリーズは終る。想像でいえば、製作の当初から、最終作になることが予定されており、だから浅草が舞台になったのかもしれない。七一年十二月といえば、隆盛を誇ってきた東映任俠映画の人気が、さすがに翳り始めた頃である。

新網走番外地　吹雪の大脱走

1971・12・29　東京　監・降旗康男　原案・伊藤一
脚・大和久守正、降旗康男　撮・林七郎、清水政郎

『新網走番外地　吹雪の大脱走』は新シリーズ第七作で、一九七一年十二月に封切られた。大迫力を想像させる題名の正月映画である。

末広勝治＝高倉健が夜の雑踏を歩く姿から始まる。表情には殺気が満ちており、案の定、彼

が人を斬るシーンになる。法廷シーンに転じ、勝治が被告席にいる。と、厳粛な法廷がドタバタ騒ぎの場に一変する。絶好調の導入部である。彼は出所したばかりなのに、その傷害事件で網走刑務所に戻るのだが、仲間に歓迎されて喜ぶ。ころころ変わる表情が楽しめる。

囚人たちは三グループに分かれて揉め事をくりかえす。悪ボス＝山本麟一が囚人なのにダブルの派手な背広に葉巻をくわえ、威張るのが可笑しい。と見る間に、メシと煙草をめぐってたちまち勝治と喧嘩をおっ始める。クリスマスの夜、修道女が合唱を指揮するや、囚人たちがその姿にヌードを想像する。田中邦衛や南利明らと共に、高倉健まで目を細め、にやけるから、笑える。メシ、煙草、女っ気。これが囚人の一番の関心事なのである。

時代設定は一九四七年。冒頭の雑踏にはアメリカ兵や派手な服装の女がいて、敗戦直後の東京の闇市らしい。勝治は復員して、やくざになった。田中邦衛の演じる囚人は復員後、帰宅したところ、女房の不倫現場に遭遇し彼女を刺した。黒沢年男の演じる新入り囚人は、特攻隊帰りという設定になっている。黒沢年男は東宝出身で、東映映画初出演。

悪ボス一派は、悪看守らと結託し、囚人が伐採した材木の横流しをしている。それをめぐって善玉悪玉の闘いがくりひろげられるのだが、悪党たちの会話に、東京における材木不足が出てくる。敗戦直後という点が、主要人物の境遇のみならず、筋立てのベースにも見られるのである。谷隼人がひねくれ者の若い囚人木村を演じる。勝治が仲間に東京の話をするなか、アメリカ兵と日本の売春婦に触れ、一同が数年後に生まれるだろう混血児をネタに笑う。その瞬間、木村が逆上して喰ってかかる。彼は混血児で、そのコンプレックスにより屈折していたわけである。七一年の東映任俠活劇が、敗戦直後のドラマを多様な形で仕組んでいる。これは注目に値しよう。

木村の母親が横浜からはるばる訪れるが、彼は面会を拒む。笑いのネタにされ、ひねくれ度がより強まっているのである。勝治が木村の説得を頼まれて引き受けるのだが、自分をその役に選んだのが女医＝星由里子と聞いて嬉しがる。彼は木村を強引に母親と面会させるばかりか、おどおどしている母親に、木村の母親思いをデタラメに強調する。その熱心さには、女医への思慕とともに、彼自身の母恋いの情も感じられる。ここでも勝治の表情の転変がじつに楽しい。木村は母親と面会後、別人のように明るくなるが、悪党一味が横流しについて相談するのを聞いてしまい殺される。しかも、看守らによって事故死扱いにされる。勝治と仲間は抗議に立ち上がり、制圧しようとした看守の銃を奪い、銃撃戦に突入する。やくざの組長の囚人＝安藤昇が仲介に入る。だが、悪玉に殺され、仲介の話など吹き飛んで、暴動は鎮圧される。

題名の「吹雪の大脱走」は出てこないが、刑務所内が暴動の場に一変し、銃撃戦になるのは、このシリーズでも珍しい。むろんラストは定番で、暴動の懲罰として農場労働に送り出された囚人たちのトラックが爆破され、勝治は雪原を颯爽と馬で駆け、悪玉一味を日本刀で倒す。

緋牡丹博徒　仁義通します

1972・1・11　京都　監・斎藤武市　脚・高田宏治
撮・山岸長樹

『緋牡丹博徒　仁義通します』はシリーズ第八作で、緋牡丹のお竜＝藤純子の母親代わりといえる大阪堂万一家の女親分お神楽のおたか＝清川虹子の死と、その跡目をめぐる葛藤を描く。時代設定は明治三十八年。

お竜とおたかの心の絆が、まず情感豊かに浮かび上がる。そのとき跡目の件が語られ、二人の男が苦悩する。堂万一家の分家を預かる岩木＝松方弘樹と堂万一家の代貸松川＝待田京介で、ともに跡目の資格があるゆえ引くに引けない。悪玉がその軋轢に介入する。岩木は生一本、松川は屈折と、対照的なあり方が印象深い。俳優それぞれキャリア相応に、快活さと哀れさとを好演する。ところが後半、事態は新しい局面に突入する。岩木は恋人の芸者＝光川環世の出生の秘密を敵に悪用され、渡世に絡んで屈折に陥るのである。跡目相続をめぐる劇は任俠映画のパターンだが、そこに別の要素が仕掛けられている。お竜、おたか、芸者、その三人の女のドラマで、お竜はそれをみごとに捌いてゆく。

この映画は『緋牡丹博徒』シリーズ最終作で、一九七二年一月に公開された。藤純子の結婚・引退の発表が前年十一月。約二か月のあいだに製作されたのである。当時の惹句には「お竜別れの白刃の舞い」という一節が見られる。また、最終作を盛り上げるべく、大スター片岡千恵蔵がゲスト出演している。

東映任俠映画群のなか、このシリーズは女博徒を主人公にすることで人気を博した。事実、第一作から頻繁に、お竜が女であることに悩む姿が描かれてきた。この最終作でも、冒頭近く、お竜が相部屋になった流れ者＝菅原文太から、あんたはどう見ても女だと言われ、一瞬たじろぐシーンがある。また、出生の因縁ゆえに結婚を拒まれて悩む芸者に、お竜は「女の業」を説く。ところが自分のことになるや、さらりと、お竜は男たいと言い放つ。お竜の意識には、自分が女であり博奕打ちであることが張り付いているのである。この最終作では、あらためてその点を強調し、三人の女のドラマが描き出される。

任俠映画では雨や雪が重要な小道具で、この作品でも随所で降りしきるが、小雨、小雪で、激しくない。これは、ほかの多くの点にも共通する。跡目相続をめぐる争いが描かれるにしては、情念の激突といったイメージがない。苦悩する男たちも女も、心情を波打たせるが、激情に駆られることはない。全篇に流れる空気が、からっとしているのである。監督は齋藤武市。小林旭の『渡り鳥』シリーズなど、明朗快活な日活アクション映画で知られ、活躍の場を東映に移した。そのキャリアが、ひと味違う任俠映画を生み出したと思われる。

跡目を継いだ岩木やその片腕の子分が悪玉一味に殺され、殴り込みシーンへ。そのあり方に注目しよう。お竜と流れ者による悪玉との乱闘が、猛烈な速度で描かれる。お竜が斬りかかった男をすかさず刺すと、相手は松川で、彼の刀が峰打ちの形になっている。彼は死を覚悟してお竜に立ち向かったわけで、一瞬にそれがわかるだけに鮮烈さが際立つ。殺陣のこのスピード感は東映任俠映画では珍しい。やはり日活アクション映画の感じがある。

お竜は乱闘で肩を斬られ、肩の周りが血に塗れている。これほど血みどろのお竜の姿は珍しい。そんな彼女が、味方の掲げる明かりのもと、夜の道をよろめき歩き、膝をついて立ち上がり、画面奥によろよろ去ってゆく。それが一世を風靡したヒロインの最後の姿なのである。

まむしの兄弟　懲役十三回

1972・2・3　京都　監・中島貞夫　原案・斯波道男　脚・高田宏治、中島貞夫　撮・増田敏雄

『まむしの兄弟　懲役十三回』はシリーズ第三作で、冒頭、刑務所の塀に「昭和十年」の文字が被さる。前二作は現代の話だったから、どういうことかと首を傾げてしまう。と、門からゴ

ロ政＝菅原文太が出てきて、迎えた不死身の勝＝川地民夫と抱き合う。まむしの兄弟は何ら変わらないから、不審な思いが募る。

神戸が根城の両人は、東京へ向かい、浅草六区の興行街をめぐる古い一家とそこから分家した家の争いに巻き込まれる。仲見世、雷門、浅草寺の賑わいは、どう見ても現代だが、軍服姿の通行人がいる。つまり今回、お馴染みのコンビがタイムスリップするわけか。

中島貞夫監督ロングインタビューの書『遊撃の美学』（ワイズ出版）によれば、昭和十年という設定は俊藤浩滋プロデューサーの要請で、SF的なタイムスリップではなく、別の時代にしたにすぎない。戸惑った中島監督らスタッフは撮影に大苦労したという。冒頭の再会シーンでは、菅原文太も川地民夫も赤い腰巻をしている。赤ゲットという毛布で、神戸出身の俊藤プロデューサーは昔の神戸のやくざが常用したとこだわったらしい。

ゴロ政と勝は、東京に着いたとたん、悪玉一味のチンピラに関西から来た殺し屋と思い込まれ、ドタバタが始まる。ゴロ政はレビューの踊り子に一目惚れして、彼女の恋人を兄と思い、彼女の赤ん坊も弟と信じ込む。悪玉一味とゴロ政、この両者の勘違いが重なり合って、興行をめぐる争いを滑稽味まじりに波立たせてゆく。

前半、ゴロ政と勝は赤い腰巻姿で活躍する。カネがなくて吉原の女郎屋で働く勝が、庭で女郎の腰巻を洗濯し、匂いで持ち主を当てて喜ばれるシーンは、阿呆らしいが可笑しい。途中、二人は古着屋で背広上下を入手する。ゴロ政はそのあと、踊り子の赤ん坊をねんねこ半纏で背負って暴れる。不格好なのに、どこかしら颯爽と見えるのは、菅原文太だからか。国定忠治と子分の別れを演じる悪玉の芝居小屋で、二人は野次を飛ばし、乱闘に突入する。その最中、ゴロ政と忠治の子分が鉢合わせするくだりは、共に赤ん坊を背負っている姿が笑いをそそる。赤い腰巻といい、ねんねこ半纏といい、衣装の面白さが活用される。『まむしの兄弟』シリーズだから可能なことだろう。

脇役の俳優が個性を発揮して印象深い。まず天知茂。筋目を通そうと苦しむ落ち目の古い一家の代貸を好演する。所属した新東宝の倒産後、他社の映画で活躍してきた。悪玉一家の代貸に扮する高宮敬二も新東宝出身で、同社で菅原文太らと「ハンサムタワー」という愛称で売り出された。女郎屋の遣り手婆役の武智豊子は戦前から軽演劇で活躍し「女エノケン」と呼ばれ、映画に進出した。ゴロ政を使い悪玉からカネをせしめる老婆役の高橋とよも、戦前からの大ベテランで、新劇を経て、戦後は小津安二郎の名作『晩春』『麦秋』などで知られる。これが最後の映画となった。そして関西きっての興行師役の嵐寛寿郎。戦前からの時代劇スターで、東映映画『網走番外地』シリーズの鬼寅役で人気を博した。

菅原文太と川地民夫に、これら脇役陣が絡み、ドタバタ騒ぎが殺伐となってゆく。以下、俳優名で記せば、天知茂が堪忍袋の緒を切り悪玉の親分小池朝雄と相討ちになる。と、怒った菅原文太と川地民夫は大殺戮をくりひろげる。通常のラストの殴り込みとは明らかに異なる。しかも敵の首魁が死んだのに、子分を皆殺しにするとは、やりすぎではないか。時代設定で苦労したぶん、過激化したのか。それも含め怪作である。

関東緋桜一家

1972・3・4　京都　監・マキノ雅弘　脚・笠原和夫　撮・わし尾元也

明治末期、夜の東京・柳橋。艶やかな芸者が俥から降り、難癖をつけた暴漢どもを鮮やかに叩きのめし、恐る恐る遠巻きに見ていた通行人から喝采を浴びる。『関東緋桜一家』は「任俠映画の花」と謳われた藤純子の引退記念映画で、そんなシーンから始まる。芸者鶴次役はむろん藤純子。通行人の喝采は彼女のファンの想いであろう。封切は一九七二年三月。監督は藤純子のデビュー作『八洲遊俠伝　男の盃』（六三）を手掛けた巨匠マキノ雅弘。その時代劇の主演が片岡千恵蔵で、ここでは火消し「に組」の組頭を演じる。正真正銘の東映オールスター映画で、任俠映画常連の俳優が悪役も含め入れ替わり立ち替わり登場する。以後、これほど華やかな映画はないから、藤純子という女優の重要度を如実に示す。

先述の立ち回りのあと、画面には鶴次の華麗な舞いが出てくる。芸者としてお座敷で舞うのだが、えんえんと長い。明らかに藤純子の姿をファンにたっぷり楽しんでもらおうという狙いだろう。芸者姿から普通の着物姿へ、さらに暗殺された父の跡を継いで「に組」副組頭となり、火消しの半纏姿へと、衣装もさまざまに変わる。このとき藤純子二十六歳。

オールスターだから、脚本は登場人物の出し入れに苦心したろう。執筆は笠原和夫。しかも人物像や挿話群が過去の任俠映画の数々を踏まえており、アンソロジーの観を呈する。いくつかの例を俳優名で記そう。藤純子の行方知れずの高倉健への思慕。堅気だったがやくざとして戻った彼の苦渋。二人の名前を幹に刻んだ大樹。縄張りの拡張を狙う悪玉やくざの非道。争いの中心になる大旅館。そこへの放火。旅館の権利書をめぐるヒロインと悪玉側の鶴田浩二の花札勝負。こうした細部はファンにはお馴染みのものであろう。随所に木遣り唄が流れること、旅館の主の藤山寛美の三枚目ぶり、高倉健をめぐる父と息子の葛藤も、見たことがある。

そんななか、マキノ監督ならではの描写が際立つ。鶴次と恋人信三＝高倉健との再会シーン。信三は「に組」組頭の息子で、纏持《まとい》だったが、かつて鶴次を護って暴漢を殺《あや》めてしまい、姿をくらましていた。夜の川べりで彼が大樹の名前を見ていると、彼女が左から来て、後ろ姿の彼の向こうへ回り、右から見上げて、彼の名前を呼ぶ。この流動的な動きは独特のマキノ節で、殺伐とした物語に情感を添えるのである。

大勢の人物が慌ただしく出入りするが、画面は小気味の好いテンポで進む。水島道太郎や嵐寛寿郎や若山富三郎の演じる善玉は、暗殺や病で死ぬが、絶命の瞬間のアップはない。そのぶん、終盤、鶴田浩二演じる流れ者が渡世人としてのスジを通して悪玉と闘い絶命するときのアップが胸に熱く迫る。ラストは定番の殴り込みで、凄絶な殺陣が長々とくりひろげられる。クレジットには記されていないが、マキノ監督の自伝『映画渡世』（平凡社）によれば、チャンバラ場面の演出は小沢茂弘。そういえば、途中、マキノ監督なら使わない手持ちキャメラによってぐらぐらした部分があり、殺伐の度合を上げている。

悪玉を葬ったあと、鶴次が見守る人々に挨拶をし、すでに歩き出した信三を追ってゆく。お世話になりましたと深々と礼をする彼女の姿は、映画館の観客に向かってのようで、当時話題になった。脚本の末尾は少々違う。鶴次が半纏を脱いで信三に羽織らせ、人々に挨拶をし、彼に寄り添って去ってゆく（『シナリオ』七二年四月号）。藤純子は結婚するので引退することになったわけで、ラストの変更は結婚相手への気配りだろうか。

この映画は大ヒットし、約十年、隆盛した東映任俠映画の流れに終止符を打った。マキノ監督の最後の作品でもある。翌年一月の『仁義なき戦い』登場で東映映画は新展開を遂げる。

望郷子守唄

1972・4・1　京都　監・小沢茂弘　脚・野上龍雄
撮・吉田貞次

昭和四年、筑豊炭坑の青年が上京して近衛師団に入隊する。これが導入部だが、九州から老母が汽車に同乗したうえ、流れとして仕方がないとはいえ、彼が老母を背負って入隊する姿には目を瞠らされる。高倉健主演の母恋いの映画だということが、冒頭から告げられるのである。主題歌「望郷子守唄」がそれを象徴し、メロディや高倉健の歌声として随所に出てくる。もともとこの歌は同じ高倉健主演『ごろつき』(六八)の主題歌であり、やはり高倉健主演『ごろつき無宿』(七一)の主題歌になったあと、歌の題名そのままのこの映画が生まれた。いずれも主人公は炭坑出身で、三部作ともいえる。

老母は入隊する田川正一に、弱きを助け強きを挫くのが俠客だと言い聞かせる。正一はその言葉を肝に命じるが、軍隊内では通用せず、怒りを爆発させてしまう。しかも背中の抱き鯉の刺青が注目を浴び、天皇の身辺を警護する近衛兵としては、刺青を入れたやくざ者など前代未聞だと、連隊上層部まで巻き込む騒ぎになる。ドタバタがユーモラスに描かれ、軍隊批判にもなっている。正一は天皇を持ち出して連隊長を土下座させ、特別除隊になる。

そのあと、帰郷した老母＝浪花千栄子がぼた山で正一の手紙を読む姿になり、彼の声で、一等兵に進級したという嘘の内容がわかる。連隊長をやりこめる→嘘の手紙→母恋い。この移り行きが感銘深い。以後、正一は元軍医＝藤田進の医院で働き、悪徳やくざに騙され手先となってスト破りをやり、寿司屋を手伝ったり、と転職を重ねる。その間、医務室勤務になった、炊事班勤務になった、と嘘の手紙が挟まる。画面に見られるものと手紙の内容との大きなズレが、笑いまじりに母恋いの情を描き出すのである。

正一は悪徳やくざとの関わりのなか、勝ち気な芸者小半＝星由里子に一目惚れする。そして、気の好い掏摸＝南利明から口説き方を教わる。そのやりとりは漫才のように可笑しく、花束を持って小半を訪ねるユーモラスなシーンへ繋がってゆく。高倉健の朴訥さが笑いを滲み出すわけだが、つぎの瞬間、画面は一変する。俳優名で記せば、ゲストスターの池部良が悪役の天津敏をドスで襲い、白昼の巷が流血に染まるのである。笑いから死闘へという跳び方がドキリとさせる。池部良の役は元軍医梅澤の息子春吉で、ある組の代貸だったが、五年前、喧嘩で服役し、その間に親分を悪徳やくざに殺され、出所して復讐を狙っている。正一はそんな経緯を承知のうえで、梅澤親子の関係を修復させようとする。医者の話に感銘を受ける表情からして、自分の母恋いの情と重ねているのは明らかであろう。こういう重層性が東映任俠映画に深みをもたらす。

正一が春吉に父親と会うことを懇願するシーン。両俳優の折目正しいやりとりは『昭和残侠伝』シリーズを連想させずにおかない。そういえば高倉健と池部良の任侠映画における共演は、この年十二月のシリーズ最終作『昭和残侠伝　破れ傘』でピリオドを打つ。

だが、正一の努力も虚しく、春吉が父親に会う直前、小半ともども殺され、正一は敵陣に殴り込む。春吉、小半の命を奪うのが悪徳親分の弟＝山本麟一である点に注目しよう。この男は、軍隊で正一を苛め抜いた上官だった。近衛兵のなかにやくざがいたわけで、それもあって彼は正一に敵意を燃やしたのか。

この映画は一九七二年四月に封切られた。三月の藤純子引退記念作品『関東緋桜一家』、子ども向けアニメなどの特集、それに続くつぎの番組で、ポスト藤純子として松平純子が医者の娘役でデビューした。

現代やくざ　人斬り与太

1972・5・6　東京　監・深作欣二　脚・石松愛弘、深作欣二　撮・仲沢半次郎

『現代やくざ　人斬り与太』は『現代やくざ』シリーズの第五作だが、物語はもちろん作品に

流れる空気も前の四本とまったく違う。何よりまず菅原文太の演じる沖田勇は、手の付けられない狂犬のようではないか。餓狼というべきか。こんな主人公はシリーズ初登場である。沖田はどんな束縛も徹底的に拒み、どんな相手に対しても不服従を貫く。

物語は五年の刑期を終えた彼の出所シーンから本格的に始まるが、神奈川県川崎の街は一変しており、彼は馴染めない。不服従の精神は、明らかに街の変貌に対する反撥と関連している。彼は一九四五年八月十五日、敗戦の日に生まれた。彼の生は戦後日本の歩みとぴったり重なるわけで、戦後における風景の変貌に違和感を抱くのである。

監督は深作欣二。これまでも戦後過程への批判を風景の変貌を題材に描いてきた。菅原文太が深作監督の作品に出るのは、六九年の『日本暴力団　組長』、七〇年の『血染の代紋』に次いで三本目。後者にも風景の変貌に対する違和感が流れていた。

冒頭、タイトルの前後に、沖田の履歴が短いカットの連続に本人の語りを被せて語られる。物凄い速度で、観客に不親切なほどである。以後も室内や夜のシーンが多く、画面が暗くて、誰が誰やら判然としない場合がある。明らかに演出上の計算だろう。観客は耳目を集中させ感覚と知力を総動員してスクリーンに向かう。そのことを要求する映画づくりなのである。数人の格闘シーンの多さも同じ作業を促す。速く暗い画面のなか、沖田はひたすら暴れ回り、誰にも制止できない。まさに餓狼の跳梁というしかなく、菅原文太の痩身が絶妙な効果を発揮する。

破れかぶれの自由を求める生命力に対する讃歌が、そこに浮かび上がってくる。

沖田の情婦君代役は渚まゆみ。通常のヒロイン像には収まらない汚れ役だが、大きな日をギラギラ光らせて好演する。大映出身で、初の東映作品。出会いは上京した小娘の君代が服役前の沖田に犯されたときで、傍に赤飯の握り飯が転がっているのが印象深い。その後、彼女は娼婦に身を落とし、出所した彼と再会する。沖田のムショ仲間、安全剃刀の刃を使う男も、鮮烈な印象をもたらす。演じるのは三谷昇。出所後、おでん屋を営む妻との暮らしが、抑え込んだ暴力衝動を不気味に感じさせ、沖田の跳梁と裏表の関係をなす。

沖田はかつてのチンピラ仲間とともに暴力団二組のあいだで暴れ回る。だが関西の大組織の介入で、やむなく一方の組長矢頭＝安藤昇の傘下に入る。それで彼の暴力衝動が収まるわけがない。大組織に刃向かい、追い詰められ、いったん屈服するが、君代が殺されるや、反逆し銃弾を浴びる。君代は沖田の情婦とはいえ愛憎相半ばする関係で、彼のなかに自分と同じ心の飢えを見ているのであろう。それを告げるかのように、ラスト、絶命した君代と沖田の傍に、あの赤飯が散乱している。その直前、矢頭は血迷った沖田のドスに刺される。だが、反撃しない。彼も沖田に自分と同じ血を感じているのである。

深作監督は、この映画の脚本を新宿の旅館に籠って書いているとき、テレビで連合赤軍のあさま山荘事件の中継を見て、衝撃を受けた。そして、この映画について、いちばん悪いやつが主人公で何で悪いんだ、と思ったという（深作欣二と山根貞男による『映画監督　深作欣二』ワイズ出版）。あさま山荘事件は七二年二月。この映画の封切が同年五月。三月には藤純子引退記念映画『関東緋桜一家』が公開されていた。

博奕打ち外伝

1972・7・30　京都　監・山下耕作　原案・島村喬　脚・野上龍雄　撮・古谷伸

『博奕打ち外伝』は一九七二年の映画で、六七年から九本続いた鶴田浩二主演『博奕打ち』シリーズの「外伝」のように見えるが、正確にはオールスター作品というべきであろう。当時の東映の宣伝資料もシリーズ扱いしていない。

明治後期。九州一円の博徒を統率する睦会の大親分が引退を表明し、跡目争いが起こる。若松の川船頭を束ねる江川周吉＝鶴田浩二が、そこに巻き込まれて苦しむ。たしかに『博奕打ち』シリーズとは違い、堅気の役である。

川船頭が博奕を楽しむことをめぐり、周吉は睦会傘下の大室組組長弥八＝若山富三郎と対立する。両人が路上で斬り合うに至ったとき、大親分の組の代貸花井栄次＝高倉健が割って入る。

そして周吉にも弥八にも、兄弟分と呼びかける。三大スターが義兄弟の三角関係を演じるのである。周吉には鉄次＝菅原文太、政和＝伊吹吾郎という弟がある。跡目争いのなか、この三兄弟と、さきほどの義兄弟三人と、ふた組の三人兄弟が関係をこじらせ呻吟《しんぎん》する。

栄次が周吉と弥八の斬り合いを収めた少しあと、栄次、周吉、芸者秀子＝浜木綿子らが、将棋を話題に和気藹々と話す。さらに、大親分＝辰巳柳太郎の家に栄次と周吉と弥八が揃ったシーンも、和やかな雰囲気に終始する。ところが周吉が去ったあと、大親分が跡目に弥八を指名したことから、事態は悲劇へと突き進む。睦会の長老たちは栄次が跡目にふさわしいと思っていた。だが大親分は、栄次が自分の隠し子であり、そのことが後日に災いとなると考え、弥八を指名した。栄次は事態を知った周吉に、弥八と争いを起こさないでくれと頼む。

大博徒組織の跡目争いのなか、網の目のように複雑な人間関係が悲劇へと突き進んでゆく。この構図は『博奕打ち』シリーズの第四作『総長賭博』に似ている。監督も同じ山下耕作。だが、決定的に違う。『総長賭博』では、博徒組織を悪徳政治家に売り渡そうとする悪玉の陰謀が悲劇を引き起こすが、『博奕打ち外伝』に外部と通じた悪党などは出てこない。

問題は大室組の代貸滝＝松方弘樹で、親分弥八に首尾よく大組織の跡目を継がせたい彼の執念が、災いの元凶なのである。弥八は任侠心に富み、栄次こそ跡目にふさわしいと思っている。滝はそんな弥八に惚れ込み策動するわけで、悪行を重ねるとはいえ、単純な悪人ではなかろう。

だが、結果的には、弥八と滝は悪玉になる。そこがこの映画のユニークな点といえよう。子分の親分への想いや兄弟分同士の想いが、閉鎖的な博徒集団を形づくっている。それが内攻してこじれたときに生み出す悲劇を描くのである。

鉄次は後半に登場するなり、川船頭に無理難題を吹っかける滝を相手に暴れ回るが、たちまち殺される。政和も倒される。周吉は、弟ふたりの匕首を抜いて調べる。血のりのないことを確認し、彼らがどのように闘ったかを知るわけだが、こういう動作は任俠映画では珍しい。周吉が弟たちの墓に彼らの匕首を供える。と、栄次が水桶を手に背後に立っている。兄弟分の盃を割るか割らぬかとなったとき、栄次がくずおれ、周吉と弥八の板挟みになって割腹しているとわかる。「陰腹」という作法で、時代劇には出てくるが、任俠映画では珍しい。

そのあと、滝は大親分も殺す。弥八はあまりの所業に激怒し、彼を槍で刺そうとする。と、滝は思い残すことはないと言ったうえで、自分は渡世の作法など知ったことではない、という意味の言葉を吐く。親分のために死んでもいいという真情のもと、滝はやくざ渡世の仁義を踏み越えてしまっているのである。

『博奕打ち外伝』は七二年七月三十日に封切られた。東映任俠映画の勢いは衰えつつあり、これが任俠オールスター作品の最後となる。松方弘樹はこの直前『昭和おんな博徒』に出た。江波杏子主演の正調任俠映画で、惚れ惚れするようなやくざを好演した。そして『博奕打ち外伝』のつぎに出演したのが七三年一月公開の『仁義なき戦い』である。

新網走番外地　嵐呼ぶダンプ仁義

1972・8・12　東京　監・降旗康男　原案・伊藤一　脚・村尾昭　撮・飯村雅彦

東映マークのあと、画面に高倉健主演の任俠映画が出てギョッとなるが、すぐ納得できる。網走刑務所内で娯楽用に『昭和残俠伝』シリーズの一本が上映され、受刑者一同が楽しんでいるのである。その設定だけでも面白いが、囚人のなかに高倉健がいるから二重に凝っている。上映中だから暗く、最初に顔がはっきりわかる囚人役は宍戸錠で、スクリーンの世界に感動し、隣の田中邦衛も同調する。その横に主役の高倉健がやっと登場するが、どこが面白いかというような表情をしている。冒頭からパロディ感覚の映画なのである。そのあと、囚人同士の乱闘とスクリーン上の殴り込みが併行し、パロディ状態をさらに盛り上げる。

末広勝治＝高倉健は所内の喧嘩で自分の代わりも同然に殺された兄弟分の頼みで、出所後、彼の女房を護って活躍する。物語をそのように単純化すれば、任俠映画以外のなにものでもない。だが、どうも正調任俠映画とは違う。まず、先述のパロディ感覚のゆえに。そして、物語が本格的に始まるや、ダンプカーの群れがひっきりなしに荒々しく走り回るから。

勝治と弟分＝田中邦衛が出所後に向かったのはダム建設中の町で、兄弟分の女房冴子が登場する。彼女は北野土木を率いてダム工事を進めているが、その利権を大沼土木が狙って策謀を凝らす。善玉悪玉の葛藤のなか、工事用の砂利を運ぶダンプの群れが砂埃とともに疾走する。北野のダンプはボンネットが黄色で、大沼のほうは車体が青い。その色分けに加えて、満艦飾のダンプもある。むろん勝治と悪玉一味のダンプのカーチェイスもあって、豪快なアクション映画の趣を呈する。

男どもの殺伐さに、女二人が情感を添える。北野冴子＝生田悦子とダンプ乗りの別所ゆう子＝工藤明子。どちらも情の深い魅力的な女性で、やがてそのことが勝治を困惑に陥れる。彼は喧嘩っ早いが、冴子に言われるや、暴力を自制し悪玉の横暴を我慢する。ゆう子はそんな彼に惚れる。冴子がそのことに気づいて、ゆう子と勝治の仲を取り持ち、結婚を勧める。いわば豪快なアクション映画の時空に、突然、男女の微妙な三角関係が紛れ込むのである。そのシーンの高倉健の困惑ぶりが素晴らしい。

兄弟分役は宍戸錠で、導入部といえる刑務所内のくだりで殺されてしまう。もうひとりのゲストスター丹波哲郎も、冒頭と中盤にちらりと姿を見せたあと、終盤で悪玉の客分として勝治の刃にあっさり倒される。死に急ぐかのように。この種の映画は死の積み重ねで成り立っているのである。ラスト近く、勝治が野に立つ墓に詣でる。俳優名でいえば、宍戸錠の墓、工藤明子の墓、そして田中邦衛の墓。勝治は悪玉を死に追いやるべく殴り込む。

この映画は『新網走番外地』シリーズ第八作で、一九七二年八月十二日に封切られた。当時の宣伝資料には記されていないが、六五年にスタートした『網走番外地』シリーズ全十八本の最終作である。併映は『女番長《スケバン》ゲリラ』。次回八月二十五日封切の一本が『女囚701号　さそり』。東映映画の流れが大きく変わったことは明らかであろう。高倉健がつぎに東映のスクリーンに姿を見せるのは十二月三十日封切の『昭和残俠伝　破れ傘』で、これで同シリーズも終った。しかも併映は『女囚さそり　第41雑居房』。そして、この正月番組のあと、七三年一月十三日封切で『仁義なき戦い』が登場する。

まむしの兄弟　傷害恐喝十八犯

1972・8・25　京都　監・中島貞夫　原案・斯波道男　脚・佐治乾、蘇武路夫　撮・山岸長樹

『まむしの兄弟　傷害恐喝十八犯』はシリーズ第四作で、ゴロ政＝菅原文太と不死身の勝＝川地民夫のコンビに加え、別の「まむしの兄弟」が登場する。水戸黄門や座頭市の偽物が出てく

る映画はあるが、もう一組もれっきとした本物である。これは珍しい。しかも鉢合わせしたとき、ゴロ政と勝のほうが相手から偽物扱いされる。この主客転倒は笑いを誘うが、相手は満洲時代から「まむしの兄弟」だと言う。これにはゴロ政らは、ぐうの音も出ない。

今回の舞台は滋賀県大津。場末の歓楽街の一郭、おかめ横丁に、ゴロ政と勝が流れ着いて大暴れをくりひろげる。バラック建ての飲食店が並ぶ横丁は、明らかに撮影時、オープンセットに作り込まれたもので、粗末だが、庶民の猥雑なエネルギーに満ちたさまが敗戦後の雰囲気を放つ。だからこそ、戦中世代の老「まむしの兄弟」は居着いているのである。演じる北村英三と殿山泰司はベテランで、ともに戦中世代。横丁が壊されたあと、北村英三がドラム缶の風呂に入っているが、敗戦後には、同じような光景はあちらこちらで見られた。

冒頭、出所したゴロ政は勝と再会し、一騒動やらかしたあと、走るトラックの荷台でダボシャツに着替える。そして、積み荷の豚の口元や乳房に女体を妄想する。たちまち性欲を催して、神戸に着くや、兄貴分のために勝の手配した娼婦に挑む。だが、ピンクの浴衣を着た相手は老婆だった。それを知ったゴロ政は、叫び声とともに気絶する。老婆が怒って去ったあと、勝が室内を見ると、ゴロ政は蒲団に坐り、「おか〜ん」と譫言《うわごと》を呟いている。つぎの瞬間、そこに森進一のヒット曲「おふくろさん」が流れる。

任俠映画には母恋いの要素がよく出てくるが、笑いに結びつく例は珍しい。そこがこのシリーズのユニークさであり、菅原文太だから成立することは間違いない。

そのあと、二人は大津のおかめ横丁に流れ着き、物語が本格化する。ヒロインは横丁で小さなバーを営むお藤＝北林早苗で、殿山泰司の老まむしが彼女の実の父とわかる話が、横丁をめぐる攻防戦に絡む。母恋いとは異なり、父と娘の関係は情感豊かに描かれる。

建設会社が娯楽センター開設のため、暴力団と組み、横丁の立ち退きを迫る。ゴロ政と勝は初め、暴力団からカネをもらい横丁で暴れるが、ゴロ政がお藤に惚れ、たちまち横丁側に回る。住民と「まむしの兄弟」二組の抵抗に、一味は強制執行の挙に出る。ブルドーザーで家屋を破壊し、立て籠ったゴロ政と勝を放水攻めにする場面が凄まじい。

この映画は一九七二年八月に封切られた。当時の観客の多くは放水シーンに、記憶に新しい事件を想起したろう。六九年一月の東大安田講堂の攻防、六九～七〇年の三里塚闘争、七二年二月のあさま山荘事件。いずれも激烈な放水の模様がテレビ中継で報じられた。どんな映画も時代相と無縁ではない。そのことを、中島貞夫監督ら作り手は確実に踏まえている。

悪玉のあまりの非道に、ゴロ政と勝は立ち上がり、殴り込みに向かう。屎尿《しにょう》汲み取り車に乗っての道行きとは可笑しいが、運転するゴロ政の台詞が意表をつく。わいのおかん、屁こいたかもしれへんな、こいたかてええねん。一瞬、何事かと思う。ゴロ政はお藤に一目惚れしたとき、勝に、自分の母親はああいう人だと言う。そして、お藤は高貴な身分出身と聞き、憧れを深めるが、終盤、本人から俗な女と言われる。彼女への想いの転変が、母と屁をめぐる台詞になったのである。母恋いとヒロインへの慕情が屁で結びつくのだから、スゴイ。

人斬り与太　狂犬三兄弟

1972・10・25　東京　監・深作欣二　脚・松田寛夫、神波史男　撮・仲沢半次郎

冒頭、菅原文太と田中邦衛の演じる二人が店にずらりと並んだ包丁をあれこれ物色し、まるで人を刺すような動作をしながら購入する。何とも物騒なシーンで始まったかと思うや、二人が包丁を手に街頭で暴力団の親玉を襲うシーンへ突入する。『人斬り与太　狂犬三兄弟』はいきなり禍々しい勢いで観客の度肝を抜く。

題名からして菅原文太主演『現代やくざ　人斬り与太』の続篇と思われるが、人物も物語も別個で、『現代やくざ』シリーズとも関係がない。ただし主人公は前作と同様、不服従を貫いて狂犬のように暴れ回る。いや、彼の暴力衝動は狂気の域に達している点で、前作の比ではない。この違いは何だろう。前作の主人公には戦後社会の変貌への違和があり、それが暴力となって噴出した。だがこの映画に、何の歴史的な背景もない。主人公はいわば純粋な暴力の塊な

のである。監督は同じ深作欣二。構想を練るとき、実在の人物の像が念頭にあったという。のちに『仁義の墓場』(七五)で描く石川力夫である。なるほどと納得できる。

権藤勝男＝菅原文太は冒頭の襲撃で服役して、六年後、出所し、そこから話が本格化する。彼の属する村井組は、すでに敵対する組と表向きは相互不可侵協定を結んでいる。だから権藤の襲撃は手柄として認められない。それが不満な彼は、組に内緒で売春バーを営み、そこを根城に相手構わず暴力衝動を発散させる。相棒は冒頭の襲撃時と同じ大野＝田中邦衛。蛇を懐で飼う流れ者の谷＝三谷昇がやがて加わり、三人組が成立する。

その暴力バーに、勤めるはずだった工場が潰れ途方に暮れていたところを谷に拾われ、若い娘が連れ込まれる。演じるのは前作にも出ていた渚まゆみ。彼女は一貫して無言で、封切時の資料には桂木道代という役名があるが、映画には名前は出てこない。その娘は権藤に犯され、売春を強制されても客の相手をせず、権藤により丸裸にされるや、深夜、全裸のまま脱出して繁華街に走り込む。捕まえた権藤が、衣服を投げ与え、出ていけと怒鳴る。その瞬間、あっとなる娘の表情の揺れが印象深い。

彼女は出てゆくが、谷に連れられて戻ってくる。その夜、彼女が書いた母親へのハガキを読んだ権藤は、しんみりとなり、ここにいていいよと言う。二人は抱き合う。翌日、出前のラーメンを食べるとき、権藤が自分のチャーシューを一切れ彼女のラーメンに入れてやる。どん底に生きる者の心の触れ合いが食べ物を介して描かれるのである。

全篇、怒号が渦巻く。その中心に権藤がいて、敵はむろん味方や仲間にも憤怒をぶつける。喧噪に満ちたなか、彼と名無しの娘との小さな交情が際立つ。そんな効果を狙ったからこそ、渚まゆみを無言の役にしたのかもしれない。

権藤ら三人組は暴力団二組の協定を台無しにし、二組から命を狙われる。谷は乱闘のあげく捕まりリンチに遭い、権藤と大野にこう言って死ぬ。面白かった、と。観客の胸を衝く言葉で、そこに凝縮している谷の想いは権藤と大野にも共通するのであろうか。だが、大野は、スラムに住む母親から逃亡資金を毟り取ろうとして、彼女と弟に殴り殺される。深作映画にはスラムがよく出てくるが、こんなに無残な光景は初めてではないか。権藤は追い詰められる。抵抗はするが、蜂の巣のように銃弾を浴びて虫けら同然に死ぬ。そこは映画館の廃墟で、ちらりと見える看板の絵は深作監督の『博徒外人部隊』(七一)のように思われる。

この映画の封切は七二年十月。主人公は親分や兄貴分のいる組員だが、仁義も何も踏み躙る。深作欣二と菅原文太がつぎに組むのは翌七三年一月公開の『仁義なき戦い』である。

昭和残俠伝　破れ傘

1972・12・30　東京　監・佐伯清　脚・村尾昭
撮・飯村雅彦

高倉健主演『昭和残俠伝』シリーズは一九六五年に始まり、池部良との共演で人気を博したが、ついにピリオドを打った。その最終作が七二年十二月公開の第九作『昭和残俠伝　破れ傘』である。監督は第一作と同じ佐伯清。

宣伝資料には「シリーズの集大成ともいうべき、豪華絢爛たるオールスター作品」とある。最終作とは記されていないが、それを前提の「集大成」か。高倉健、池部良に加え、鶴田浩二、安藤昇、北島三郎が共演して、任俠スターの勢揃いといえる。藤純子はこの年三月の映画で引退した。また、若山富三郎も菅原文太も古典的な任俠映画から離れつつあった。

物語は福島県郡山から始まり、四年後の新潟へ移ったあと、また郡山へ戻る。この間、何人もの主要人物の関係と運命が縺れ合い、ドラマチックに葛藤をくりひろげる。東映は時代劇全盛時代からオールスター作品が得意で、ここでも、共演スターそれぞれの見せ場が情感たっぷりに描き出される。その中心で、花田秀次郎＝高倉健が獅子奮迅の活躍をする。

冒頭、出所した秀次郎は郡山で兄弟分の寺津＝安藤昇に味方し、天神浜一家に殴り込む。ところが四年後、秀次郎が旅から戻ると、寺津は会津若松の親分の妹を妻にして阿漕な親分になり勢力をもち、天神浜一家を圧倒している。寺津は善玉、天神浜は悪玉、といった図式が成り立たないわけで、任俠映画のパターンを破った点が興味深い。人間関係の縺れが始まり、複雑な争いが起こる。秀次郎はその渦中に、旅から旅へと捜し求めていた恋人と再会する。

秀次郎はその前に旅先の新潟で、恋人と瓜二つの女郎お菊＝星由里子と出会う。人違いと判ったあと、窓の外から歌が聞こえる。「俺は河原の枯れすすき…」という「船頭小唄」で、大正末に流行した。この映画の時代設定はその頃らしい。少しして秀次郎は、お菊に会いに行き着物の贈り物をする。少女のように喜ぶお菊の無邪気な姿を見つめた秀次郎が、ありがとうと小さく呟く。贈り物をしたほうが礼を言うわけで、素晴らしい場面になっている。そのあと秀次郎は郡山で兄弟分らの勢力争いに巻き込まれ、ついに昔の恋人お栄＝星由里子に巡り合う。だが彼女は、いったん堅気になったものの天神浜一家に戻った風間重吉＝池部良の妻になっており、ともに悲しみを嚙みしめるほかない。

秀次郎がお菊に語り、お栄が秀次郎に話す内容からすると、秀次郎もお栄も、相手が関東大震災か喧嘩で死んだらしいと人から聞いていた。大震災は大正十二年の出来事で、その頃「船頭小唄」が大流行した。

主要人物たちがつぎつぎ死んでゆく。お栄＝星由里子、流れ者の博徒＝北島三郎、会津若松の悪玉に妻とともに殺される寺津＝安藤昇、そして争いの仲介に入る新潟の親分＝鶴田浩二。これがデビュー作で薄幸の女工役の檀ふみは真っ先に殺される。

ラスト、凄絶な乱闘のあと、秀次郎と重吉が、悪玉の死体を感慨深げに見つめる。ふたりを俯瞰で捉えたキャメラが、緩やかに動き、庭の雪の下から芽吹いている小さな花に迫り、映画は終る。最終作と承知して見ると、高倉健と池部良の姿で終わらないのは意表をつく。芽吹く花に、あとを託したようで、じつに巧い。

この『昭和残侠伝　破れ傘』は十二月三十日、梶芽衣子主演『女囚さそり　第41雑居房』と併映で封切られた。そして七三年一月十三日、『仁義なき戦い』が新春第二弾として登場し、『女番長《スケバン》』と二本立てで爆発的な人気を博する。任侠映画を代表する『昭和残侠伝』シリーズは終るべくして終ったのである。

まむしの兄弟　刑務所《ムショ》暮し四年半

1973・2・17　京都　監・山下耕作　原案・斯波道男　脚・野上龍雄　撮・山岸長樹

刑務所を出たゴロ政＝菅原文太が、たちまち神戸の神社で美女に一目惚れし、不死身の勝＝

川地民夫と共に、彼女の子供を取り返すため名古屋へ向かう。シリーズ第五作『まむしの兄弟　刑務所《ムショ》暮し四年半』は、こんなふうに始まる。一目惚れと早呑み込みも、名古屋における思惑外れの連続も、お馴染みのパターンで、笑いを巻き起こす。

政と勝は例によって助平心を起こし、暴力バーで揉めたあと、キャバレーで暴れるや、暴力団芝江組の連中に殴られ蹴られ、夜の路上に捨てられる。船上生活を送る親切な老女に介抱され、たちまち感激するが、バイキンと呼ばれ腹を立て、まむしと名乗っても、ゴキブリかシラミか知らないけれど、と相手にされない。憮然たる面持ちで老女の船から降り、小さな女の子と会い、庄助丸と船に記されているのを目にする。だが、捜す船の名前を忘れており、その幼女が目当ての娘だと気づかない。それどころか、庄助という言葉から岸辺で「小原庄助さん、なんで身上《しんしょう》つぶした」と歌って踊る。物語がようやく本筋に入るかと思ったとたん、画面は一気に馬鹿馬鹿しさで覆われるのである。

ゴロ政は自分をバイキン扱いした老女に反撥しつつ、母親の情を感じてしまう。母恋いは任侠映画でお馴染みの要素で、菅原文太が微妙な演技でそれを体現する。老女役が母もの映画のベテラン三益愛子だから、感情はより深まる。

ヒロイン優子＝浜木綿子が神戸から名古屋に来て庄助丸で娘をめぐり、老母たか＝三益愛子、弟の真吉＝渡瀬恒彦と語らう。幼女の父親が名古屋にいるらしいが、優子は名前を明かさない。

肉親の切実な想いが濃密に描き出され、話を聞いていたゴロ政が、たかに呼ばれ、どう思うかと問われる。当然、答えに窮し、もごもご言うしかない。

芝江組の組長こそが幼女の実父なのだが、会いに来た優子を突き放し、子分たちに凌辱させる。ゴロ政は芝江組に、勝と共に乗り込む。が、黒のダボシャツ上下で勢いよく啖呵を切ろうとしたとたん、組長に言われる。やめておけ、猿芝居は見飽きている、と。そのあとリンチされ、全身血まみれで路地のゴミ置き場にまたもや捨てられる。啖呵を制止された瞬間のゴロ政の、まさに拍子抜けの表情が可笑しい。どんなに格好つけてみても、思惑が外れるのである。だが、それで尻尾を巻く玉ではない。政と勝は翌日夜、組の仕切るキャバレーへバキュームカーで突入し、糞尿を撒く。これぞ、まむしの兄弟流の闘い方といえよう。

それにしても、二人は報いられない。ゴロ政は一目惚れした優子のため、破れかぶれで行動するのだが、当の彼女から迷惑がられる。残忍さを加速した悪玉は、幼女を攫《さら》おうとし、逆らった真吉を殺す。と、優子は、弟を殺したのはあんたたちだと政と勝を詰る。このシリーズでは、政と勝の粋がりとズッコケの連鎖が魅力を形づくるのだが、今回、軽挙妄動ぶりがより強調され、思惑外れの連続は強まっていると思われる。

真吉が殺されたあと、たかは、これ以上わたしを泣かせないでと政を抱き締め、芝江組とは闘わないと約束させる。だが、政は勝と共に殴り込む。約束を破るわけで、勝にきっぱりと言う。わいらは極道や、ゴキブリや、思いきり親不孝したろうかい、と。思惑外れのあげく、母のような老女の想いを踏みにじり、居直るのである。こんな展開は珍しい。五本目で定型を破ったか。封切は一九七三年二月。一月に『仁義なき戦い』が登場していた。

まむしの兄弟　恐喝三億円

1973・9・1　京都　監・鈴木則文　脚・高田宏治、鈴木則文　撮・鈴木重平

ゴロ政＝菅原文太が服役を終えて出所すると、必ず出迎える弟分の姿が見えない。待ちくたびれて歩き出し、田圃で立ち小便をする。と、近づいた観光バスから集団旅行の女性群が我れ先に降り、一列に並んで盛大に立ち小便をやらかす。

これが『まむしの兄弟　恐喝三億円』の冒頭で、唖然とさせられる。シリーズ第六作で、監督は鈴木則文。初めてこのシリーズを手掛け、得意のシモネタをぶちかます。ただし続きがある。ゴロ政はバスに乗せてもらい、神戸で降りたあと、商店街を歩くうち、母の日の赤白のカーネーションを売る女子中学生と出会い、母の有無を尋ねられ、白いほうを買う。立ち小便から一転、純真な乙女と白いカーネーションへ。この幅こそ鈴木則文流なのである。

封切は一九七三年九月一日。『仁義なき戦い』の第二作と第三作のあいだで、どちらも主演の菅原文太は、まるで違う役を交互に演じてめまぐるしかったろう。その間、脇役の作品もある。人気のブレイクした勢いがこの映画に沸騰している。

ゴロ政が再会した弟分の不死身の勝＝川地民夫は、車に撥ねられ入院していた。兄貴分の出所を祝うカネが欲しくて当たり屋をやって失敗したと言う。二人は車の持ち主の親から慰謝料をふんだくる。小切手で三百万円。ところがその直後、小切手がいろんな人物の手から手へと渡り、二人を翻弄する。別の要素がそこに加わる。持ち主の父親は中国人の貿易商だが、裏では暴力団と組んでヘロインの密輸をやっている。慰謝料の交渉後、勝がその見本が入ったゴルフボールを何気なく頂戴し、追われるのである。

かくして以後、小切手とゴルフボールの争奪戦が始まる。ゴロ政も勝もボールの中身は知らないから、訳もわからず翻弄される。貿易商の用心棒＝松方弘樹が二人を追いかけ回す。マオ(毛)と呼ばれているが、実は日本人で、幼い時に中国で母に捨てられ、貿易商に拾われた。彼は隠し持っていた写真を貿易商の娘に見られ、秘密を知った彼女＝堀越光恵を犯す。そこに哀切な歌が流れる。「流氓の曲」という。四七年の亀井文夫・山本薩夫監督『戦争と平和』に流れ、その後、六〇年の大島渚監督『太陽の墓場』でも主人公が歌う。この映画の作り手はそれらを見て憶えたにちがいない。

後半はゴルフボールを詰めた段ボールの争奪戦になる。ゴロ政たちは最初、マオと敵対するが、その理由たるや、政が一目惚れした貿易商の娘といまは恋仲のマオの関係に嫉妬してのことだから、可笑しい。そんな政がマオの離別した母親への想いを知り一変する。その場面にも、あの哀切な歌のメロディが流れる。政と勝が段ボールを積んだトラックを奪い、暴力団一味の車に追われる。猛烈なカーチェイスでトラックは原型を留《とど》めなくなるが、それでも走る。数年後の同じ主演・監督の『トラック野郎』シリーズの先取りといえる。

その間、マオと恋人は暴力団の銃弾の嵐で殺される。大破したトラックに乗ったゴロ政と勝は血まみれの二人を見つける。そこにも哀切な歌が流れ、政は母を恋うマオの胸元に赤いカーネーションを置いてやる。そして闘いへ突入する。

小切手、ゴルフボール、さらにカーネーション。そして、カネ、ヘロイン、母への想い。何とも妙な取り合わせだが、難民の歌「流氓の曲」がそれを悲しく彩る。鈴木監督の手腕を讃えよう。

まむしの兄弟　二人合わせて30犯

1974・3・1　京都　監・工藤栄一　脚・鴨井達比古　撮・わし尾元也

『まむしの兄弟　二人合わせて30犯』はシリーズ第七作で、封切は一九七四年三月。例によってゴロ政＝菅原文太の出所シーンから始まるが、たちまち様相が変わる。ゴロ政が映画のロケーションを本物と思って大暴れし、迎えに来た不死身の勝＝川地民夫も乱闘に加わる。撮影されているのは現代やくざ映画だから、この作品のパロディのようで可笑しい。

シリーズの場合、出だしのアイデアがいろいろ工夫されている。監督はこのシリーズ初の工藤栄一。百戦錬磨のベテランゆえ、描写にスピードがあり、しかも説得力に満ちている。

ゴロ政と勝は警察で尋問されたあと、拠点の神戸・新開地に舞い戻るが、例によって新興暴力団の連中と乱闘をやらかす。二度も三度も。その間、菜っ葉服の少年のような女掏摸ジュン＝東三千と知り合い、リンチから救出される。政と勝が安アパートで馴染みの女を抱いていると、ジュンが姿を見せ、二人の兄弟分にしろと言う。政も勝もまともに相手にしないでいると、ジュンが激しく問い詰める。助けてもらった礼をするとの約束を破るなら、お前らは俠客といえるのか、と。ゴロ政は「俠客」という言葉に弱いから、要求を受け入れる。

妙な三兄弟がチャチな荒稼ぎをやらかすなか、妙な話が舞い込む。勝の母親が見つかり、十億円の遺産を譲りたいと思いつつ病の床にあるという。一家の弁護士が勝にぜひ会ってくれと頼む。勝は嘘みたいな話に乗る気はないが、ゴロ政は会えと言い張る。遺産のこともあるが、何より母親という存在に弱い。母子対面のシーンでは、勝がおたおたするのに対し、ゴロ政は感動で涙にむせぶ。母親役は三宅くにこ。戦前からの松竹スターで、『晩春』、『東京物語』など小津安二郎作品の常連である。三宅邦子の名で知られ、この頃のみ改名していた。他社作品にも出ているが、東映任侠映画はこれ一本。このとき五十七歳。

勝は対面後、豪邸に住み、母親の介護に精を出す。ゴロ政は、友だちのことを思うなら勝と縁を切ってほしいと言う弁護士に説得され、身を引くことにする。まるで母もの映画のパロディで可笑しい。

そのあと、ジュンがホルモン焼き屋で、悄然としているゴロ政を罵り、口喧嘩になる。出て行ったジュンが線路を歩きながら「赤色エレジー」を歌う。と、元の店では政が聞こえているかのように同じ歌を口ずさむ。そして一転、豪邸のプールサイドでは、勝がしょんぼりしているのを見て、一家の孫が「兄弟仁義」を高らかに歌ってやる。歌がそれぞれの想いを繋ぐのである。「赤色エレジー」は元々、林静一の劇画で、七〇~七一年『ガロ』に連載され、七二年、あがた森魚が歌いヒット曲になった。この映画ではジュンに託し、七〇年初頭の若者文化が反映されているといえる。

母子再会は暴力団と悪徳弁護士が遺産目的にでっちあげた嘘と判る。ゴロ政と勝は、虚構の撮影を本物と間違えたように、またしても虚構に騙されたわけである。暴力団は邪魔な彼らの排除に乗り出し、ジュンが犠牲になる。そのとき彼女は、密かに慕うゴロ政に見せようと白いワンピースを着ていた。政は勝とともに敵陣に向かう途中、あの歌を口ずさみ、殴り込みにも同じ曲が流れる。東三千は映画の出演はごく少ないが、テレビドラマ『プレイガール』の常連として知られる。このあと原田英子に改名。俳優では悪徳弁護士役の菅貫太郎に注目したい。演劇出身で、東映時代劇に数多く出演し、なかでも『十三人の刺客』(六三)、『十一人の侍』(六七)での暗殺される暴君役が素晴らしい。どちらも監督は工藤栄一。

あとがき

東映の任俠映画というと、鶴田浩二や高倉健の着流し姿がすぐに思い浮かぶが、両人は同じ頃、背広やトレンチコートを着こなして匕首や長ドスを手に闘う役も演じている。任俠映画の定義は曖昧模糊としており、どういう映画を指すのか判然としない。唯一確然としているのは一九六〇年代後半に一世を風靡したことで、本書はその意味での東映任俠映画を取り扱っている。

わたしは一九六〇年代半ば、そんな東映任俠映画にぞっこん魅せられることから、映画に関する文章を書き始めたので、いつかあの作品群をまとめて論じたいと思ってきた。その熱望は一九九九年、「任俠映画のドン」俊藤浩滋プロデューサーとの共著『任俠映画伝』（講談社）で果たせた。ただし部分的で、その書物は俊藤氏へのロングインタビューを構成したものであり、わたしは聞き役にすぎない。そこで、デアゴスティーニ・ジャパンからＤＶＤマガジンの解説を頼まれたとき、待ってましたとばかりに引き受けた。

準備を始めるや、何をどう書くかに困った。依頼されたのはあくまでDVDの解説で、それを購入したファンが読むものだから、批評とは微妙に違う。しかも収録作品を選ぶのはわたしではない。どうするか。結論はこうである。どんな映画であれ、人気のあったものなら、どこか面白いところがあるはずだから、そこへ目を向けよう、と。何のことはない、考え抜いたあげく解説の常道に至ったのである。

執筆前には以前から録画してあったDVDなどで収録作品を見直した。すると、どの作品もべらぼうに面白い。魅力をよく承知している作品は当然として、封切時につまらないと思った作品もあるから、驚いた。これでいこうと決めた姿勢が奏効したわけで、すべての作品には必ず輝く細部がある。それを発見する楽しみのもと、毎回、執筆に精を出した。だから映画の再見はやめられない、と痛感しつつ。

本書はそんな作業を集めたものであり、東映任俠映画の総覧ではない。取り上げるべき重要な作品はほかにも多々ある。それは元の文の成り立ちに関わることで、新たに作品解説を書くべきかもしれないが、それでは別の本になる。そこで、重要な作品への言及も含めて、東映任俠映画がどのように生まれて展開し、いかに終息するに至ったかについて、冒頭の一文を書き下ろした。巻末の作品リストも役立つはずである。

わたしなりの東映任俠映画論の刊行を前に、素敵な仕事をさせていただいたデアゴスティーニ・ジャパン編集部の米岡秀樹氏に深くお礼を申し上げる。連載中は編集プロダクション羅針盤の瀧本英雄氏およびスタッフの皆さんと、しんどいが楽しい仕事の日々を過ごした。連載開始後まもなく、面白いからぜひ本に、と声を掛けてくださったのが筑摩書房編集部の旧知の青木真次氏で、本書の本づくりのいっさいをお任せし、またまた楽しく仕事ができた。

諸氏にあらためて感謝するとともに、本書が東映任俠映画のファンの手に届くことを心から願う。

二〇二一年六月

山根貞男

2.17　まむしの兄弟 刑務所（ムショ）暮し四年半／不良姐御伝 猪の鹿お蝶
3. 3　やくざと抗争 実録安藤組／ポルノの女王 にっぽんSEX旅行
4.28　仁義なき戦い 広島死闘篇／狂走セックス族
5.12　三池監獄 兇悪犯／セックスドキュメント モーテルの女王／女医の愛欲日記
6. 7　やくざ対Gメン 囮／やさぐれ姐御伝 総括リンチ
6.20　釜ヶ崎極道／ネオンくらげ／処女かまきり
7. 4　実録私設銀座警察／温泉おさな芸者
8.11　山口組三代目／夜の歌謡シリーズ なみだ恋
9. 1　まむしの兄弟 恐喝三億円／恐怖女子高校 不良悶絶グループ
9.29　仁義なき戦い 代理戦争／番格ロック
10.27　現代任侠史／前科おんな 殺し節
11.17　海軍横須賀刑務所／ヤングおー！ おー！ 日本のジョウシキでーす
12. 1　実録安藤組 襲撃篇／恐怖女子高校 アニマル同級生

1974（昭和49）年
1.15　仁義なき戦い 頂上作戦／女番長（スケバン）タイマン勝負
3. 1　まむしの兄弟 二人合わせて30犯／女囚（スケ）やくざ
4.13　暴力街／夜の演歌 しのび恋
4.27　山口組外伝 九州進攻作戦／殺人拳2
6.29　仁義なき戦い 完結篇／極悪拳法

天性淫婦
12.29　新網走番外地 吹雪の大脱走／不良番長 突撃一番

1972（昭和47）年
1.11　緋牡丹博徒 仁義通します／狼やくざ 殺しは俺がやる
1.22　傷だらけの人生 古い奴でござんす／喜劇セックス攻防戦
2. 3　まむしの兄弟 懲役十三回／女番長（スケバン）ブルース 牝蜂の挑戦
2.22　日本悪人伝 地獄の道づれ／不良街
3. 4　関東緋桜一家／夜のならず者
4. 1　望郷子守唄／銀蝶渡り鳥
4.14　ギャング対ギャング 赤と黒のブルース／ゾロ目の三兄弟
4.26　徳川セックス禁止令 色情大名／不良番長 のら犬機動隊
5. 6　現代やくざ 人斬り与太／ポルノギャンブル喜劇 大穴中穴へその穴
5.27　日本暴力団 殺しの盃／昭和おんな博徒
6.21　木枯し紋次郎／男の代紋
7. 4　極道罷り通る／温泉スッポン芸者
7.30　博奕打ち外伝／夜の女（スケ）狩り
8.12　新網走番外地 嵐呼ぶダンプ仁義／女番長（スケバン）ゲリラ
8.25　まむしの兄弟 傷害恐喝十八犯／女囚701号 さそり
9.14　木枯し紋次郎 関わりござんせん／不良番長 一網打尽
9.29　やくざと抗争／恐怖女子高校 女暴力教室
10.12　着流し百人／昭和極道史
10.25　人斬り与太 狂犬三兄弟／銀蝶流れ者 牝猫博奕
11.21　日蔭者／緋ぢりめん博徒
12. 2　不良番長 骨までしゃぶれ／エロ将軍と二十一人の愛妾
12.30　昭和残侠伝 破れ傘／女囚さそり 第41雑居房

1973（昭和48）年
1.13　仁義なき戦い／女番長（スケバン）

12.30　新網走番外地 吹雪のはぐれ狼／不良番長 口から出まかせ

1971（昭和46）年

1.12　博徒外人部隊／驚異のドキュメント 日本浴場物語
1.23　カポネの舎弟 やまと魂／女渡世人
2.13　博奕打ち いのち札／関東テキヤ一家 喧嘩（ごろめん）火祭り
2.25　未亡人（ごけ）ごろしの帝王／極悪坊主 飲む打つ買う
3. 6　日本やくざ伝 総長への道
4. 3　日本女侠伝 血斗乱れ花／現代やくざ 盃返します
4.16　やくざ刑事（でか）恐怖毒ガス／すいばれ一家 男になりたい
4.28　日本侠客伝 刃（ドス）／ずべ公番長 ざんげの値打ちもない
5. 8　暴力団再武装／セックス喜劇 鼻血ブー
6. 1　緋牡丹博徒 お命戴きます／懲役太郎 まむしの兄弟
6.25　ごろつき無宿／夜の手配師 すけ千人斬り
7. 3　傷だらけの人生
7.31　女渡世人 おたの申します／不良番長 やらずぶったくり
8.13　新網走番外地 嵐呼ぶ知床岬／やくざ刑事（でか）俺たちに墓はない
8.26　日本悪人伝／喜劇トルコ風呂王将戦
9. 7　関東兄弟仁義 仁侠／尼寺博徒
9.18　不良番長 手八丁口八丁
10. 1　悪親分対代貸／まむしの兄弟 お礼参り
10.14　博徒斬り込み隊／セックスドキュメント 性倒錯の世界
10.27　昭和残侠伝 吼えろ唐獅子／女番長（スケバン）ブルース 牝蜂の逆襲
11.10　悪の親衛隊
11.19　日本女侠伝 激斗ひめゆり岬／現代やくざ 血桜三兄弟
12. 3　任俠列伝 男／ポルノの帝王
12.17　関東テキヤ一家 浅草（えんこ）の代紋／現代ポルノ伝 先

11. 8　関東テキヤ一家
11. 20　日本暴力団 組長と刺客／夜の歌謡シリーズ おんな
11. 28　昭和残侠伝 人斬り唐獅子
12. 27　渡世人列伝／新網走番外地 さいはての流れ者

1970（昭和 45）年
1. 9　日本女侠伝 真赤な度胸花／不良番長 王手飛車
1. 20　極道釜ヶ崎に帰る／現代任侠道 兄弟分
1. 31　血染の代紋／殺し屋人別帳
2. 11　花札賭博 猪の鹿三番勝負
2. 21　任侠興亡史 組長と代貸／極悪坊主 念仏三段斬り
3. 5　緋牡丹博徒 お竜参上／関東テキヤ一家 喧嘩仁義（ごろめんつう）
3. 29　博徒一家／現代女胴師
4. 10　新兄弟仁義／監獄人別帳
4. 18　博奕打ち 流れ者／不良番長 一攫千金
5. 1　捨て身のならず者／関東テキヤ一家 天王寺の決斗
5. 23　舶来仁義 カポネの舎弟／やくざ刑事（でか）
6. 20　日本暴力団 組長くずれ
6. 25　シルクハットの大親分
7. 4　遊侠列伝
8. 1　日本女侠伝 鉄火芸者／不良番長 出たとこ勝負
8. 14　新網走番外地 大森林の決斗／温泉こんにゃく芸者
8. 28　博徒仁義 盃／㊙セックス恐怖症
9. 9　札つき博徒／女たらしの帝王
9. 22　昭和残侠伝 死んで貰います／ずべ公番長 夢は夜ひらく
10. 3　極道兇状旅
10. 29　最後の特攻隊／不良番長 暴走バギー団
11. 11　人斬り観音唄
11. 21　シルクハットの大親分 ちょび髭の熊／㊙女子大寮
12. 3　日本侠客伝 昇り龍／ずべ公番長 東京流れ者
12. 18　新宿（じゅく）の与太者

8.14　裏切りの暗黒街／極悪坊主
8.24　兄弟仁義 逆縁の盃
9. 3　いかさま博奕
9.14　緋牡丹博徒
9.18　兵隊極道
10. 1　不良番長
10.12　ごろつき／妖艶毒婦伝 般若のお百
10.25　人生劇場 飛車角と吉良常／夜の歌謡シリーズ 命かれても
11. 2　横紙破りの前科者
11.22　緋牡丹博徒 一宿一飯／極悪坊主 人斬り数え唄
12.28　新網走番外地／博徒列伝

1969（昭和44）年
1. 9　待っていた極道／残酷異常虐待物語 元禄女系図
1.19　にっぽん'69 セックス猟奇地帯／不良番長 猪の鹿お蝶
2. 1　緋牡丹博徒 花札勝負／現代やくざ 与太者の掟
2.21　前科者　縄張（しま）荒し／異常性愛記録 ハレンチ
3. 6　昭和残侠伝 唐獅子仁義／妾二十一人 ど助平一代
3.30　旅に出た極道／㊙女子大生 妊娠中絶
4.10　緋牡丹博徒 二代目襲名／妖艶毒婦伝 人斬りお勝
4.19　戦後最大の賭場
5. 1　懲役三兄弟
5.31　日本侠客伝 花と龍／現代やくざ 与太者仁義
6.14　極悪坊主 念仏人斬り旅／不良番長 練鑑ブルース
6.27　やくざ刑罰史 私刑（リンチ）／温泉ポン引女中
7. 8　日本暴力団 組長／夜の歌謡シリーズ 港町ブルース
7.31　日本女侠伝 侠客芸者／不良番長 送り狼
8.13　新網走番外地 流人岬の血斗／賞金稼ぎ
9. 6　必殺博奕打ち／組織暴力 兄弟盃
9.20　ごろつき部隊／女親分 喧嘩渡世
10. 1　緋牡丹博徒 鉄火場列伝／妖艶毒婦伝 お勝兇状旅
10.15　日本暗殺秘録／不良番長 どぶ鼠作戦

4. 1　**解散式**／続浪曲子守唄
4.20　**網走番外地 決斗零下30度**／一心太助 江戸っ子祭り
5. 3　**博奕打ち 一匹竜**／俠客道
5.20　**兄弟仁義 続関東三兄弟**／決着（おとしまえ）
6.17　男涙の破門状／日本暗黒史 血の抗争
6.29　北海遊俠伝／続組織暴力
7. 8　**博奕打ち 不死身の勝負**／**昭和残俠伝 血染の唐獅子**
7.30　大奥㊙物語／渡世人
8.12　**網走番外地 悪への挑戦**／**兄弟仁義 関東命知らず**
8.26　浪花俠客 度胸七人斬り／ギャングの帝王
9.15　**日本俠客伝 斬り込み**／柳ヶ瀬ブルース
9.28　男の勝負 関東嵐／喜劇競馬必勝法
10.10　俠客の掟／銭形平次
10.21　懲役十八年 仮出獄／出世子守唄
11. 1　**俠骨一代**／続大奥㊙物語
11.23　任俠魚河岸の石松／続渡世人
12. 2　三人の博徒／河内遊俠伝
12.23　**網走番外地 吹雪の斗争**／**兄弟仁義 関東兄貴分**

1968（昭和43）年
1.14　**博奕打ち 総長賭博**／日本暗黒史 情無用
1.27　男の勝負 白虎の鉄／忍びの卍
2. 9　**博徒解散式**／陸軍諜報33
2.22　**日本俠客伝 絶縁状**／尼寺㊙物語
3. 5　極道／喜劇競馬必勝法 大穴勝負
3.30　**博奕打ち 殴り込み**／続決着（おとしまえ）
4.19　**獄中の顔役**／代貸
5. 1　徳川女系図／前科者
5.14　密告（たれこみ）
5.21　馬賊やくざ／産業スパイ
6.28　帰って来た極道／温泉あんま芸者
8. 1　**俠客列伝**／盛り場ブルース

10. 1　**昭和残俠伝**／かも

10.15　任俠男一匹／おんな番外地 鎖の牝犬

10.31　関東破門状／**網走番外地 望郷篇**

11.20　花と龍／流れ者仁義

12. 4　無頼漢仁義／夜の悪女

12.31　**網走番外地 北海篇**／関東果し状

1966（昭和41）年

1.13　**昭和残俠伝 唐獅子牡丹**／花と龍 洞海湾の決斗

2. 3　**日本俠客伝 血斗神田祭り**／夜の牝犬

2.25　昭和最大の顔役／あばずれ

3.19　日本大俠客／非行少女ヨーコ

4.23　**網走番外地 荒野の対決／兄弟仁義**

5. 3　関東やくざ嵐／続おんな番外地

5.15　遊俠三代／893愚連隊

6.19　大陸流れ者／夜の青春シリーズ 赤い夜光虫

7. 1　男の勝負／海底大戦争

7. 9　博徒七人／**昭和残俠伝 一匹狼**

8.13　**網走番外地 南国の対決／続兄弟仁義**

8.27　日本暗黒街／男度胸で勝負する

9.17　**日本俠客伝 雷門の決斗**／可愛いくて凄い女

10. 1　俠客三国志 佐渡ヶ島の決斗／三等兵親分出陣

10.22　北海の暴れ竜／浪曲子守唄

10.30　**地獄の掟に明日はない**／任俠柔一代

11.19　お尋ね者七人

12.30　**網走番外地 大雪原の対決／兄弟仁義 関東三兄弟**

1967（昭和42）年

1.14　暗黒街シリーズ 荒っぽいのは御免だぜ／残俠あばれ肌

1.28　**日本俠客伝 白刃の盃／博奕打ち**

2.24　**懲役十八年**／組織暴力

3.10　男の勝負 仁王の刺青／花札渡世

東映任侠映画関連作品封切番組一覧

＊同時上映作品は／で区切って並記した。
＊太字の作品は本書に作品解説が収録してある。
＊再上映作品は除外した。
＊併映期間があっても封切日が違う作品は除外した。
＊1963年から1974年までを対象とした。

1963（昭和38）年

3. 9　暴力街／傷だらけの不敵者

3.16　**人生劇場 飛車角**／東京アンタッチャブル 脱走

5.25　**人生劇場 続飛車角**／柳生武芸帳 片目水月の剣

7.31　浅草の侠客／ギャング同盟

8. 7　暴力団／柳生武芸帳 剣豪乱れ雲

9.14　おれは侍だ 命を賭ける三人／恐喝

10. 5　昭和侠客伝／雲の剣風の剣

1964（昭和39）年

2.29　新飛車角／第三の忍者

4. 5　**ならず者**／車夫遊侠伝 喧嘩辰

7.11　博徒／悪女

8.13　**日本侠客伝**／御金蔵破り

9.23　廓育ち／竜虎一代

10.21　監獄博徒／いれずみ突撃隊

12.24　博徒対テキ屋／黒の盗賊

1965（昭和40）年

1. 3　**顔役**／徳川家康

1.30　**日本侠客伝 浪花篇**／ひも

4.18　関東流れ者／**網走番外地**

7.10　関東やくざ者／**続 網走番外地**

8.12　**日本侠客伝 関東篇**／ダニ

9.18　**明治侠客伝　三代目襲名**／新蛇姫様 お島千太郎

本書は株式会社デアゴスティーニ・ジャパンから発行された「東映任俠映画　傑作ＤＶＤコレクション」第１号（二〇一五年二月三日）から第１２０号（二〇一九年八月二七日）のなかの作品解説を加筆・編集したものです。

ちくま新書
1594

東映任俠映画《とうえいにんきょうえいが》120本斬《ぽんぎ》り

二〇二一年八月一〇日　第一刷発行

著　者　山根貞男（やまね・さだお）

発行者　喜入冬子
発行所　株式会社　筑摩書房
東京都台東区蔵前二-五-三　郵便番号一一一-八七五五
電話番号〇三-五六八七-二六〇一（代表）
装幀者　間村俊一
印刷・製本　株式会社　精興社

ISBN978-4-480-07399-0 C0274

ちくま新書

996
芸人の肖像
小沢昭一
小沢昭一が訪ねあるき、撮影した、昭和の芸人たちの姿。実演者である著者が、芸をもって生きるしかない「クロウト」たちに寄り添い、見つめる視線。写真164枚。

1030
枝雀らくごの舞台裏
小佐田定雄
爆発的な面白さで人気を博した桂枝雀の、座付作者による決定版ガイド。演出の変遷、ネタにまつわるエピソード、芸談、秘話を、音源映像ガイドとともに書き記す。

1123
米朝らくごの舞台裏
小佐田定雄
上方落語の人間国宝・桂米朝の、演題別決定版ガイド。舞台裏での芸談やエピソード、歴史を彩る芸人たちの秘話を、書籍音源映像ガイドとともに書き記す。

1375
上方らくごの舞台裏
小佐田定雄
今は亡き上方落語四天王（六代目松鶴、米朝、三代目春團治、五代目文枝）を中心に、懐かしい師匠達の舞台裏噺からお囃子さんまで、四十年の思い出を語り尽くす。

1533
新作らくごの舞台裏
小佐田定雄
260席を超える新作を作り、消えてしまった古い噺をあまた改作・復活させてきた落語作家が、自作にまつわるエピソードとともに稀有な職業の秘密をあかす。

1135
ひらく美術
——地域と人間のつながりを取り戻す
北川フラム
文化で地方を豊かにするためにはどうすればいいのか。約50万人が訪れる「大地の芸術祭　越後妻有アートトリエンナーレ」総合ディレクターによる地域活性化論！

1158
美術館の舞台裏
——魅せる展覧会を作るには
高橋明也
商業化とグローバル化の波が押し寄せる今、美術館では想像以上のドラマが起きている。展覧会開催から美術品を巡る事件、学芸員の仕事……新しい美術の殿堂の姿！

ちくま新書

1234
デヴィッド・ボウイ
——変幻するカルト・スター
野中モモ

ジギー・スターダストの煌びやかな衝撃、『レッツ・ダンス』の世界制覇、死の直前に発表された『★』……常に変化し、世界を魅了したボウイの創造の旅をたどる。

779
現代美術のキーワード100
暮沢剛巳

時代の思潮や文化との関わりが深い現代美術の世界を、タテ軸（歴史）とヨコ軸（コンセプト）から縦横無尽に読み解く。アートを観る視点が100個増えるキーワード集。

1349
いちばんやさしい美術鑑賞
青い日記帳

「わからない」にさようなら！　1年に300以上の展覧会を見るカリスマアートブロガーが目からウロコの美術の楽しみ方を教えます。鑑賞の質が変わる画期的入門書。

1376
はじめてのアメリカ音楽史
ジェームス・M・バーダマン
里中哲彦

ブルーズ、ジャズ、ソウル、ロックンロール、ヒップホップ……ルーツから現在のアーティストまで、その歴史を徹底的に語りつくす。各ジャンルのアルバム紹介付。

1435
失われたアートの謎を解く
青い日記帳監修

ルーヴル美術館の名画盗難、ナチスの美術品略奪、ラスコー壁画の損傷……なぜ盗まれ、壊されたのか。被害の実際から修復までカラー図版や資料満載で徹底解説。

1441
ゴッホとゴーギャン〈カラー新書〉
——近代絵画の軌跡
木村泰司

美術史のなかで燦然と輝く二つの巨星。二十世紀美術を準備した「後期印象派」を一望し、狂気と理性による創作の秘密を解き明かす。より深く鑑賞するための手引き。

1493
まんが訳 酒呑童子絵巻
大塚英志監修
山本忠宏編

室町時代から日本人に愛されてきた物語が、まんがでよみがえる！　伝説の英雄・源頼光の活躍を描く表題作の他、『道成寺縁起』『土蜘蛛草子』を収録。

782
アニメ文化外交
櫻井孝昌
日本のアニメはどのように世界で愛され、憧れの的になっているのかを、現地の声で再現。アニメ文化を外交に活用する意義を論じ、そのための戦略を提示する。

1252
ロマン派の音楽家たち
――恋と友情と革命の青春譜
中川右介
メンデルスゾーン、ショパン、シューマン、リスト、ワーグナー。ロマン派の巨人の恋愛、友情そして時代の波が絡み合い、新しい音楽が生まれた瞬間を活写する。

1037
現代のピアニスト30
――アリアと変奏
青澤隆明
グールド、ポリーニなど大御所から期待の若手まで、気鋭の若手音楽評論家が現代演奏史の中でとらえ直す。間違いなく新定番となるべきピアノ・ガイド。

1191
兵隊になった沢村栄治
――戦時下職業野球連盟の偽装工作
山際康之
非運の投手・沢村栄治はなぜ戦地に追いやられたのか。そして沢村の悲劇を繰り返さぬための「偽装」とは何だったか。知られざる戦時下の野球界を初めて描き出す。

1010
本当は強い阪神タイガース
――戦力・戦略データ徹底分析
鳥越規央
野球統計学「セイバーメトリクス」を用いれば阪神は必ず勝てる！　最適打順や最強守備陣形から具体的戦術、チーム編成まで、データに基づく合理的野球を提唱する。

1363
愛読の方法
前田英樹
本をたくさん読んでもかえってバカになる人間が後を絶たない――。書かれたものへの軽信を免れ、いかに生きるべきかという問いへとつながる「愛読」の秘訣を説く。

1051
つながる図書館
――コミュニティの核をめざす試み
猪谷千香
公共図書館の様々な取組み。ビジネス支援から町民の手作り図書館、建物の外へ概念を広げる試み……数々の現場を取材すると同時に、今後のありかたを探る。

ちくま新書

1040
TVディレクターの演出術
——物事の魅力を引き出す方法
高橋弘樹
制約だらけのテレビ東京ではアイディアが命。「TVチャンピオン」「ジョージ・ポットマンの平成史」などのディレクターによる、調べる・伝える・みせるテクニック。

1586
すべてはタモリ、たけし、さんまから始まった
太田省一
つねに圧倒的存在であり続けた「お笑いビッグ3」。その軌跡を辿りながら、漫才ブームから「第7世代」の台頭まで「お笑い」の変遷を描き切った圧巻の40年史！

1472
山口組の平成史
山之内幸夫
最大組織・山口組。その金・人・活動の実態は平成の31年間でどう変わったのか。元顧問弁護士がバブル期の経済ヤクザから、分裂の現在までを解き明かす。

1362
沖縄報道
——日本のジャーナリズムの現在
山田健太
オスプレイは「不時着（読売・産経）」したのか「墜落（沖縄紙）」したのか——。沖縄をめぐる報道から、偏向、分断、ヘイトが生まれる構造を解き明かす。

1323
朝ドラには働く女子の本音が詰まってる
矢部万紀子
女子はなぜ朝ドラに惹かれるのか。それはヒロインの人生の戦いは、すべての働く女子の戦いに重ねられるから。炸裂する女子のホンネから現代社会も見えてくる。

1038
1995年
速水健朗
1995年に、何が終わり、何が始まったのか。大震災とオウム事件の起きた「時代の転機」を読みとき、その全貌を描く現代史！　現代日本は、ここから始まる。

904
セックスメディア30年史
——欲望の革命児たち
荻上チキ
風俗、出会い系、大人のオモチャ。日本には多様なセックスが溢れている。80年代から10年代までの性産業の実態に迫り、現代日本の性と快楽の正体を解き明かす！